目標設定ワークシート「MOK4」　01～18の質問を順に埋めて目標を設定しましょう。

主観 Subjective　／　客観 Objective

個

01 あなたの夢（やりたいこと・大切にしたいこと）は何ですか？ 仕事・プライベート・大小などを問いません。
→Chapter6. 夢

夢

02 記載した01はどのくらい、あなたの内面（本音）を表現できていると思いますか？

0	1	2	3	4	5
書けない わからない	まったく表現できていない		どちらとも言えない		とてもよく表現できた

03 あなたの強み（できること）は何ですか？
→Chapter7. 強み

強み

04 記載した03はステークホルダー（顧客・上司・協働者など）の認識と、どのくらい一致していますか？

0	1	2	3	4	5
書けない わからない	まったく一致していない 大きく異なる		どちらとも言えない		一致している 全く差がない

組織

07 あなたの所属する組織の使命（存在目的）は何ですか？
→Chapter9. 使命

使命

08 あなたは記載した07にどのくらい共感していますか？

0	1	2	3	4	5
書けない わからない	まったく共感していない		どちらとも言えない		とても共感している

05 あなたの所属する組織があげるべき業績は何ですか？ またその中で、あなたが貢献すべきことは何ですか？
→Chapter8. 業績

業績

06 記載した05はあなたの直属の上司（経営者の場合は経営チーム）の認識と、どのくらい一致していますか？

0	1	2	3	4	5
書けない わからない	まったく一致していない 大きく異なる		どちらとも言えない		一致している 全く差がない

18 目標の統合度＝夢の反映（02×14）＋強みの反映（04×15）＋業績の反映（06×16）＋使命の反映（08×17）＝
→Chapter10. スパイラルアップ

／100点

お名前：　　　　　　年月日：

14 記載した01はどの程度、09に反映されていますか？

反映されていない　どちらとも言えない　反映されている
1 2 3 4 5

09 あなたが、あなたの組織を通じて、社会に生み出す成果は何ですか？（1つ）
→Chapter1.MBO

10 記載した09を測定する結果指標は何ですか？（1つ）
→Chapter2.OKR

11 記載した09を達成するための鍵となる先行指標は何ですか？（1つ）
→Chapter3.KPI

12 記載した10と11を測定するためにいつ・どこから・どんな情報を得る必要がありますか？

13 記載した09をあなたが成し遂げるために、必要な支援は何ですか？ 邪魔しているものは何ですか？

15 記載した03はどの程度、09に反映されていますか？

反映されていない　どちらとも言えない　反映されている
1 2 3 4 5

17 記載した07はどの程度、09に反映されていますか？

反映されていない　どちらとも言えない　反映されている
1 2 3 4 5

16 記載した05はどの程度、09に反映されていますか？

反映されていない　どちらとも言えない　反映されている
1 2 3 4 5

▶**書けない・わからない箇所は成長のチャンスです！　該当Chapterを学んでいきましょう**　HINT

An Illustrated Introduction to Management by Objectives and Self-control:
Theory and Practice in
100 Essential Points

坪谷邦生
TSUBOTANI Kunio

Introduction

はじめに

自己紹介

お疲れ様です。坪谷(つぼたに)です。私は研究者ではなく実践者です。もともとIT企業のエンジニアでしたが、疲弊していた現場の状況を改善したいと人事部門へ異動し、それから20年以上「人事」をしています。人事担当者、人事マネジャーとして8年間実務を経験したのち、リクルートマネジメントソリューションズ社で人事コンサルタントとして8年間50社以上で人事制度を構築して組織開発を支援しました。急成長ベンチャーのアカツキ社で人事企画室を立ち上げたのち、いまは株式会社壺中天を創業し「人事の意志をカタチにする」活動をしています。

当書のねらい

人事担当者のころから、ずっと願ってきたことがあります。それは「個」が夢を持ってイキイキと働き、その結果として「組織」の業績があがり、「世の中」がどんどん良くなっていく、そんなサイクルを起こすことです。あなたは、それを普通のことだと思いますか？　それとも夢物語だと思いますか？

私は、困難だが実現できることだと考えています。そしてその鍵はMBO（目標管理）にある、と。MBOはP.F.ドラッカーのマネジメント哲学ですが、多くの人に誤解されて、間違って使用されているように私には見えます。その本質を捉え直し「個と組織の好循環を起こす」という本来の使い方を促すことが当書のねらいです。

MBOの本質が「体系的にわかりやすく」理解できて、「あなたが実践できる」ことを目指して執筆しました。『図解 人材マネジメント入門』『図解 組織開発入門』に続くシリーズ3作目ですが、それぞれ独立していて、どこからでもお読みいただけます。

どうか、あなたのお役に立ちますように。

当書『図解目標管理入門 100のツボ』の構成

■目標設定ワークシート

当書には目標設定ワークシート「MOK4」が添付されています（下のQRコードにアクセスすれば、パワーポイントやGoogleスライドでも入手することができます）。

読み始める前に、ぜひこのシートを記入してみてください。もしあなたが経営者・マネジャー・人事という立場で、自社・自部門のメンバーに対してMBO（目標管理）を適用したいと考えている場合でも、まずは「あなた自身」について記入することをおすすめします。人を生かすにはまず自分から。実感のない手法は形骸化してしまうものです。

まずは考えすぎずに、イメージ・印象・なんとなくで埋めてみてください。書けないところもあると思いますが、それで大丈夫です。書けないところが多いほど学びも多いので、書けないほうがむしろ良いくらいです。そして「ここが書けた」「ここは書けなかった」「ここは書いてみたけど納得感がない」など各要素の状態を確認（自覚）しながら、当書を読み進めていただけると、MBOの理解が「自分ごと」として深まっていくと思います。

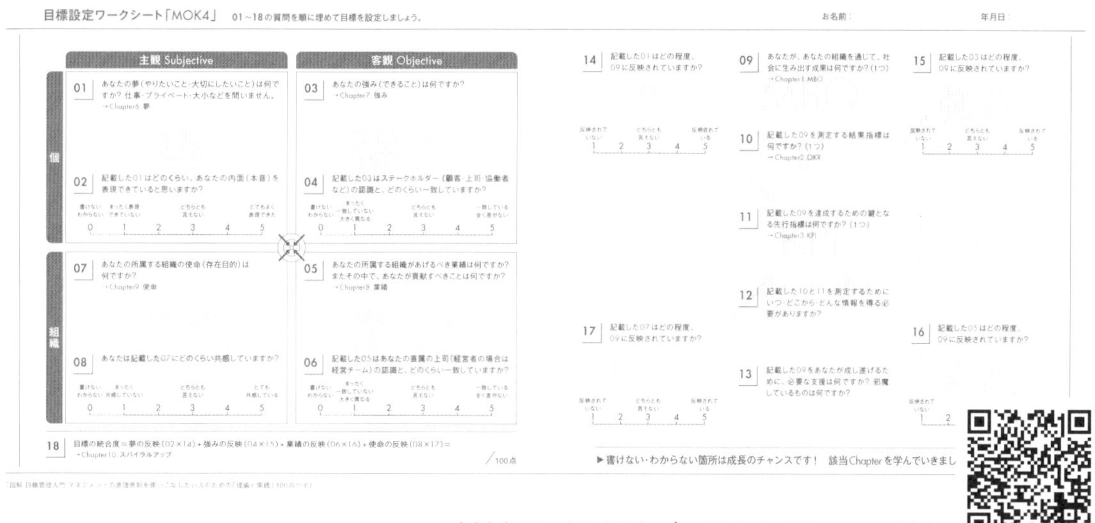

目標設定ワークシート「MOK4」　01～18の質問を順に埋めて目標を設定しましょう。

お名前：　　年月日：

主観 Subjective　　客観 Objective

個

01 あなたの夢（やりたいこと・大切にしたいこと）は何ですか？ 仕事・プライベート・大小などを問いません。
→Chapter6 夢

02 記載した01はどのくらい、あなたの内面（本音）を表現できていると思いますか？
0 書けない わからない　1 まったく表現できていない　2　3 どちらとも言えない　4　5 とてもよく表現できた

03 あなたの強み（できること）は何ですか？
→Chapter7 強み

04 記載した03はステークホルダー（顧客・上司・協働者など）の認識と、どのくらい一致していますか？
0 書けない わからない　1 まったく一致していない 大きく異なる　2　3 どちらとも言えない　4　5 一致している 全く差がない

組織

07 あなたの所属する組織の使命（存在目的）は何ですか？
→Chapter9 使命

08 あなたは記載した07にどのくらい共感していますか？
0 書けない わからない　1 まったく共感していない　2　3 どちらとも言えない　4　5 とても共感している

05 あなたの所属する組織があげるべき業績は何ですか？ またその中で、あなたが貢献すべきことは何ですか？
→Chapter8 業績

06 記載した05はあなたの直属の上司（経営者の場合は経営チーム）の認識と、どのくらい一致していますか？
0 書けない わからない　1 まったく一致していない 大きく異なる　2　3 どちらとも言えない　4　5 一致している 全く差がない

14 記載した01はどの程度、09に反映されていますか？
1 反映されていない　2　3 どちらとも言えない　4　5 反映されている

09 あなたが、あなたの組織を通じて、社会に生み出す成果は何ですか？（1つ）
→Chapter1 MBO

15 記載した03はどの程度、09に反映されていますか？
1 反映されていない　2　3 どちらとも言えない　4　5 反映されている

10 記載した09を測定する結果指標は何ですか？（1つ）
→Chapter2 OKR

11 記載した09を達成するための鍵となる先行指標は何ですか？（1つ）
→Chapter3 KPI

12 記載した10と11を測定するためにいつ・どこから・どんな情報を得る必要がありますか？

17 記載した07はどの程度、09に反映されていますか？
1 反映されていない　2　3 どちらとも言えない　4　5 反映されている

16 記載した05はどの程度、09に反映されていますか？
1 反映されていない　2

13 記載した09をあなたが成し遂げるために、必要な支援は何ですか？ 邪魔しているものは何ですか？

18 目標の統合度＝夢の反映（02×14）＋強みの反映（04×15）＋業績の反映（06×16）＋使命の反映（08×17）＝
→Chapter10 スパイラルアップ
／100点

▶書けない・わからない箇所は成長のチャンスです！ 該当Chapterを学んでいきまし

「図解 目標管理入門 マネジメントの原理原則を使いこなしたい人のための「理論と実践」100のツボ」

こちらからパワーポイントやGoogle スライドとしてダウンロードできます→

■理論と実践100のツボ

当書は10のChapter（章）からなり、1つのChapterは10のツボ（ポイント）からできています。どのChapter、どのツボから読んでも理解できる仕立てとなっていますので、興味のあるところから読みはじめてください。Chapter1.～4.はMBO関連の「理論」について、Chapter5.～10.は目標設定を通じた「実践」について書かれています（図表000）。理論をしっかり学びたい人はChapter1.から順に、早く目標設定シートを使って実践に入りたい人はChapter5.から読むことをおすすめします。

Chapter 1. MBO：P.F.ドラッカーのマネジメント哲学であるMBO（Management by Objectives and Self-control）について解説します。

Chapter 2. OKR：インテル社のアンディ・グローブ元CEOによるMBOの実践手法、OKR（Objectives and Key Results）をメルカリ社の事例とともに紹介します。

Chapter 3. KPI：事業成功の鍵を握る先行指標KPI（Key Performance Indicator）について。リクルート社で確立されたリクルート流KPIの方法論を紹介します。

Chapter 4. 目標管理：MBOが日本企業に目標管理として導入された経緯と、実態調査の結果から目標管理の現状を解説します。

Chapter 5. 目標設定：目標を設定する目的と方法、そして目標設定ワークシート「MOK4」の使い方を説明します。

Chapter 6. 夢：すべての創造的な仕事は、個の主観的な想いから始まります。どうすればより主観を自覚して表現することができるのか、あなたの主観の磨き方を学びます。

Chapter 7. 強み：成果は強みの上に築かれます。どうすれば客観的にあなたの強みを知り、才能をひらくことができるのか、その方法を学びます。

Chapter 8. 業績：組織において業績は前提です。客観的に業績があがっていなければ他のどんなことも行うことができません。あなたの組織が業績をあげる方法について学びます。

Chapter 9. 使命：組織の主観に共感できない場合、どんなに業績があがっても社員は幸せになれません。理念を浸透する方法をデンソー社の事例とともに説明します。

Chapter 10. スパイラルアップ：個と組織、主観と客観の4象限に好循環を起こす理想状態を探ります。そして統合を促進する事例としてアカツキ社のジュニア研修を紹介します。

図表000

当書の構成

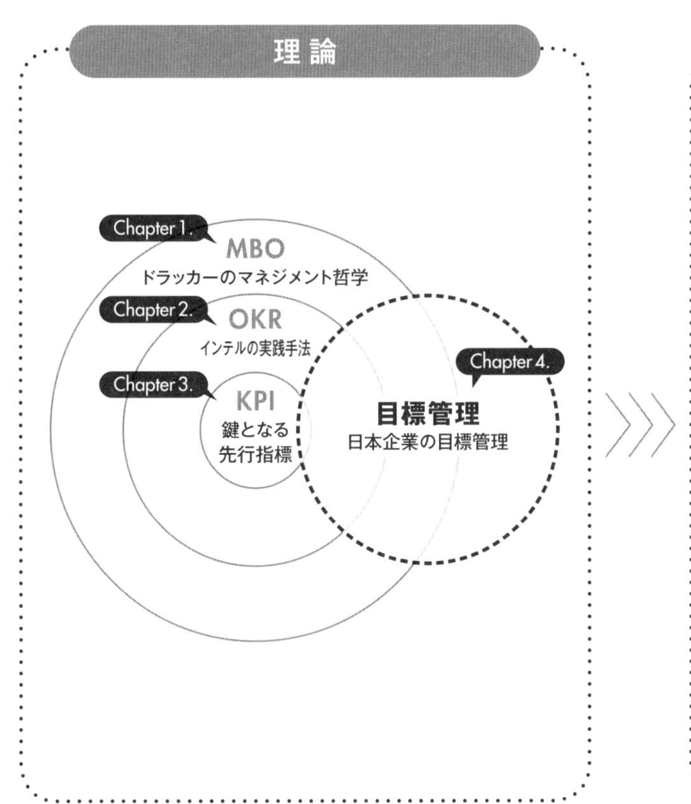

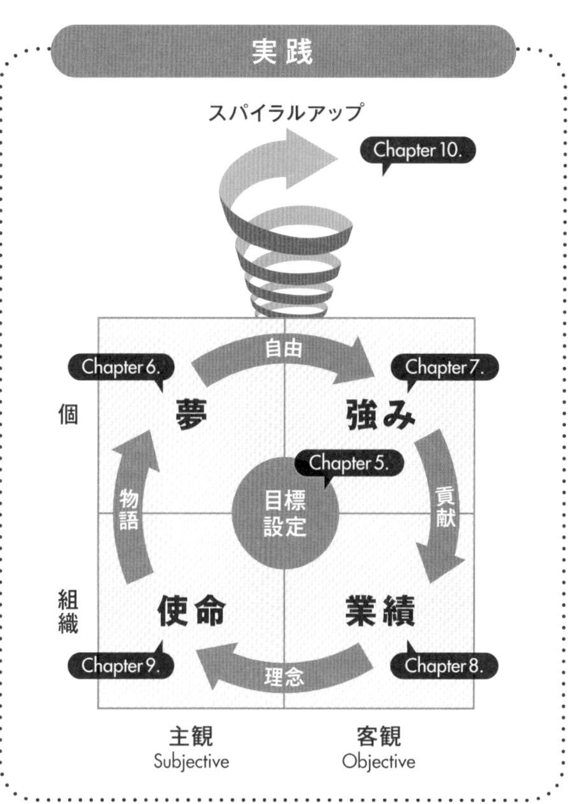

▶理論は先人たちの知恵の結晶です。あなたの実践を力強く支えてくれます

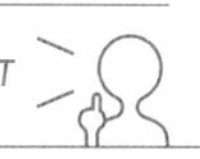

目次

Contents

Chapter. 1

M

B

O

100のツボ
001

Q MBOのはじまりは?

目標管理を考えるにあたって、まずはその原点であるMBOについて学んでいきましょう。

◪社会生態学者P.F.ドラッカー

MBOを提唱したP.F.ドラッカー(1909年～2005年)は「マネジメントの父」「マネジメントの発明者」と呼ばれる経営学者です。

オーストリアのウィーンに生まれ、ナチスを逃れて1933年(24歳)にはイギリス、そして1937年(28歳)にアメリカへと渡りました。19世紀のヨーロッパ社会の崩壊を体験し、20世紀に現れた新しい組織、巨大企業の誕生を目の当たりにしています。その大きな歴史の流れの中で「マネジメント」を発明したのです。

ドラッカーは自らを「社会生態学者」だと名乗っています。政治や社会に関する著作も多く、マネジメント論では組織の内部に関することだけではなく、社会全体における役割や責任について言及しています。

> **マネジメントのあらゆる行動が、社会的責任に根ざしたものであることが必要である。基本的に、この社会的責任こそがマネジメントの倫理である。**※1

その倫理観が、古くから企業を「社会の公器」として世の中のためにあると考えてきた日本の経営者にフィットしたのでしょう。日本で非常に人気があります(西洋企業の多くが社会的責任へ着目したのは、2000年代に入ってからのことです)。

経営学者の入山章栄教授は、他国の経営学の状況と比較して「日本人ほどドラッカーが好きな国民はいません※2」と指摘しています。

2005年には日本にドラッカー学会が設立されました(初代代表は上田惇生)。そして2009年に岩崎夏海『もし高校野球の女子マネージャーがドラッカーの「マネジメント」を読んだら』(通称『もしドラ』)が一大ブームとなったことから、一般にもその名前が広く知られるようになりました。

◪MBOの登場は1954年『現代の経営』

ドラッカーがはじめてMBOについて書いたのは、1954年に出版された著作『The Practice of Management』においてです。1954年は日本で高度経済成長期の幕開けと呼ばれる神武景気が始まった年で、急成長する企業たちがマネジメントの考え方を求めていた時代です。その希求に応えるように、当書は日本でも1956年に『現代の経営』として翻訳され、多くの経営者に影響を与えました(ツボ031参照)。

この著作の中でドラッカーはMBOを「まさにマネジメントの哲学(philosophy)と呼ぶべきものである※1」と言っています。それはいったいどんな哲学なのでしょうか?

次のツボ002では、マネジメント哲学MBOの内容を見ていきます。

A 1954年、社会生態学者ドラッカーが「マネジメントの哲学」として提唱した

図表001

MBOのはじまり

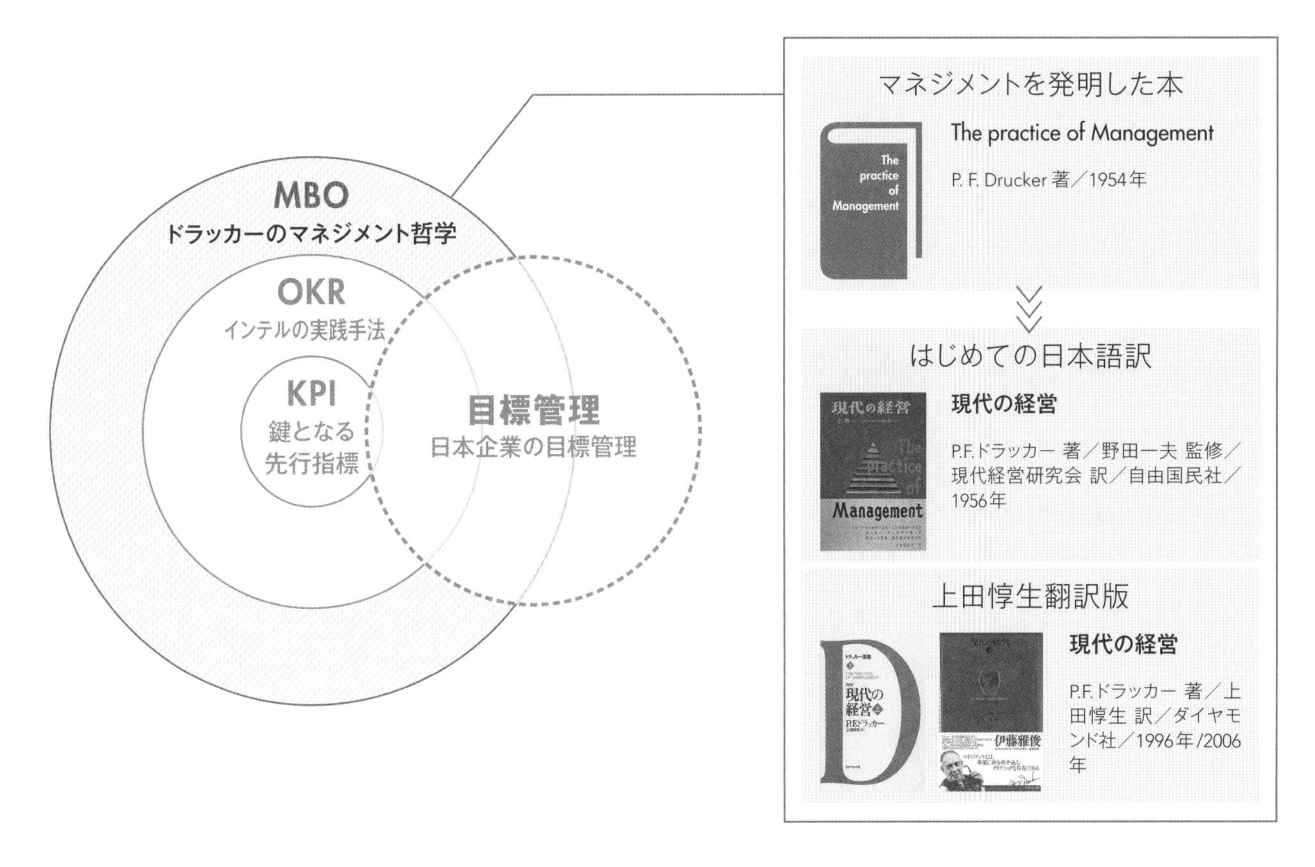

▶ドラッカーは、組織を「社会の公器」つまり社会の機関として捉えていました

100のツボ
002

Q MBOとは何か?

P.F.ドラッカーが提唱したマネジメント哲学MBOは「Management by Objectives and Self-control[※1]」の略です。その内容を理解するため、単語の意味を順に見ていきましょう（図表002）。

■組織で成果をあげる(Management)

まずManagement（マネジメント）とは何でしょうか。ドラッカーはマネジメントを「組織をして成果を上げさせるための道具、機能、機関[※3]」と定義しています。つまり「組織を使って成果をあげる」ためのあらゆることをマネジメントと呼んでいるのです。

ここでいう成果とは、売上や利益でなく、組織の外に起こした変化、つまり顧客に届いた価値のことです。

■共通の目標(Objectives)

次はObjectives（オブジェクティブズ）について。日本語では目標、目的、そして客観という意味です。

客観的な目標や目的がなければ「組織に働くものは方向づけを誤る。働きは無駄となる。チームワークの代わりに摩擦、不満、対立が生まれる[※1]」とドラッカーは説きます。

組織は一人ひとりの頑張りをまとめて成果とするために存在します。そこには方向づけるための「共通の目標」が必要なのです。

■自律的な貢献(Self-control)

最後はSelf-control（セルフ・コントロール）です。これはMBOという略に頭文字が入っていないからか、日本語で「目標管理」と翻訳されたときに抜け落ちてしまった部分です。しかしMBOの利点はここにあるとドラッカーは言います。

> 目標管理の利点は、自らの仕事を自ら管理することにある。その結果、最善を尽くすための動機がもたらされる。高い視点と広い視野がもたらされる。[※1]

そのときに、着目すべきは「貢献」です。

> 自らの果たすべき貢献は何かとの問いからスタートするとき、人は自由になる。責任を持つがゆえに自由になる。[※3]

自ら果たすべき貢献を定め、自らをコントロールする姿勢のことを、私は「自律的な貢献」と訳しました。

「共通の目標」と「自律的な貢献」によって、「組織を使って成果をあげる」こと。このシンプルな哲学は、日本企業で66年間、どのように使われてきたのでしょうか?

次のツボ003では、よくあるMBOの誤解について見ていきましょう。

A 「共通の目標」と「自律的な貢献」によって、「組織を使って成果をあげる」という哲学

図表002

MBO の意味

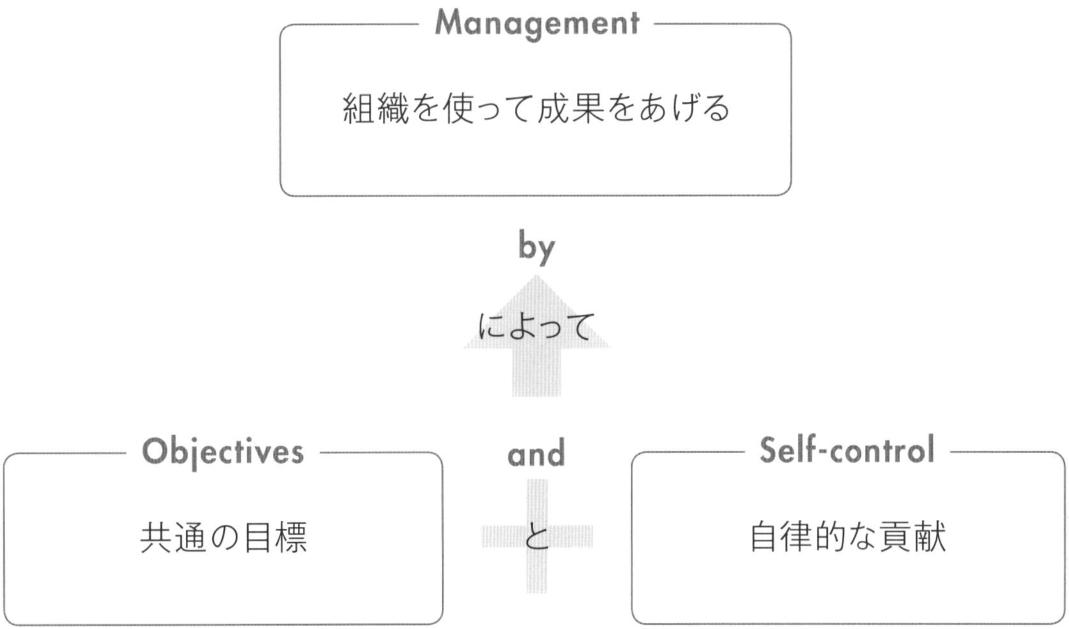

Management

組織を使って成果をあげる

by

によって

Objectives

共通の目標

and

と

Self-control

自律的な貢献

▶ Self-control が忘れられたとき MBO はマネジメントではなくただの「管理」になります　HINT

100のツボ
003

Q MBOのよくある誤解は？

MBOはよく誤解されてしまうようです。書籍やWEB記事においても本来の意味とは異なる見解が散見されます。ここではよくある4つの誤解のパターンを紹介します。

■MBOは経営者と人事が使う人事制度？

はじめの誤解は、MBOを経営者や人事が管理のために使う人事制度だと考えてしまうことです。あなたの会社ではいかがですか？

ドラッカーは、現場に近い位置で意思決定をするマネジャー（管理職）が持つべき哲学を1954年『現代の経営』でMBOとして紹介しました。MBOの本来の主役は、間違いなくマネジャーです（詳細はツボ004参照）。

そしてMBOのもう一方の主役はすべての働く人です。1969年に書かれた『断絶の時代』においては、肉体労働から知識労働へのシフトによって、誰しもが「自律的に自らをマネジメントする※4」必要が生じたとドラッカーは述べています。そこで持つべき哲学がMBOです（詳細はツボ005参照）。

■上から降ってきたノルマが目標？

2つ目の誤解は、目標とは上から降ってきた「ノルマ」であると捉えてしまうことです。元来MBOでは、目標とは自らが果たすべき「貢献」を明確にしたものです（詳細はツボ006参照）。

■達成度によって上司に評価される？

3つ目の誤解は、評価とは、上司が管理するために目標の達成度を測るものだと考えてしまうことです。元来MBOでは、自らの仕事をマネジメントするために働く人自身が「測定」して評価するものです。（詳細はツボ007参照）。

■目標は必ず数字にする？

最後の誤解は、「目標を必ず定量化し、数字の目標にしなければならない」という方法論です。しかしドラッカーは「真に重要なことは定量化になじまない※1」と言っています（詳細はツボ008参照）。

これらの誤解の根底には、MBOを人事制度（人事評価・報酬の仕組み・ツール）として捉えた表層的な理解があります。ドラッカーはMBOを「スローガン、手法、方針に終わってはならない。原則としなければならない※5」と戒めています。MBOはマネジメントの哲学（ものの見方・考え方）なのです。

これらの誤解をときながら、MBOを学んでいきましょう。まず次のツボ004では、MBOの1人目の主役であるマネジャーを見ていきます。

A 人事制度として表層的に理解してしまう

図表003

MBO よくある誤解

よくある誤解

- × 経営者と人事が管理するための人事制度
- × 上から降ってきたノルマを目標とする
- × 上司が管理するために目標達成度を評価する
- × 目標は必ず数字にする

ドラッカーのMBO

- ○ マネジャーと働く人が持つべき哲学
- ○ 自分の果たすべき貢献を明らかにして目標とする
- ○ 自分の仕事を自分で測定して評価する
- ○ 真に重要なことは数字にならない

× **人事制度**
人事評価・報酬の仕組み

○ **哲学**
ものの見方・考え方

▶ MBOは制度・ツール・やり方ではなく、マネジメントのものの見方・考え方なのです HINT

100のツボ
004

Q マネジャーに必要な「ものの見方」は？

MBOの主役はすべてのマネジャー（管理職）です。

経営者が事業のすべてを握って動かすのではなく、現場に近い位置で意思決定をする「マネジャー」が必要だとドラッカーは『現代の経営』で発見し、彼は「マネジメントの父」と呼ばれるようになったのです。

MBOにおいて、マネジャーにはどんな哲学（ものの見方）が求められるのでしょうか。

マネジャーに求められる「貢献」

マネジャーに求められるものの見方を、5つの「貢献」として整理しました。

①**事業への貢献**：すべてのマネジャーが「事業の繁栄と存続に関わるあらゆる領域」について、自らの果たすべき貢献を明らかにする必要があります。このとき、長期と短期をバランスさせること、定量化できない目標も重視することが大切です（ツボ006参照）。

②**直属の上司への貢献**：直属の上司が率いる部門全体の目標達成に向けて、貢献する責任があります。マネジャーの仕事の多くはここから始まります。

③**自分のチームへの貢献**：自分のチームで生み出すべき成果を明らかにします。チームに課せられた課題を分析し、目標を達成するために必要なアクションを決定します。そしてチームメンバーのアシスタント（補助役）となり、彼らの利益（Chapter6.参照）と、企業全体の利益を一致させます。メンバーが目標を設定し達成することを助けます（ツボ005参照）。

④**他のチームへの貢献**：他のチームや他の部門が目標を達成するために、自分のチームや自分の部門が期待されている貢献を明らかにします。

⑤**他のチームからの貢献**：自分のチームまたは自分の部門が目標を達成するために、他のチームや他の部門からどんな貢献を必要として期待しているかを明らかにします。

マネジャーの要件は「真摯さ」

ドラッカーはマネジャーの要件を「真摯さ」であると断言しています。真摯さとは目的・目標に向けて誠実に取り組む姿勢のこと、一貫性があり嘘がないことです。真摯さの欠如した不誠実な人物がマネジャーになると…

> いかに知識があり、才気があり、仕事ができようとも、組織を腐敗させる。企業にとって最も価値ある資産たる人材を台無しにする。組織の文化を破壊する。業績を低下させる。[※1]

真摯さは「習得できない」ものです。あとで身につけることはできません。そして「ごまかしがきかない」ものです。その人物が真摯であるかどうかは、数週間一緒に働けばわかります。

次のツボ005では、MBOのもう一方の主役、メンバー（すべての働く人）について見ていきましょう。

A 事業・上司・自分のチーム・他のチームへの「貢献」

図表004

マネジャーのものの見方

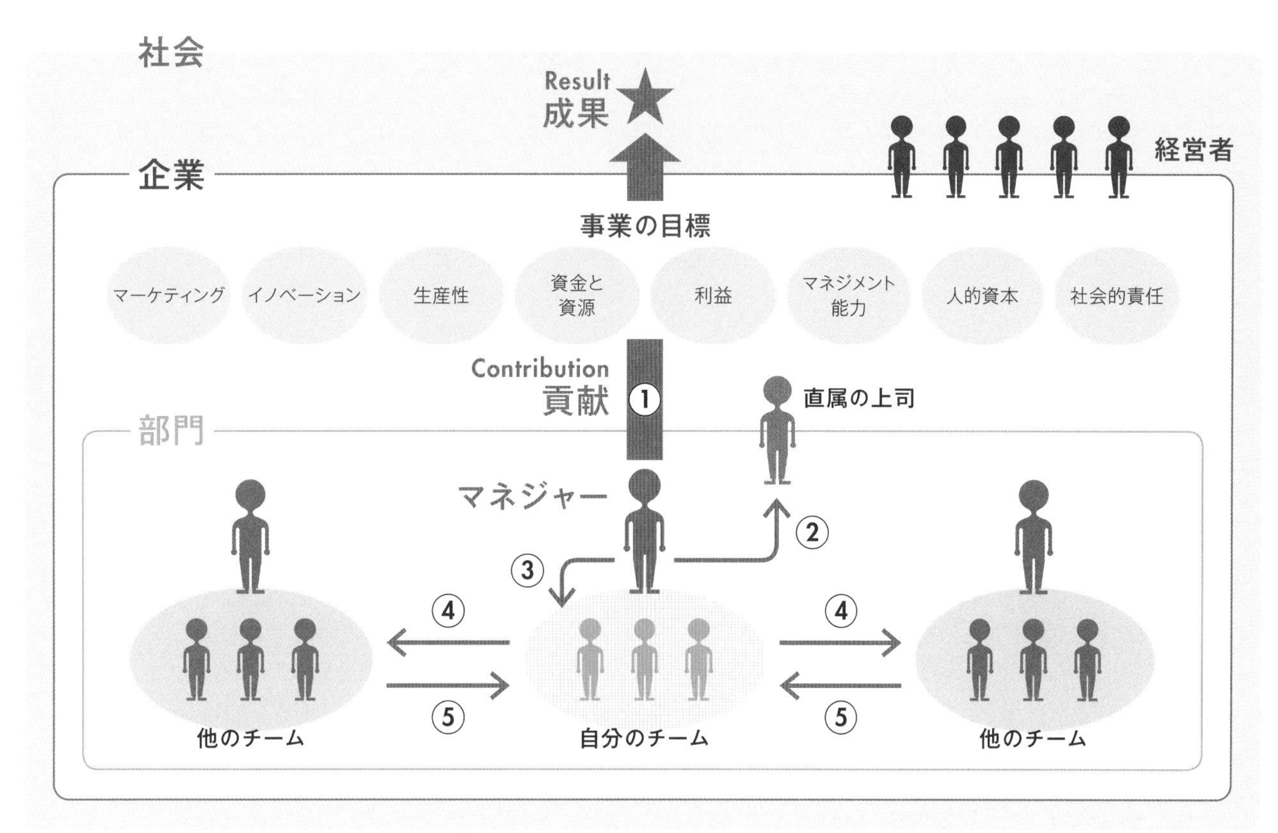

（P.F.ドラッカー『現代の経営』をもとに作成）

▶真摯さがない人をマネジャーから降ろす覚悟が、経営者には求められます HINT

100のツボ
005

Q メンバーに必要な「ものの見方」は？

■自らをマネジメントする

MBOの主役は、実はマネジャー（管理職）だけでなく、すべての働く人（メンバー）でもあります。

ドラッカーは1954年『現代の経営』でマネジメントを発明したあと、1957年にはパリの国際会議で「知識を武器に働く人たち」、知識労働者について発言しています。肉体労働から働き方が根本的に変わり、主体者がマネジャーから働く人に移っていると見抜いたのです。そして1999年『明日を支配するもの』において、こう結論づけています。

これからは、とくに秀でた才能もない普通の人たちが、自らをマネジメントしなければならない。※3

すべてのメンバーは「自らをマネジメントする」ことが求められるようになりました。主体者はメンバーであり、マネジャーは支援者となったのです。

ここでメンバーに求められる哲学（ものの見方）を見ていきましょう。それは個の強みを生かし、組織での貢献を通して、社会の成果とすることです。

■個の「強み」を生かし

「Build on your own strength（強みの上に築け）」とはドラッカーが残したもっとも有名な言葉です。人は強みによって成果をあげます。弱みで成果をあげることはできません（強みについてはChapter7.参照）。

■組織での「貢献」を通して

「成果をあげるのは、能力ではなく習慣」であるとドラッカーは言います。そしてそれは「貢献」にフォーカスする習慣である、と。一人ひとりが自分の「強み」を生かして、お互いの「弱み」を補い合うことが、組織で働くメリットです。同じ目的・使命を持った仲間たちと協働すること、つまり組織という道具を正しく利用することが成果への最短距離なのです（貢献の種類についてはツボ077参照）。

強みを生かす者は、仕事と自己実現を両立させる。（中略）貢献に焦点を合わせることによって自らの組織の成果に変える。※1

そして自ら貢献という責任を引き受けたとき、人は自由になります（ツボ010参照）。

■社会の「成果」とする

「成果は組織の中には存在しない※1」とドラッカーは言います。成果とは、売り上げや利益ではなく、顧客に価値が届くことなのです。届けるべき価値は組織の使命によって異なります（組織の使命についてはChapter9.参照）。

自らをマネジメントする、そう考えると「目標は上から降ってくるノルマである」というものの見方は誤っていることがわかります。次のツボ006では、誰が目標を立てるか、を確認しましょう。

A 個の「強み」を、組織での「貢献」を通して、社会の「成果」とする

図表005
メンバーのものの見方

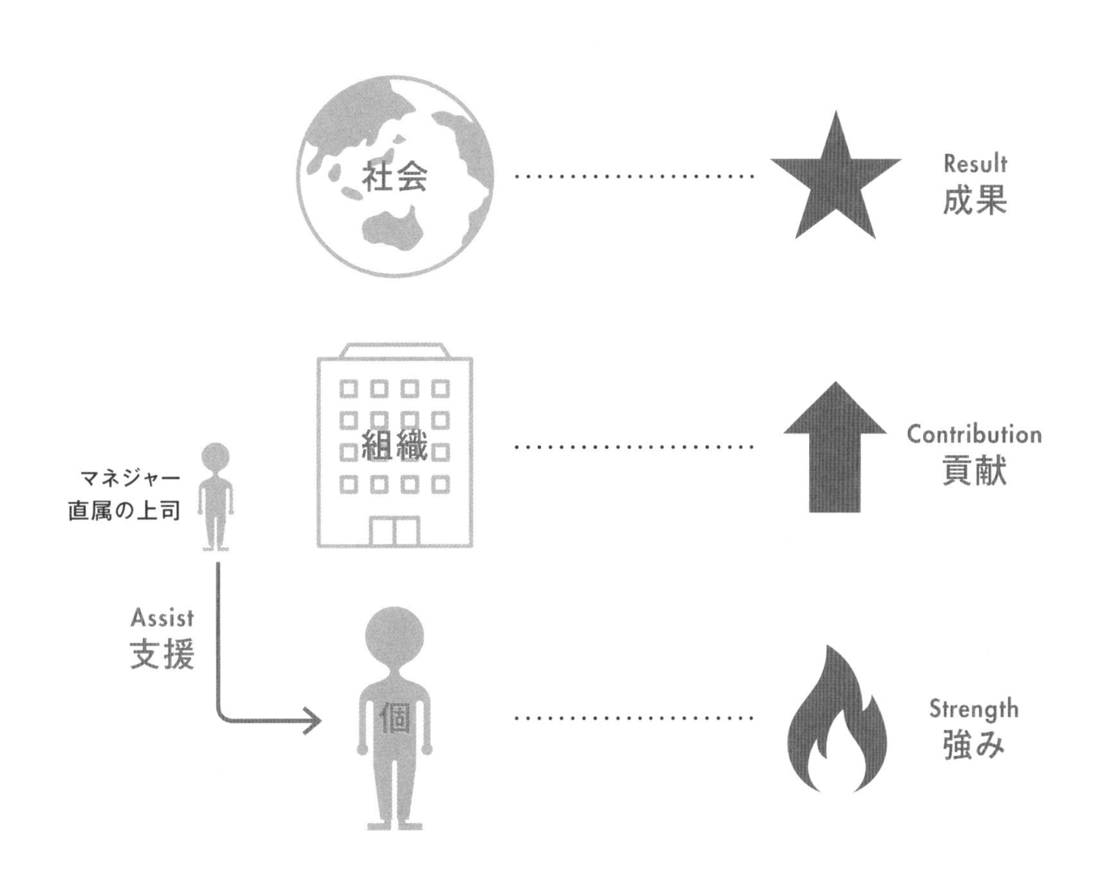

▶自分1人で成果をあげられるのであれば、組織に属する必要はありません HINT

100のツボ 006

Q 誰が目標を立てるのか？

■組織全体・事業の目標

目標は、誰が立てるものでしょうか？

まず、企業全体の組織目標は社外取締役を含めた経営チームが立てます（例えば「2030年までにIPOを実現する」など）。

次に、各事業の事業目標は経営者が立てます。事業目標を設定することは経営者の大切な責任です。経営者には上司が存在しないため、事業目標を承認するのは経営者自身です。ドラッカーは客観性を担保するために社外取締役などの外部の視点を入れることを強く推奨しています。

そして事業目標の策定には各部門長が参画します。部門長は事業全体への貢献を通じて成果をあげるため、事業目標の策定時点から深く関わる必要があるのです。

■部門・チームの目標

各部門の目標は、部門長が立てます。自部門の目標を設定することは部門長の大切な責任です。経営者は部門目標を承認して実行を支援します。そして部門に所属する各マネジャーは部門目標の策定に参画します。

各チームの目標は、長であるマネジャーが立てます。自チームの目標を設定することはマネジャーの大切な責任です。部門長はチーム目標を承認して実行を支援します。チームに所属する各メンバーもチーム目標の策定に参画します。自分がどうやって組織に貢献して成果をあげるかを考えるためです（ツボ005参照）。

■メンバー一人ひとりの目標

メンバー一人ひとりの目標は、メンバー自身が立てます。上から降ってくるものではありません。自分自身で目標を設定する責任を引き受けます。

直属の上司であるマネジャーは、その目標設定を支援し承認します。ここで重要なことはマネジャーがメンバーを正しく「方向づける」ことです。

> マネジメントたる者は、組織の目標が自らに対して要求しているものを知り、理解しなければならない。その上司は、部下に対して要求し期待すべき貢献の何たるかを知らなければならない。これらのことが行なわれないならば、彼らは間違って方向づけされ、その活動は無駄に終わる。※5

ドラッカーは「マネジメント・レター※1」という手法を紹介しています。図表006右の内容をメンバーが記載してマネジャーへ届けます。マネジャーは自分とメンバーの認識のズレに気がつき、すり合わせるための観点を得ることができます。

このマネジメント・レターは、マネジャーと部門長、部門長と経営者の間でも使用することができます。

こうして自ら立てた目標は、実行されたのち、誰がどうやって評価するのでしょうか。次のツボ007で見ていきましょう。

A 自分自身が立てる。上から降ってくるものではない

図表006

目標設定の主体者

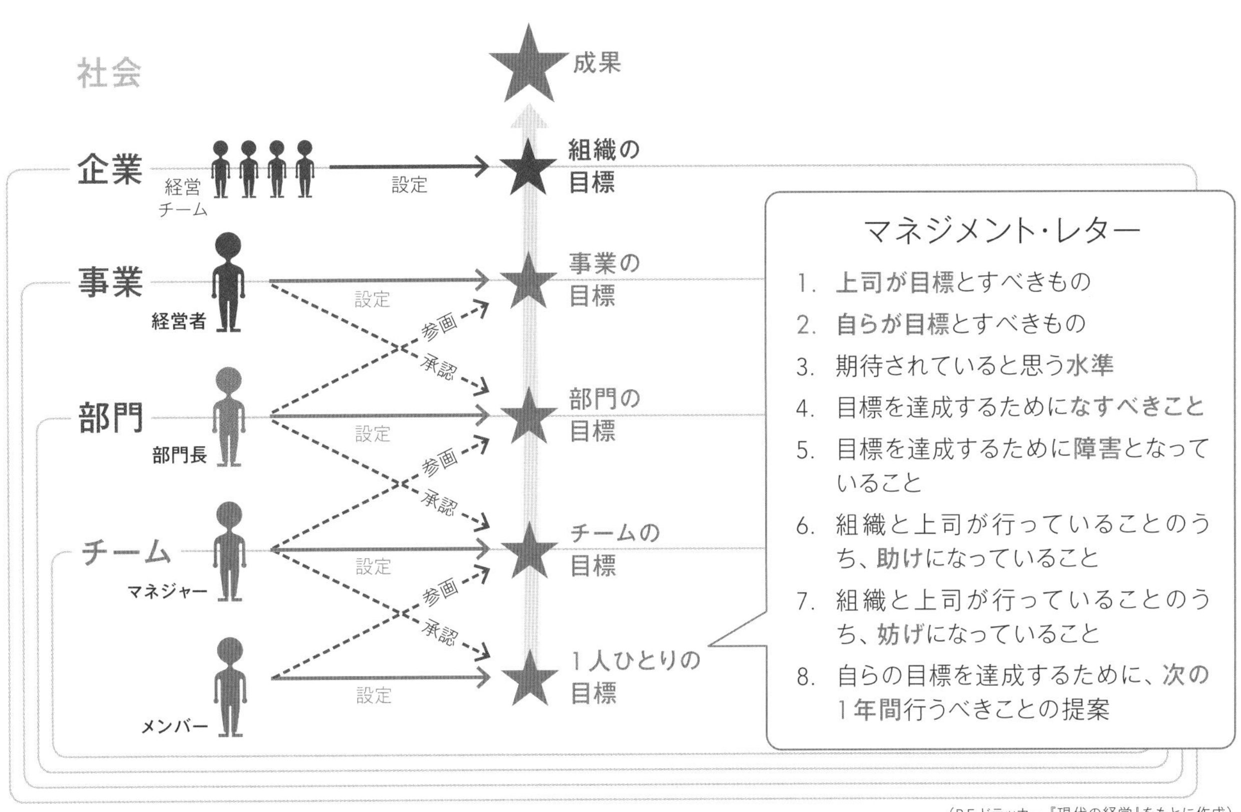

（P.F.ドラッカー『現代の経営』をもとに作成）

▶メンバーとマネジャーの認識の違いが「場」に出てから、目標設定はスタートします　HINT

100のツボ
007

Q 誰がどうやって評価するのか？

■評価は上司ではなく自己管理のために

MBOにおける評価とは、誰が、どうやって行うものでしょうか？　私がこれまで関わった企業では、ほとんどの方が「上司が、目標の達成度によって評価する」と考えていました。ところがドラッカーはこう言うのです。

> 評価とは上からの管理ではなく、自己管理を可能にするためのものである。この大原則を破っていることが、マネジメントの仕事のうち評価測定が最も貧弱な分野になっている原因である。※5

「自己評価」という欄が評価シートに入っている企業もあります。しかし、それはあくまでも補足的な位置づけであり、無視されることが多いように見えます。やはり現代におけるMBOからはセルフ・コントロール（自己管理）という考え方が消えてしまっているのです（ツボ002参照）。

> 自らの仕事を管理するには、自らの目標を知っているだけでは十分ではない。自らの仕事ぶりとその成果を、目標に照らして測定することが必要である。したがって事業のあらゆる領域について、明確な共通の評価基準が必要である。※1

自ら立てた目標に照らして、自らの仕事ぶりと成果を「測定」して、自らをマネジメントすること。これがMBOにおける評価です。

■どう評価するかではなく何を測定するか

私たちは「どう測定するか」と「どう評価するか」に目が行きがちですが、実は「何を測定するか」を決めること自体が重要であるとドラッカーは言います。

> 管理に関する根本問題は、いかに管理するかではなく何を測定するかにある。※5

その重要な問いに対してドラッカーは図表007のような共通基準を示唆しました。現代ではその実践がOKRやKPIという領域で、進歩を続けています（Chapter2.と3.参照）。

そして、自らの仕事を測定するためには、当然ですが「情報」を得なければなりません。情報は上司が握るのではなく、本人のもとへ直接、いち早く届けられる必要があります。成果に向けて自ら軌道修正をするためです（追跡・トラッキングと呼びます。ツボ016参照）。情報の公開はMBOにおけるセルフ・コントロールの大前提と言えます。

図表007には、合理的であるべきだが、定量的でなくてよいとあります。しかし「目標は定量的でなければならない」と考える方も多いことでしょう。

次のツボ008では、この定量化をめぐる論点を考えていきましょう。

A 自分自身が、共通基準をもとに測定する

図表007

評価の共通基準

自らの仕事のため、自ら測定する

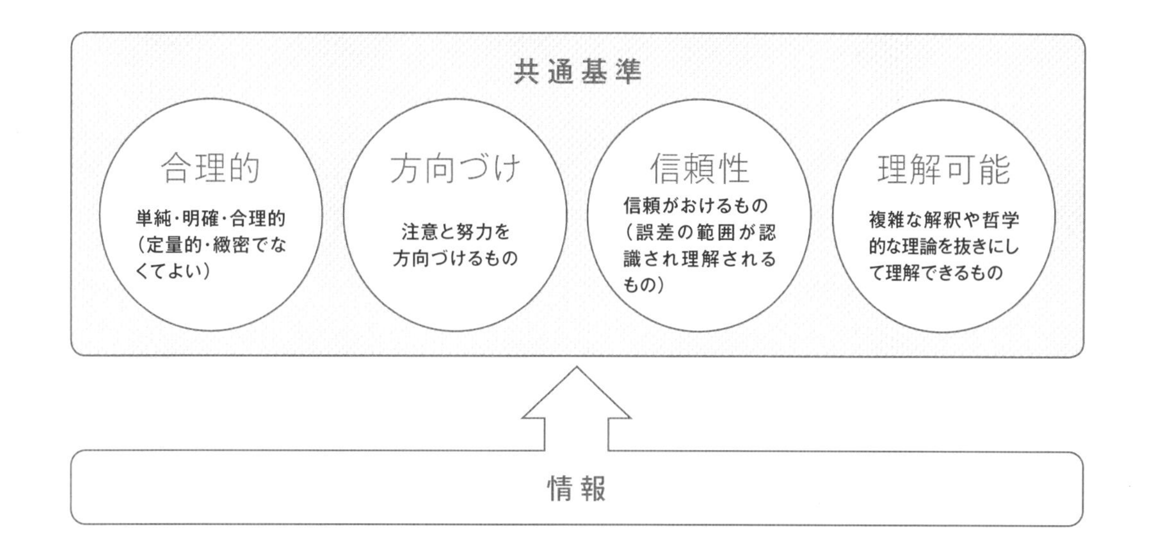

（P.F.ドラッカー『現代の経営』をもとに作成）

▶何を「測定」するかは、マネジメントの意志そのものとも言えます

100のツボ
008

Q 目標はすべて定量化するべきか?

定量化という甘い罠

誤解されたMBOにおいて「目標は必ず定量化すべき」「数値になっていないものは目標ではない」ということが、原則論のように語られています。それを信じてきた方はこのドラッカーの言葉を見て驚かれるでしょう。

> 目標は、事業上の定量化できる目標とともに、経営管理者のマネジメント、働く人たちの仕事ぶりと姿勢、社会的責任など定量化できない目標を含むことが必要である。これらの条件を満たさない目標は近視眼的であって、意味がないというべきである。※1

なぜ「定量化すべき」という誤解が生じてしまったのでしょうか。それは定量化によって上司や会社は「管理できている感じ」を得て、安心できるからです。しかし、それは甘い罠です。

> 測定と定量化に成功するほど、それら定量化したものに注目してしまう。したがって、よく管理されていると見えれば見えるほど、それだけ管理していない危険がある。※6

数字が予想どおりになったからといって、その組織の目的(Chapter9.参照)が叶うとは限りません。「社会的事象の中で真に重要なことは定量化になじまない※7」とドラッカーは定量化への甘えをバッサリ切り捨てています。

客観的な目標・目的へ「方向づける」

MBOのOである「Objectives」には、「目標」という意味だけでなく「目的」という意味もあります。短期的に目先の目標を目指すだけではなく、組織の目的(使命)に向けて、方向づけることが求められます。

> 常に現在と未来、短期と長期を見ていかなければならない。組織の存続と健全さを犠牲にして、目先の利益を手にすることに価値はない。逆に、壮大な未来を手に入れようとして危機を招くことは、無責任である。※5

MBOにおいては、定量か定性か、短期か長期か、という限られた狭い視界ではなく、組織の目的に向けて正しく自らを、そしてすべてのメンバーを方向づける必要があります。

そのためには、定量的ではなく「客観的」であるべきなのではないでしょうか(「Objectives」には客観という意味もあります)。誰にでもわかりやすく一緒に目指せる「客観的」な目標・目的こそが、MBOのOだと私は考えています。

次のツボ009では、MBOと似た概念であるOKR、KPI、目標管理を紹介します。

A 真に重要なことは定量化できない

図表008

安易な定量化は視界を狭める

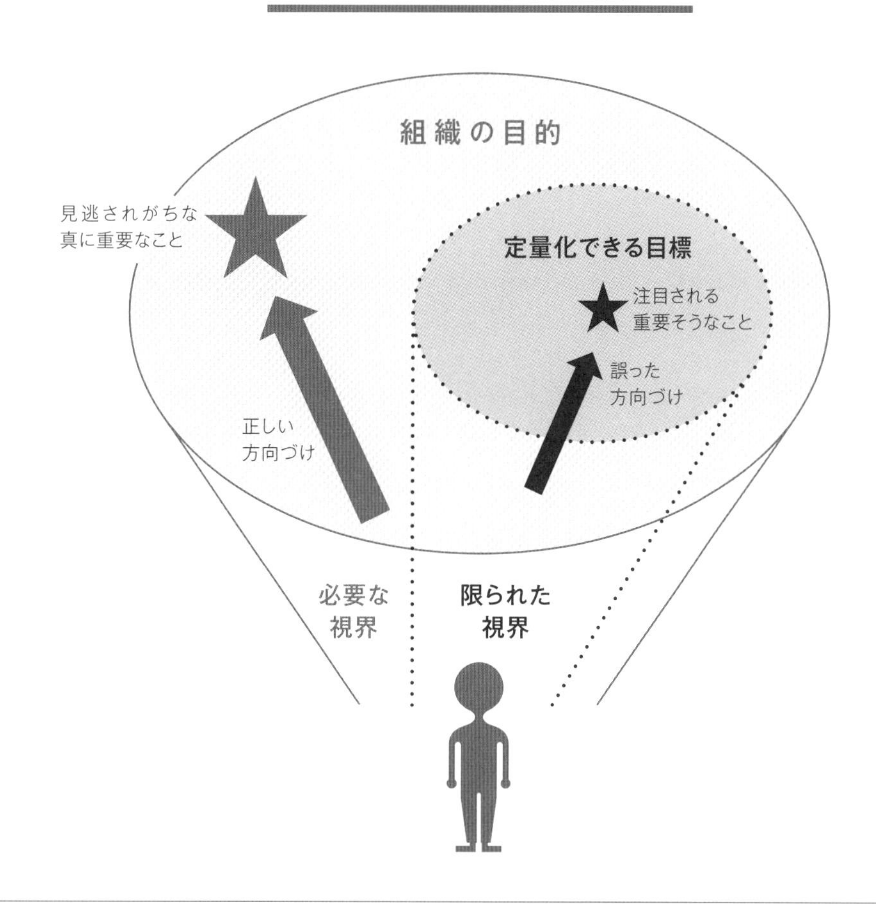

▶「測定できないものは管理できない、と考えるのは誤りである」(エドワーズ・デミング博士)　HINT

100のツボ
009

Q MBO・OKR・KPI・目標管理の違いは?

MBOと似た概念として、OKR、KPI、そして目標管理があります。その違いを確認しておきましょう。

インテル社の実践手法「OKR」

MBOはマネジメントの哲学（ものの見方・考え方）ですが、OKRはMBOを実践するための手法（ツール・やり方）です。

その手法とは「共通の目標（Objectives）」（例：自社製品がもっとも優れていることを示す）に「主要な結果指標（Key Results）」（例：売上シェアNo.1）をセットすることです。それによって「定量化による誤った方向づけ（ツボ008参照）」というMBOで起きがちな問題を解消してくれます（詳細はChapter2.参照）。

鍵となる1つの先行指標「KPI」

OKRでは目標に主要な結果指標をセットしましたが、KPIでは「鍵（Key）」となる「先行指標（Performance Indicator）」を1つ決めます。先行指標とは例えば「商品を70件以上紹介する」ことや「新規取引先を5社開拓する」ことなどです。

事業に関わっている組織の全員で、1つのKPIを追いかけ、「信号」のように進むか止まるかを判断します。誰が見てもはっきりわかる客観的（Objectives）な指標が、組織の力を1つの方向へと集約してくれるのです（詳細はChapter3.参照）。

日本における「目標管理」の誤解

日本ではMBOが「目標管理」として1960年代には導入が始まり、住友金属鉱山の猿谷雅治元常務たちによって促進されていきます（詳細はChapter4.）。

1990年代にはバブル経済が崩壊し、企業はコストカットせざるを得ない状況になり、その方策として成果主義的な人事評価・報酬制度が導入されていきます。そこに「目標管理」が賃金決定の根拠として組み入れられてしまったのです。そのため、日本における目標管理は、MBOのマネジメント哲学に反して人事評価・報酬制度の意味合いを強く持っています。これがMBOに対する多くの誤解、Self-controlという言葉が消えてしまった理由、そして近年見られるOKR・KPIなどの手法へ期待が集まっていることの背景です。

> 間違った方向づけをもたらす大きな要因が、報酬システムである。※5

ドラッカーの警鐘のとおり、まさに報酬システムとして働く人に「間違った方向づけ」をしてしまう危険を孕んでいるのが、現状の目標管理です。

猿谷雅治の弟子である五十嵐英憲は、現代の日本企業の実践に並走してその問題を整理し、目指すべき姿を「葛藤克服型」目標管理であると説いています（ツボ032参照）。

次のツボ010では、MBOをこれからどう使っていくべきかを考えます。

A MBOは哲学、OKRは実践手法、KPIは先行指標、目標管理は日本で育まれたMBO

図表009

MBO・OKR・KPI・目標管理

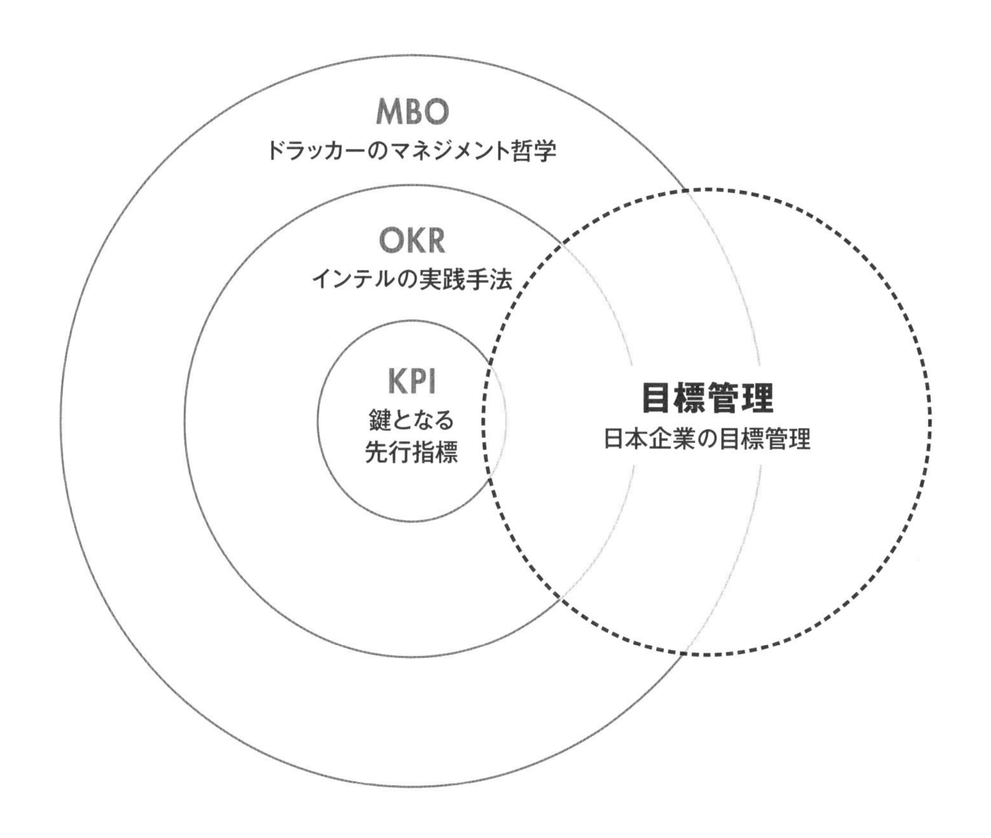

▶ MBO・目標管理に関連する言葉たちの「意味」を正しく捉えて使っていきましょう HINT

100のツボ
010

Q MBOをどう使っていけばよいか？

私たちは、MBOをどう使っていけばよいのでしょうか。

■哲学としてのMBOを取り戻す

ドラッカーの提唱したMBOとは、マネジメントの哲学（philosophy）つまり、ものの見方・考え方でした（ツボ002参照）。しかし日本の現状を見ると、多くの誤解が生じています（ツボ003参照）。

いまMBOを元の「哲学」として取り戻す必要があるのではないでしょうか。「人事評価や報酬制度の一部である」という色眼鏡を外して、この文章を読んでみてください。

> 組織が必要としているものは、個の強みと責任を全開し、全員のビジョンと活動を共通の目的に向けて方向づけ、チームワークを実現し、個の目標と共同の利益を調和させるマネジメントの原則である。※5

私はこれを「個」と「組織」、そして「主観」と「客観」を統合することだと読み取りました。

個の主観（ビジョン）と客観（強み）、そして組織の主観（共通の目的）と客観（共同の利益）を、目標設定（方向づけ）によって統合し、スパイラルアップする（全開させる）ことこそがMBOだと捉えたのです。

図表010はMBOの統合的アプローチです。当書はこの構造に基づいて執筆しました。

ケン・ウィルバー『インテグラル理論』の4象限と、野中郁次郎・竹内弘高『ワイズカンパニー』のSECIスパイラルを準拠枠として作成したものです（この2つの理論について詳しく知りたい方は、坪谷邦生『図解 組織開発入門』をご参照ください）。

■目的は「自由」の獲得

MBOによって得られるのは「自由」だとドラッカーは言います。

> 組織を目的意識と責任をもって利用することである。この責任とそこに伴う意思決定から逃げるならば、組織が主人となる。逆にこの責任を引き受けるならば、われわれが自由となり主人となる。※4

組織に使われるのではなく、組織を使いこなす。そんな自由を手に入れるため、MBOを使っていきましょう。

その第一歩として、ぜひ付録の目標設定ワークシート「MOK4」を記入してみてください。自分に書けないところがどこかを知り、該当するChapterを読むと、哲学としてのMBOの視界が、そしてその統合の感覚が掴めると思います。

次のChapter2.は、MBOの実践手法であるOKRです。具体的な方法を学んでいきましょう。

図表010
MBO の統合的アプローチ

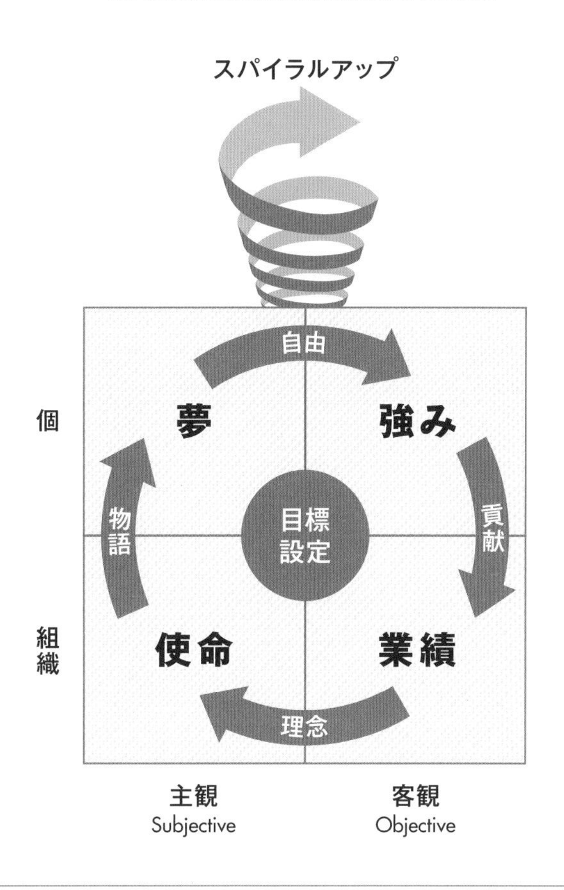

（坪谷邦生『図解 組織開発入門』をもとに作成）

▶完全な統合はありえません。不完全であっても全体性を持って進むことが重要です　HINT

まとめ

Chapter1.のまとめとしてツボ001～010のQ&Aを一覧にしています（右表）。

また、マネジャー（管理職）、メンバー（すべての働く人）、経営者、人事担当者それぞれに向けてこの「MBO」でお伝えしたいメッセージを記載しています。

マネジャー（管理職）のあなたへ

マネジャーのあなたがMBOの主役です。経営者がすべてを判断するのではなく、可能な限り現場に近い位置でマネジャーが意思決定を行うこと。それがMBOの原点です。そのために、組織を捉えるものの見方（ツボ004）をぜひ身につけてください。メンバーを生かすには、まず自分から。ご自身がイキイキする状況をつくりましょう。

メンバーのあなた（すべての働く人）へ

MBOの主役はマネジャーだけではありません。もう一方の主役は、企業に所属して働くすべての人、組織のメンバーであるあなたです。自分の強みを生かして、組織で成果をあげるものの見方（ツボ005）を身につけていきましょう。直属の上司（マネジャー）と認識をあわせて支援を引き出すために、マネジメント・レター（ツボ006）を書いて渡してみてください。上司とあなたの認識のズレが場に出てから、MBOはスタートします。

経営者のあなたへ

経営者であるあなたは、MBOにおいて大切な役割が3つあります。1つ目は組織に共通の目的を示し、事業目標を立てること。2つ目はマネジャー（部門長含む）を支援して各部門・チームの目標を達成させること（ツボ006）。3つ目はマネジャーの任用です（ツボ004）。とくに意識してほしいのは3つ目です。真摯さがない不誠実なマネジャーは組織を破壊してしまいます。覚悟を持って適切な配置ができるのは、経営者のあなただけです。

人事担当者のあなたへ

人事担当者の方の多くは、MBOを人事評価・報酬制度の一部だと認識していたのではないでしょうか。その誤解をとき、正しく「哲学」としてのMBOを知るところから始めましょう（ツボ002・009）。「でもどうやって評価や賃金を決めればいいのか？」という問いが浮かぶと思います。Chapter2.OKRの実践手法から解決のヒントを学んでいきましょう。

次のChapter2.では、MBOの実践手法であるOKRについて学びます。

100のツボ	Q	A
001	MBOのはじまりは?	1954年、社会生態学者ドラッカーが「マネジメントの哲学」として提唱した
002	MBOとは何か?	「共通の目標」と「自律的な貢献」によって、「組織を使って成果をあげる」という哲学
003	MBOのよくある誤解は?	人事制度として表層的に理解してしまう
004	マネジャーに必要な「ものの見方」は?	事業・上司・自分のチーム・他のチームへの「貢献」
005	メンバーに必要な「ものの見方」は?	個の「強み」を、組織での「貢献」を通して、社会の「成果」とする
006	誰が目標を立てるのか?	自分自身が立てる。上から降ってくるものではない
007	誰がどうやって評価するのか?	自分自身が、共通基準をもとに測定する
008	目標はすべて定量化するべきか?	真に重要なことは定量化できない
009	MBO・OKR・KPI・目標管理の違いは?	MBOは哲学、OKRは実践手法、KPIは先行指標、目標管理は日本で育まれたMBO
010	MBOをどう使っていけばよいか?	自由に組織を使いこなすための視界を手に入れる

対談

Conversation

人間力の醸成と方向づけこそマネジメントの役割

佐藤等氏

ドラッカー学会 共同代表理事

P.F. ドラッカー研究の第一人者である佐藤等氏に、マネジメント哲学MBOについてお伺いしました。

■MBOには「根本的な誤解」がある

坪谷邦生（以下、坪谷）：私は人事コンサルタントをしている中で「MBOは根本的に誤解されている」とずっと感じていました。なんとかしなければいけないと思っていたときに、佐藤先生から「そもそも客体のオブジェクティブ（目標）の前に、主体であるサブジェクティブ自体が弱っている」という一言をいただいて、大きなヒントではないかと直観したんです。
MBOのOであるオブジェクティブを、目標だけではなく客体・客観として捉えること、そしてそれと対になる概念はサブジェクティブ、つまり主体・主観であること。パッと目の前が開けたように思いました。
それがこの本の構想のスタートになりました。今日はどうぞよろしくお願いいたします。

佐藤等氏（以下、佐藤）：よろしくお願いします。

坪谷：今の企業で起きている誤解と、ドラッカーの言葉を比較しながらお話ができたらと思っています。こちら（図表003）は私の解釈です。

佐藤：そうですね。「マネジメントの哲学　主役はすべてのマネジャー」と、「組織全体に対して自らが果たす貢献を目標とする」のあたりに、本質が集約されていると思います。その本質的な根幹の理解がどこか曲がってきて誤解につながっていると思います。
ご存じの通り、マネジメントには自らの組織を社会に貢献させるうえで、「仕事を生産的なものとして、働く人たちに成果をあげさせる」役割があると言われています。別の表現だと「組織に属している人たちを自己成長、自己実現させる」とも言うんですね。
この部分が今組織で使われているMBOではあまりフックがかかっていない気がします。
ドラッカーの言葉に、マネジメントの本質をよく捉えた「人間力の醸成と方向づけこそマネジメントの役割」というものがあります。これは非常に大きな言葉で、「方向づけ」は、ある種の客体の指示なんですよね。
そこがはっきりしていないと、働く人の「自主的」といった言葉で片付けられてしまう。自主的は「自ら率先して行動する姿勢」で、主体的は「自分の意志・判断に基づいて行動すること」なので、本当は「主体的」でなきゃいけない。自主的と主体的は違うなと。

坪谷：そうですね。

佐藤：客体という方向づけがあって初めて、自分の意志・判断に基づいて主体性を発揮できる。その両輪が回っていない状態を、自主性と言ったり、客体を明確に示さないで単に主体性と言ったりしてごまかしてしまっている気がしています。

坪谷：働く人の自主性に任せると言うと、ただ単に「あなたの好きにしなさい」になってしまってどこにも客体としての「目指すべきもの」がない。

■オブジェクティブは目的であり客観

佐藤：そうですね。「主体と客体は両方とも必要である」という理解そのものが脱落している感じです。例えば、ミッションや理念を作ることは、方向づけの1つの方法に過ぎないのですが、「何のために」ミッションや理念を作るかというところが、実はあまりはっきり意識されていません。本来、理念もミッションも方向づけの原点にある基本的な道具なのですが、現状はその道具の機能があまり意識されていないと思います。つまり「組織の目的を示す」という大切な方向づけの役割を本当に果たしているか疑問です。

ドラッカーの著書の中には、たくさんの方向づけのツールがあります。例えば、ビジョンやゴールも方向づけのツールです。ゴールというのは、ドラッカーの中では長期のものを指しています。

目標は、その方向づけのツールの中の1つであるということで、一般に使われているような必達到達点を示すイメージとは異なります。道具立ての機能、意味といったものの整理があまりうまく行われてないことが、MBOの誤解の根っこにあるのかなと思いますね。

坪谷：確かに。MBOのオブジェクティブは、英語で言うと「目的」でもあって、「客体・客観」でもあるので別に短期的な目標でなければならないとか「半年後の目標」にすべきとは誰も言っていないですね。

佐藤：そうなんです。

坪谷：方向づけに関連して、私の問題意識を少しお話ししたいのですが、「モチベーション」という言葉の使い方についてです。モチベーションは元来「目的意識」であり「動機づけ」。つまり「方向づける」意味を持っているのですが、ただの「やる気」だと誤解している人が本当に多いのです。ノルマ管理をしすぎた時期があったために、客体で方向づけること自体に、悪いイメージがあるのかもしれないですよね。

2022年7月15日

Profile

佐藤等／さとう ひとし　昭和36年北海道生まれ。59年小樽商科大学商学部商業学科卒業。平成2年公認会計士試験合格。佐藤等公認会計士事務所開設。14年同大学大学院商学研究科修士課程修了。「実践するマネジメント読書会」を創設。著作に『実践するドラッカー』シリーズ（ダイヤモンド社）や『ドラッカーに学ぶ人間学』（致知出版社）などがある。

以上、logmiBiz『図解 目標管理入門』対談「明確な目標を示さないまま、社員の“主体性任せ”に陥る組織 人事の専門家が説く、「目標管理」でつまずきやすいポイント」より一部抜粋して掲載
<https://logmi.jp/business/articles/327147>

全文はこちらです ▸▸

Column 01
変えられるもの

「成果をあげるのは能力ではなく、集中するという習慣である」とP.F.ドラッカーは言っています。成果をあげられる人と成果をあげられない人の能力や努力の量は同じでも、集中するかどうかによってその実りは大きく変わります。いったい何に集中すれば良いのでしょうか？　それは「変えられるもの」です。歴史上多くの人物が様々な言葉で伝えています。

例えば心理学者エリック・バーンは「過去と他人は変えられない」と示しました。過去や他人といった変えられないものに集中するのではなく、自分が変えられるもの「今と自分」に集中せよ、と説いています。

フランクリン・コヴィー『7つの習慣』には「関心の輪と影響の輪」とあります。気になること（関心の輪）ではなく、自分が影響を及ぼせること（影響の輪）に力を注げと教えています。

アドラー心理学の岸見一郎の「悪いあの人・かわいそうな私・これからどうするか」。彼のもとに相談に来る人は、ほとんど「悪いあの人」のことか「かわいそうな私」について長々と話します。しかし岸見はすべて聞き流します。集中すべきは「これからどうするか」だけだからです。

私のお気に入りは神学者ラインホルド・ニーバー「祈りの言葉」です。

> おお神よ、変えることのできないものについて、それを受けいれる冷静さを与えたまえ。変えることのできるものについて、それを変える勇気を与えたまえ。そして、変えることのできないものと、変えることのできるものとを、見分ける知恵を与えたまえ。

はじめに重要なのは、何が変えられることか、何が変えられないことか、を見分ける「知恵（wisdom）」を育むこと。そして、変えられないことは冷静に受け入れ、変えられることは勇気を持って変えていけばいい。この判断基準はとてもシンプルで使いやすいと感じています。

Chapter. 2

O

K

R

100のツボ

011

Q OKRのはじまりは?

Chapter2.では、OKRについて学んでいきましょう。

近年よく耳にするOKRですが、MBOとはどう違うのでしょうか? 新しいアルファベット3文字の登場に、混乱している人も多いと思います。

MBOとOKRは「別物」ではない

MBOとOKRはまったくの別物だと誤解されることが多いのですが、実は図表011の構造のとおり、OKRはMBOの中にすっぽり収まっています。OKRはMBOに内包されるのです。

OKRは、ドラッカーと親交の深いインテル社のアンディ・グローブ元CEOが、MBOという哲学を自社で工夫して実践した「手法」に他なりません。インテル流のMBO実践ツールであるため「iMBO※1」とアンディは呼んでいました。

グーグル社の成長とともに広がった

アメリカのシリコンバレーにこの手法が広がったのは、グーグル社の影響です。インテル社でアンディから学んだジョン・ドーアが、1999年に創業期のグーグル社へとそのやり方を伝えました。グーグル社の成長とともに、iMBOも知られるようになったのでした。

インテル社、そしてグーグル社での取り組みを、ジョン・ドーアは『Measure What Matters』として2018年に出版しました(同年に日本でも翻訳されました)。

そして、その著作の中でiMBOを、手法の特徴である「目的(Objectives)に主な結果指標(Key Results)をつける」の頭文字をとってOKRと呼ぶようになったのです。

日本ではメルカリ社が先駆けに

日本では、メルカリ社が創業期からOKRを取り入れています。創業者である山田進太郎社長は、かつてサンフランシスコのソーシャルゲーム会社Zyngaに株式を売却して日本法人でジェネラルマネジャーをしており、そのときにOKRを経験しました。

そのメルカリ社の成長とともに、日本でもOKRが着目されるようになったのです。

次のツボ012では、OKRの内容を見ていきましょう。

A インテル社の元CEOアンディ・グローブがMBOを実践する手法として始めた

図表011

OKRのはじまり

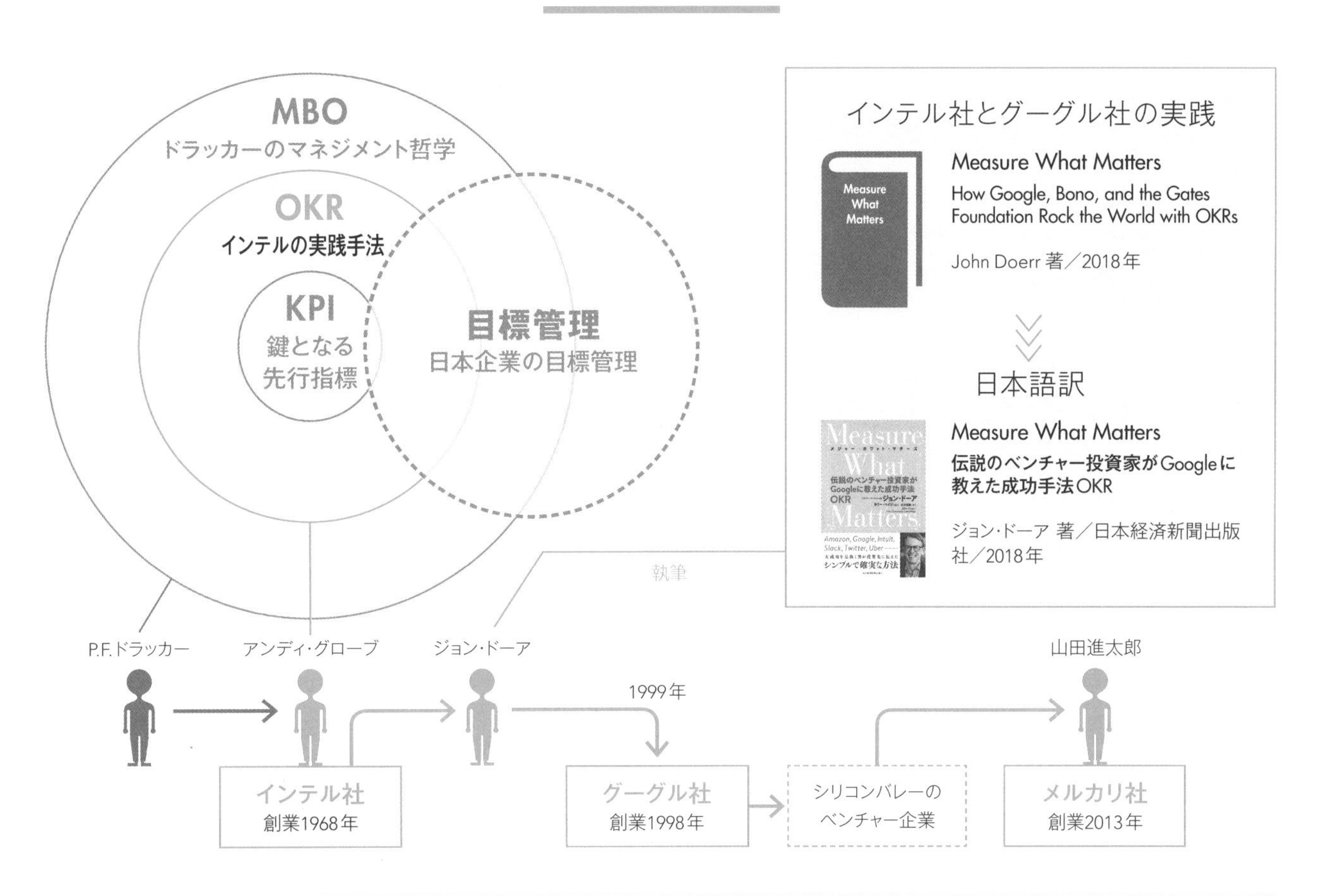

▶実践手法であるOKRは、取り入れた企業の成長とともに世の中に浸透していきました HINT

100のツボ
012

Q OKRとは何か？

インテル社によるMBOの実践手法「OKR」は、Objectives and Key Resultsの頭文字です。その内容を理解するため、単語の意味を順に見ていきましょう。

◢共通の目標（Objectives）

まずはObjectives（オブジェクティブズ）について。日本語では目標、目的、そして客観という意味で、MBOのOとまったく同じです（ツボ002参照）。

「何」を達成すべきなのかを具体的に示したものです。組織は一人ひとりの頑張りをまとめて成果とするために存在します。そのため、組織の使命（Chapter9.参照）に結びついていて人々を鼓舞し行動を促す、もっとも重要な「共通の目標」を設定するのです（例：インテル「8080」がモトローラ「6800」より高性能であることを証明する）。

重要なのは「測定できなくてよい」ということです。多くの場合、目標は定量化されていなければならないと誤解されているのですが、真に重要なことは定量化できません。すべてを定量化しようとすると視界が狭くなってしまい方向づけを誤ります（ツボ008参照）。

◢主要な結果指標（Key Results）

次にKey Resultsについて。日本語では「主要な結果指標」です。このKRこそがアンディ・グローブの発明であり、OKR最大の特徴です。

共通の目標自体は、前述のとおり測定できなくてよいのですが、そのままでは達成したかどうかを判断することができません。そこがMBOを実践する際の難所でしたが、共通の目標に「主要な結果指標」をセットすることで、アンディはこの問題を見事に解決しました。

共通の目標（O）を「どのように」達成するのか、時間軸（期日）をはっきりさせた、測定可能で、検証可能な、モニタリングの基準。それが主要な結果指標（KR）です。必ず期日に測定できるものでなければなりません（例：営業トレーニング教材の有効性を確認するために顧客3社を訪問）。

評価で重要なことは「どう管理するかではなく、何を測定するか」でした（ツボ007参照）。主要な結果がセットされていることで、一人ひとりが仕事を自ら進める（セルフ・コントロールする）ことができるようになりました。

次のツボ013ではOKRによって期待できる効果を見ていきましょう。

A MBOの効果的な実践のため、「共通の目標」に「主要な結果指標」をセットするという手法

図表012

OKRの意味

Objectives		Key Results
共通の目標	and と	主要な結果指標
「何」を達成すべきか ・組織の使命と結びついている ・人々を鼓舞して ・行動を促す ・もっとも重要なこと		**「どのように」達成するか** ・時間軸をはっきりさせた ・測定可能で ・検証可能な ・モニタリングの基準
▼ 測定できなくてよい		▼ 必ず期日に測定できる

1975年インテル社ジョン・ドーアの例

Objective（目標）

インテル「8080」がモトローラ「6800」より高性能であることを証明する

Key Results（以下により測定する）

1. 5つのベンチマークを完成する
2. デモを作成する
3. 現場部隊のために営業トレーニング教材を作成する
4. 営業トレーニング教材の有効性を確認するために顧客3社を訪問

（ジョン・ドーア『Measure What Matters』をもとに作成）

▶ **ドラッカーの哲学が、インテル社の実践によって、効果的な手法となりました**

100のツボ 013

Q OKRの効果は？

OKRを実践すると、4つの効果が期待できるとジョン・ドーアは言います。

集中（Focus）

OKRで狙う効果の1つ目は「集中（Focus）」です。

成果をあげるためには、優先順位をつける必要があります。もっとも重要な目標を絞り込むこと（3〜5個）、目標ごとの主要な結果も絞り込むこと（3〜5個）、そしていつまでに行うかを明確にして、目標のサイクルは短くします（3ヶ月が目安）。

やらないことを決め、やると決めたことに集中し、全力でコミットするのです（詳細はツボ014）。

協働（Alignment）

OKRで狙う効果の2つ目は「協働（Alignment）」です。Alignmentとは「同じ目的に向かい協働するために、すり合わせる」という意味です。当書では協働と訳しました。

多くの企業ではトップダウンによって目標を下ろしていくことで協働を図っていますが、OKRではCEO以下全員の目標を公開することで、自律的な協働を狙います（詳細はツボ015）。

追跡（Tracking）

OKRで狙う効果の3つ目は「追跡（Tracking）」です。Trackingとは「目標の進捗や結果を都度把握して活用する」という意味です。当書では追跡と訳しました。

追跡するためには、簡単に目標の進捗や結果を更新することができて、全員の状況を可視化してくれる環境が必要です。

その上で、期中には軌道修正を行い、期末には次のサイクルに向けて振り返りを行います（詳細はツボ016）。

挑戦（Stretch）

OKRで狙う効果の4つ目は「挑戦（Stretch）」です。

限界に挑戦し、失敗を許容することで、一人ひとりの創造性を最大限に引き出します。どこまでストレッチした目標を求めるか、その比率が企業文化をつくります（詳細はツボ017）。

ツボ014から017で、これらのOKRに期待できる効果を学んでいきましょう。まずツボ014は集中（Focus）です。

A 集中(Focus)・協働(Alignment)・追跡(Tracking)・挑戦(Stretch)

図表013

OKRの効果

Focus 集中
優先事項に集中し全力でコミットする

Alignment 協働
全員の目標を公開して自律的な協働を狙う

Tracking 追跡
簡単に更新と可視化ができる環境を用意して進捗を追跡する

Stretch 挑戦
達成確率70%のストレッチ目標を掲げる

(ジョン・ドーア『Measure What Matters』をもとに作成)

▶挑戦へと方向づけ、協働し追跡する。MBOの哲学がクリアに体現されています

100のツボ
014

Q 「集中」して成果をあげるためには?

OKRの効果の1つ目は「集中(Focus)」です。

① もっとも重要な目標に絞り込む

成果をあげるためには、優先順位をつけることが必要です。やらないことを決め、やると決めたことに全力でコミットします。インテル社の元CEOアンディ・グローブはこう言います。

> OKRシステムが卓越した組織にもたらすものの1つが、フォーカスである。それは目標の数を絞り込むことでしか得られない。何かにコミットするのは、他のことにコミットする機会を放棄することにほかならない。※1

「すべてをやる」とは「何もやらない」と同じです。OKRでは通常3〜5個まで目標の数を絞ります。目標を絞ることは難しい仕事ですが、そこには労力をかける価値があります。誤った意思決定は修正することができますが、意思決定をしなければ何も学ぶことができません。

事業においては経営者が、部門においては部門長が、チームにおいてはマネジャーが、ごく限られた目標を全面的に指し示します。それが組織に共通の羅針盤と評価基準を提供するのです(ツボ006参照)。

「優れた経営とは、一見重要度が同じような数多くの活動のなかから、圧倒的に影響力の大きいものを1つか2つか3つ選び、そこに集中する能力にほかならない※1」とアンディは強調しています。

② 主要な結果も絞り込む

人々を鼓舞する目標に対して、具体的な「主要な結果」をセットします。目標は測定できなくてもよいのですが、主要な結果は必ず測定可能なものとします(ツボ012参照)。この主要な結果も、多すぎると散漫になり進捗が把握できなくなります。1つの目標につき3〜5個までが目安です。

③ 目標のサイクルは短く

時間軸を明確にすると、集中が強化されます。「締め切り」効果を狙うのです。そしてそのサイクルは短くすべきだとアンディは言います。

> フィードバックに実効性を持たせるには、評価対象となる活動が終わった直後に行う必要がある。したがってOKRシステムでは、目標を比較的短い時間軸で設定しなければならない。※1

変化の激しい今日では4半期(3ヶ月)のサイクルが最適だとジョン・ドーアは提案しています。

次のツボ015では、OKRの効果の2つ目「協働(Alignment)」を見ていきます。

A 目標と主要な結果を絞り込み、サイクルを短くする

図表014

OKRの効果「集中(Focus)」

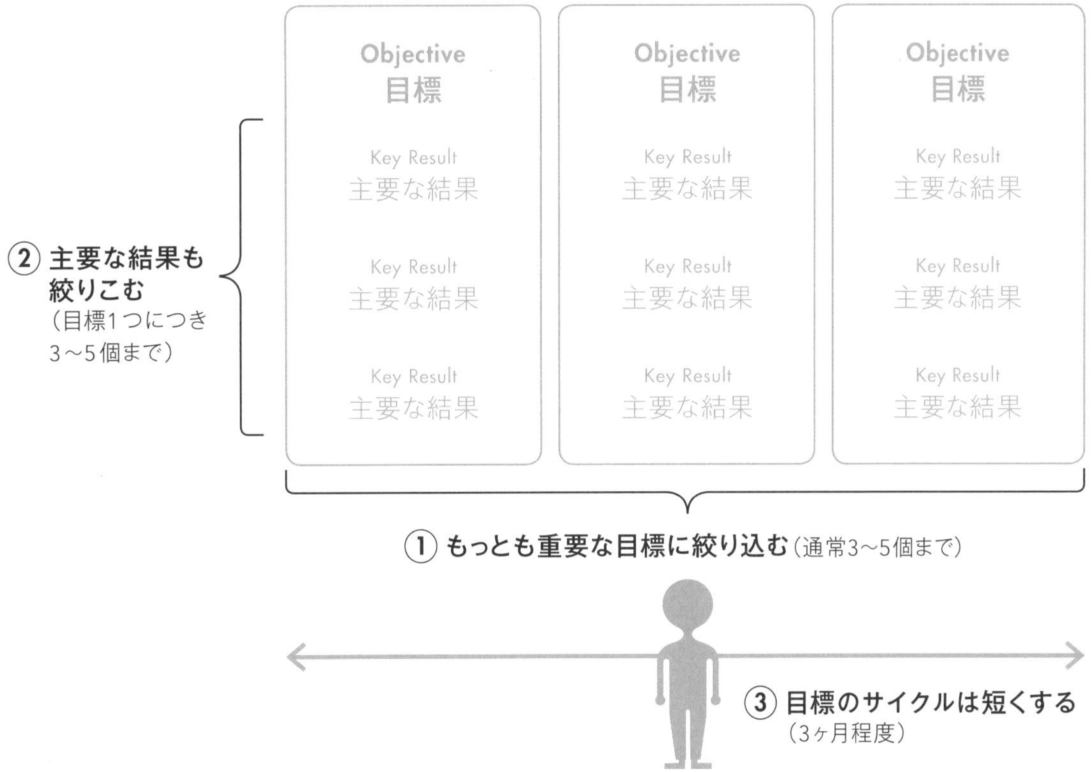

(ジョン・ドーア『Measure What Matters』をもとに作成)

▶「勝利する組織は少ない矢を全身全霊で放つ※1」(ラリー・ペイジ)　HINT

100のツボ 015

Q どうやって「協働」を実現するのか？

OKRの効果の2つ目「協働（Alignment）」について、見ていきましょう。

アラインメントとは協働のこと

OKRには「アラインメント（Alignment）」という言葉がよく登場します。直訳すると、一直線にすること、整列すること、そして提携や連合です。当書では「協働」と訳しました。「同じ目的に向かい協働するために、すり合わせる」というニュアンスです。

トップダウンによる協働の限界

組織として成果をあげるためには、ビジョンや全社目標と一人ひとりの目標を結びつける必要があります。縦の連携（すり合わせ）です。その手法として、多くの企業がとっているのはトップダウンによる協働です。

このやり方は、適度に行うと効果が上がりますが、すべての目標に対して厳密に適用しようとすると、以下のような弊害をもたらします。

①機敏性の欠如：各階層を順番に降りてくる目標を待っていては、全メンバーが目標設定を完了するまでに何週間もかかってしまいます。

②柔軟性の欠如：目標設定は「手間がかかるもの」だと思われると、サイクルの途中で目標を見直すことを避けるようになり、形骸化・硬直化が進んでしまいます。

③最前線の軽視：トップダウンが強すぎると最前線のメンバーは意見を軽視された、無視されたと感じるようになります。目標への懸念や、優れたアイディアを共有することに躊躇するようになります。

④横連携の不足：縦の連携は綺麗に繋がったとしても、部門の垣根を超えた、横の連携は進みません。

公開による自律的な協働の促進

グーグル社人事部門のトップだったラズロ・ボックはこう言っています。

> 目標はパフォーマンスを高める。しかし企業の上から下へ、目標を伝達するのに膨大な時間をかけるのは、むしろ逆効果だ。グーグルは市場主義的アプローチを採る。つまり会社全体のOKRが周知され、一人ひとりのOKRも可視化されているため、時間の経過とともに全員の目標が収斂されていくのだ。※2

OKRでは、CEO以下全メンバーの目標と主要な結果を社内に公開し、自律的な協働が生まれる状況を狙います（図表015）。メルカリ社もこのアプローチをとっており、上から下へ目標のロジックを時間をかけて整合させるのでは「なく」、日々の1on1やオフサイトミーティングで視界を合わせた上で、各部・各人が同時にOKRを設定しています（ツボ018・019参照）。

次のツボ016では、OKRの効果の3つ目「追跡（Tracking）」を見ていきます。

A 全員の目標と主要な結果を公開し、自律性を促進する

図表015

OKRの効果「協働（Alignment）」

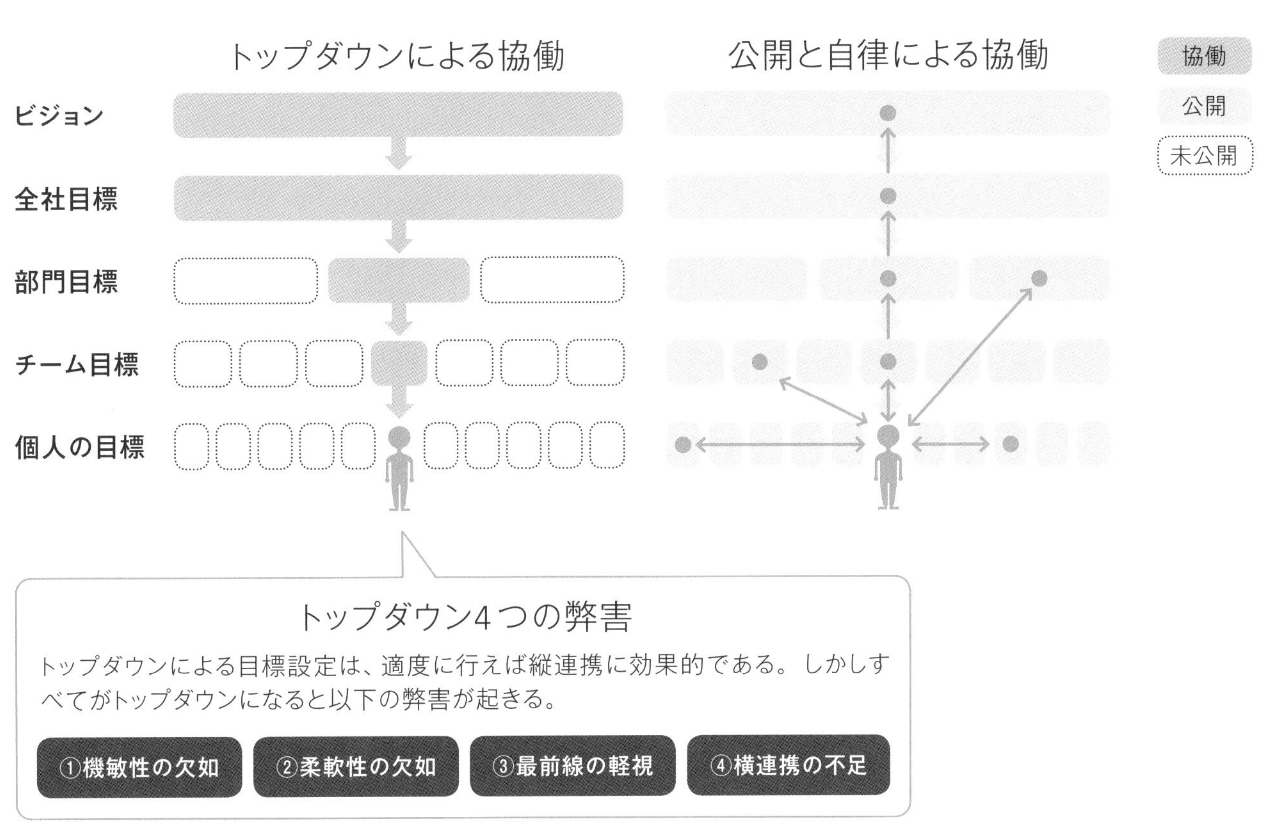

（ジョン・ドーア『Measure What Matters』をもとに作成）

▶何をやろうとしているのか知らない人たちと、協働することはできません

100のツボ
016

Q 目標の進捗や結果を「追跡」して活用するには？

OKRの効果の3つ目は「追跡（Tracking）」。目標の進捗や結果を都度把握して活用することです。

簡単な更新と進捗の可視化

日々の自分の仕事が、組織全体にどう貢献しているかがわかると、仕事の価値を実感できて、エンゲージメントと自律性が高まります。また目標と進捗が同僚に共有されることで協働が促進され、達成の可能性があがります。

日本企業で目標管理に使用しているツールを調査したところ、もっとも多いのは「エクセル」、そして次はなんと「紙」でした（ツボ038参照）。

期初に書かれ、期末まで開かれることのない「ゾンビ化」した目標を生み出しているのは、環境です。現代では簡単に更新することができて、全員の進捗を可視化してくれる環境が、クラウドサービスなどによって簡単に手に入ります（ツボ039参照）。

期中には進捗を追跡し軌道を正す

期中には、本人と上司の1on1で進捗を追跡し、問題を特定してOKRを見直します。さらにチームごと、部門ごとに定例ミーティングを開き、共通のOKRの進捗を追跡し、停滞していれば救済計画を立てます。

OKRの期中の対応は4種類あります。そのまま「継続」する、一部を修正して「更新」する、新しい目標を「開始」する、そして目標や主要な結果を「停止」する。目標や主要な結果が古くなった、または非現実的になった場合には、サイクルの途中で勇気を持って修正または停止します。ただし必ず関わってきた全員に通知し、振り返って次への教訓を得ましょう。

期末には採点し自己評価して振り返る

期末に行うことは3つです。

①客観的な採点：うまくいった点、うまくいかなかった点、チームとして改善すべき点を、客観的に特定します。

②自己評価：客観的な採点に、目標を設定した本人の主観的な判断を追加して補強し、上司が介入して再評価を手伝います。裁くことではなく学習が目的ですので、数字自体よりも状況に応じたフィードバックや広い視点に立った議論が起きて、やるべき仕事に向かうことの方が重要です。人事評価・賃金決定との切り分けがポイントになります（ツボ019参照）。

③振り返り：このサイクルにおける、達成した目標の成功要因、未達成の目標の障害を振り返り、「次のサイクルでの取り組みに活かす学び」を得ます。

次のツボ017では、OKRの効果の4つ目「挑戦（Stretch）」を見ていきます。

A 簡単に更新できる、進捗が可視化された環境を用意する

図表016

OKRの効果「追跡(Tracking)」

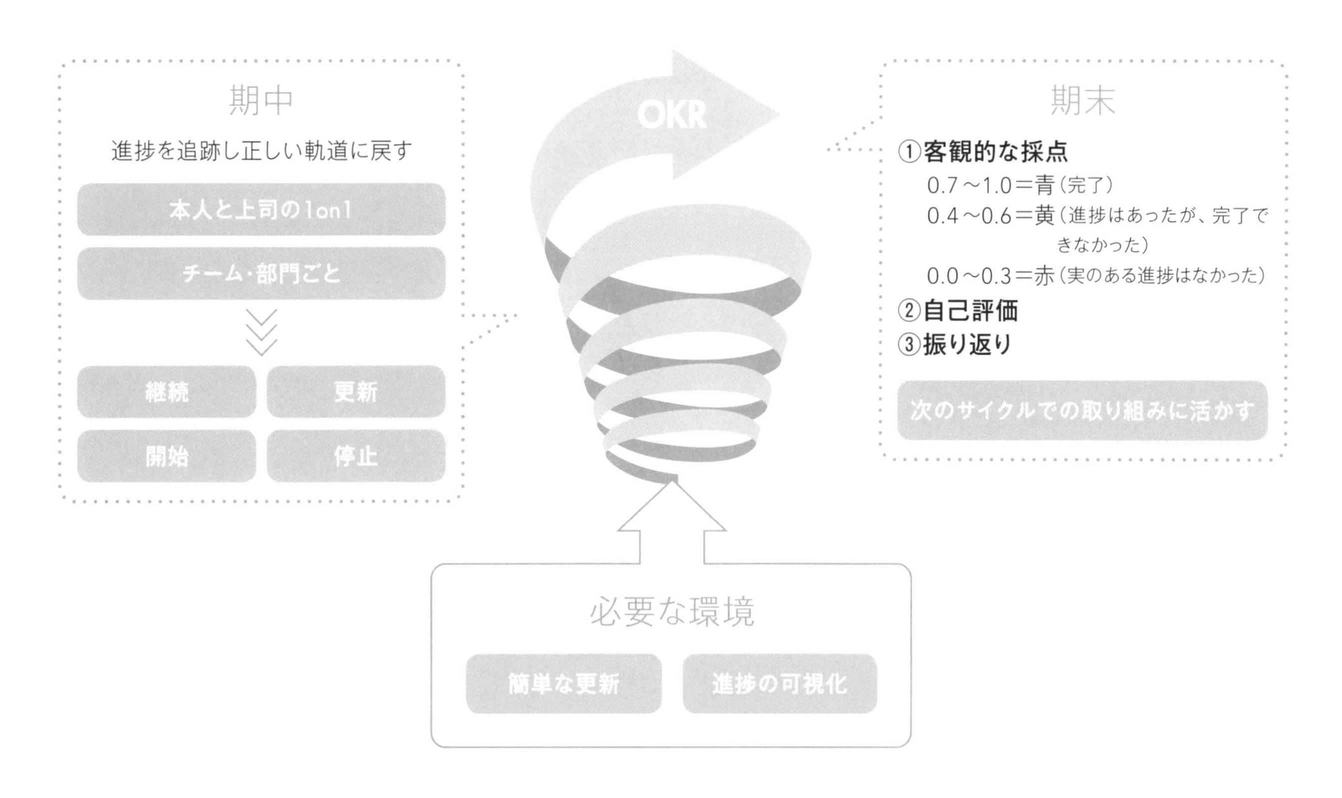

(ジョン・ドーア『Measure What Matters』をもとに作成)

▶膨大な数のエクセルや紙による目標や進捗は、実質「公開」されているとは言えません

100のツボ 017

Q「挑戦」を引き出すには？

OKRの効果の4つ目「挑戦（Stretch）」について。

ストレッチ目標

OKRでは、限界に挑戦し、失敗を許容することで、一人ひとりの創造性を最大限に引き出すことが推奨されています。これはインテル社アンディ・グローブ元CEOの野心的な姿勢が反映されたものです。

アンディはエドウィン・ロックの目標設定理論（ツボ048参照）に着目しました。そこには「目標が困難であるほど、パフォーマンスのレベルが高まる」こと、「具体的かつ困難な目標を設定することは、作業への関心を高め、活動の楽しい面を発見することにも役立つ」ことが示されています。インテル社では「すべてを到達することはありえない水準」に目標を設定するのがルールとなっています。

期末に100%近い結果を出すような部門は、目標が低すぎたと見做され、厳重注意を受けます。

「すべてに青（達成のマークのこと）がついたら、OKRは失敗だ」※1

インテル社のストレッチ目標は、平均4割が未達成に終わります。そのため達成率は70%と設定され、未達成が織り込まれています。70%のゾーンに身を置くことで「ムーンショット」と呼ばれる一見無謀な挑戦を思いつく自由な発想と、失敗を恐れない前向きさが生まれると考えられているのです。

どのくらい挑戦的な目標を立てれば良いのか、そこに正解はありませんが「どうすれば自分やチームは最大の価値を生み出せるか」「驚異的な成果とはどんなものを指すのか」を考えてみましょう。

コミットする目標

グーグル社には、ストレッチ目標とは別のカテゴリーとして「コミットする目標」があります。組織として期限内に必ず達成すると決めた目標のことです。プロダクトのリリース、帳簿管理、採用、顧客に関する経営指標などが設定されます。達成が前提であるため100%の達成率が期待され、達成しない場合はその原因を究明します。

ストレッチ目標と、コミットする目標、この2つのカテゴリーの比率は、組織によっても4半期ごとにも変わります。そしてその設定が企業文化を左右するため、リーダーはこう自問する必要があります。

「これからの一年、私たちはどんな会社でありたいのか。機敏で大胆になり、新たな市場をこじ開けたいのか。あるいは保守的かつ実務的になり、既存の地位を確固たるものにしたいのか。サバイバルモードなのか、それとも大きなリターンを目指して大きな賭けに出るだけの手元資金があるのか。今、私たちの事業に必要なものは何か」※1

次のツボ018では、日本のOKR先進企業であるメルカリ社の事例を確認します。

A 30%の未達成を織り込んだストレッチ目標を掲げる

図表017

OKRの効果「挑戦（Stretch）」

ストレッチ目標

限界に挑戦する
実現したい世界を描いた目標

- 壮大なビジョン
- 高いリスク
- 未来志向の発想
- 当たり前をとんでもないレベルで

など

期待される達成率
70%

100%達成した場合は
目標が低すぎた可能性がある

or

コミットする目標

組織として必ず期限内に
達成すると決めた目標

- プロダクトのリリース
- 帳簿管理
- 採用
- 顧客などに関する経営指標

など

期待される達成率
100%

100%未満の場合は
原因を究明する

どんな比率で設定するかが企業文化を左右する

（ジョン・ドーア『Measure What Matters』をもとに作成）

▶「企業はイノベーションを続けなければ死んでしまう[※1]」（ビル・キャンベル） HINT

100のツボ

018

Q メルカリ社におけるOKRの実践は？

日本でOKRを取り入れた代表的な企業、メルカリ社の木下達夫CHROにその実践について伺いました。※3

■集中：4半期ごと1～3個のOKRを設定

図表018は、メルカリ社独自の社内人事システム「Reviews」のOKR記入画面（をもとに坪谷が書き起こしたもの）です。4半期ごとに1人1回作成します。

①OKRは表示された上司によって承認されます。

②設定するOKRの対象を選択します。マネジャーであれば自分の持っている組織のOKR、もしくは個人（自分自身）のOKRを設定できます。メンバーであれば、すべて個人のOKRです。

③参照するKey Result（主要な結果指標）を選択します。所属組織のOKRに紐づけることができますが、紐づかなくても（参照しなくても）大丈夫です。

④Objective（目標）を記入します。メルカリ社では1個から多くても3個程度です。インテル社が3～5個だったことを考えると、より絞って集中していることが伺えます。

⑤Key Result（主要な結果）は、1つの目標につき1個から多くても3個程度です（インテル社は3～5個）。

■協働：OKRは同時並行で設定し公開

メルカリ社では全員のOKRがReviews上で公開されており、誰が何を行っているかがわかります。

そして期初の目標の設定は上から順に降りてくるのを待つのではなく、全員が同時並行でスタートします。それができるのは、チームや部門の単位で、3ヶ月ごとに認識を揃えるためのオフサイト・ミーティングを実施しているためです。

■追跡：週次で進捗状況をすり合わせる

メンバーとマネジャーは週次で1on1を実施し、その中でOKRの進捗を確認します。またチームや部署、そして全社のOKRについては、各会議にて週次で状況をすり合わせています。Key Result（主要な結果）ごとにGreen（70%以上）、Yellow（40%以上70%未満）、Red（40%未満）を表示して進捗を確認します。このときにGreenばかりであれば「ちょっと目線が低かったんじゃないの」と指摘が入ります。

■挑戦：挑戦的なOKRはマネジャーから

「OKRはワクワクするものじゃなきゃいけない」と木下CHROは言います。挑戦的でワクワクする目標、そして効果的で機能する主要な結果、これらの設定ではマネジャーの力量が試されます。マネジャーを支えるために、対話とシミュレーションを中心にしたOKR研修が実施されています。

次のツボ019では、OKRと人事制度の関係を考えます。

A シリコンバレーのOKRを参考にしつつ、協働と追跡を重視した運用を行っている

図表018

メルカリ社のOKR記入画面

OKR for 2022 July-Sept

前回のOKRをコピー　並び替え　下書き保存　レビュー&提出

① Yamamoto Taro
申請すると上記マネジャーより承認されます

② 組織OKR or 個人OKR
対象を選択してください

③ 参照するKey Result
参照するKRを選択してください

④ Objective1（必須）
4半期で1～3個

⑤ Key Result1（必須）
1つの目標につき1～3個

Action Plan（任意）

Key Result2（必須）

▶メルカリ社が導入していることで、OKRは日本企業で広く注目されました　HINT

100のツボ 019

Q OKRと人事制度の正しい関係は？

OKRと人事制度の関係を見ていきましょう。

継続的パフォーマンス・マネジメント

OKRとともに、人事制度も新しい形が模索されています。ジョン・ドーアは「継続的パフォーマンス・マネジメント」を提唱しました。

これまでの人事制度では目標・評価・フィードバック・報酬などが混在していましたが、これを「OKR」と「人事評価」と「CFR（対話・フィードバック・承認）」に分ける考え方です。

ポイントはOKRと人事評価を切り離すことです。それぞれ別の面談やフィードバックが必要で、その頻度とスケジュールも異なるとしています。なぜなら人事評価は年度末に過去を振り返るためのものですが、OKRはリーダーとメンバーのあいだで継続的に未来に向けて話し合うものだからです。

グーグル社では、社員はパフォーマンスの自己評価をする際、OKRの結果をそのまま使うのではなく、あくまで参考とするよう勧められ、最終的な評価に占めるOKRの割合は3分の1以下です。例えばKR（主要な結果指標）が未達成であったとしても、それをダイレクトに人事評価結果とはせず、期待される貢献に照らしてマネジャーが本人との対話の上で判断し、高い評価結果となることがあり得るのです。

意識的に目標の結果を報酬と切り離すため、サイクルが終わるたびにOKRの評点をシステムから消去するほど、注意を払っています。※1

根底で必要となるCFR

継続的パフォーマンス・マネジメントの根底にCFR（対話・フィードバック・承認）があります。CFRとは「OKRに血を通わせる手段」だとジョン・ドーアは言います。※1

対話（Conversation）：メンバーとマネジャーの1対1での話し合いのことです。アンディ・グローブはインテル社において個別面談を義務としていました。メンバーが面談時間の9割を話すべきであるとされ、メンバーが自分の「主要な結果」を達成するために、マネジャーはどんな支援ができるかを話し合うのです。

フィードバック（Feedback）：自分の仕事ぶりがどの程度かを、他者の意見によって知る機会のことです。プロセスを評価し将来の改善につなげるため、同僚との双方向の、またはネットワーク型のコミュニケーションが求められます。

承認（Recognition）：大小のさまざまな貢献に対して、個人に感謝を伝えることです。継続的な承認はエンゲージメントを高めます。

CFRをベースにして、OKRで継続的に未来を語り合い、人事評価で年度末に過去を振り返ること。この切り分けが正しい「方向づけ」を可能にするのです。

次のツボ020では、OKRをこれからどう使っていくべきかを考えます。

A OKRは人事制度と直結させず、達成率はあくまでも参考情報とする

図表019

継続的パフォーマンス・マネジメント

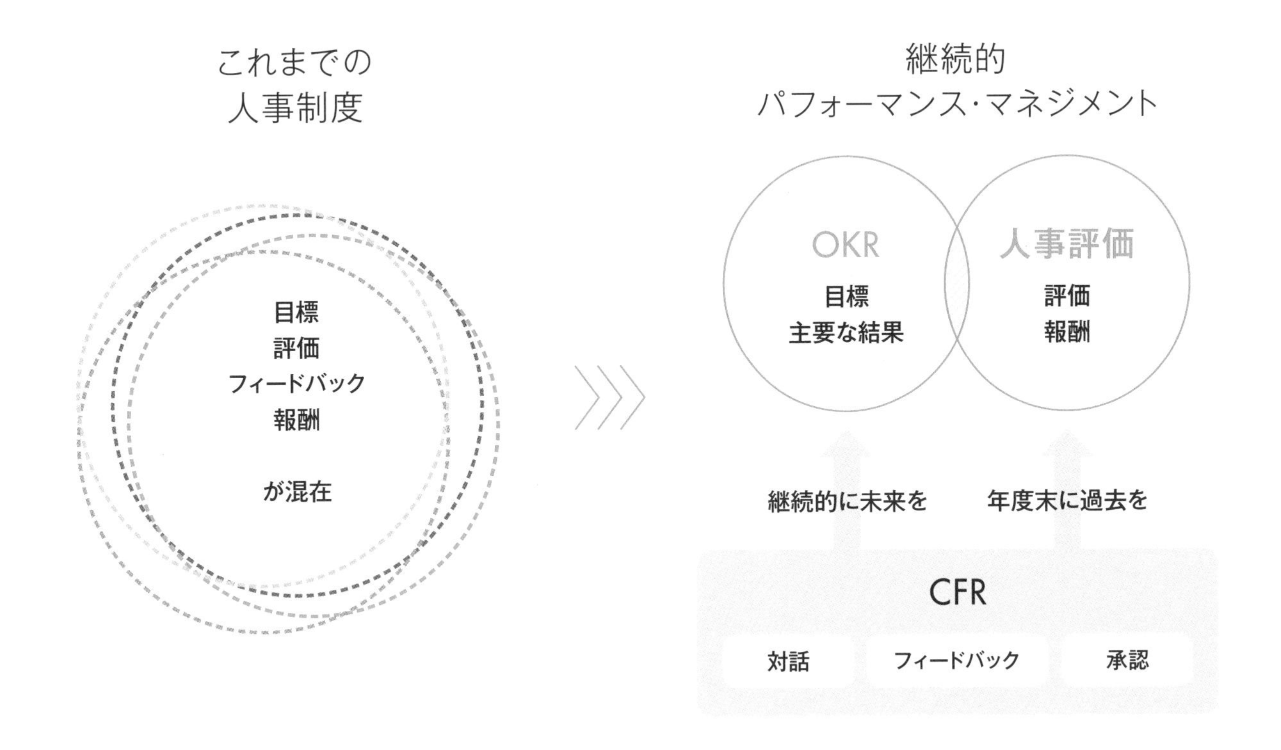

（ジョン・ドーア『Measure What Matters』をもとに作成）

▶ OKRと人事評価とCFRの関係は、MBOと人事制度と組織開発の関係の相似形です

100のツボ 020

Q OKRをどう使っていけばよいか？

マネジメント哲学MBOを、インテル社が実践するために工夫した手法がOKRでした（ツボ011参照）。その手法を私たちはどう使っていけばよいのでしょうか。

MBOはOKRによって大きく前進した

OKRという実践上の工夫によって、MBOはドラッカーの時代から、2つの点で大きく前進しました。

1つ目は定量化の弊害（ツボ008参照）が解消されたことです。目標（Objectives）と、主要な結果指標（Key Results）を切り離してセットしたおかげで、正しく方向づけをしながら、進捗を把握することができるようになりました（ツボ012参照）。

2つ目は報酬システムによる誤った方向づけという問題（ツボ009参照）を解決するために、OKRと人事制度を切り離すやり方が示されたことです（ツボ019参照）。

メルカリ社のOKRと人事評価・報酬制度

日本のメルカリ社においても、OKRは人事制度と切り離されています。※3

成果評価は、OKRの達成度ではなく起こした「インパクトの総量」によって決まります。達成率が100%でも目標自体が期待を上回っていなければ評価は低く、達成率が60%でも期待を上回れば評価は高くなります。期待とはグレード（等級）に応じたレベルのことです。

またOKRに設定していなかった業務も成果には反映されます。期末に自己評価を記入し、それをもとにマネジャーが5段階で1次評価を行います。インパクトの総量はデジタルに判断できるものではないため、上司（マネジャー）の力量（さじ加減）が問われます。

行動評価は、メルカリ社のバリューを発揮した行動の評価です。周囲の仲間が実名で「ピアレビュー（360度）」を記入し、その内容も参考にして上司（マネジャー）が1次評価を実施します（メルカリには「フィードバックはギフト」という文化があります）。

成果評価が賞与へ、成果評価と行動評価を合わせた総合評価が昇給・昇格へと反映されます。そしてその前提としてオフサイトミーティング・1on1・ピアレビューが重視されています（ツボ019のCFR参照）。

OKRの導入は小さく始める

OKRはとても魅力的な手法ですが、日本企業の中では一部にしか浸透していません。メルカリ社の木下達夫CHROに導入を検討している企業へのアドバイスを伺ったところ「いきなりの全社導入は難しい」とのことでした。まずは自部門や自チームなどから小さく始めることが秘訣のようです（スモールサクセスについてはツボ040参照）。

次のChapter3.では「集中」して指標を絞り込む手法として発達した「KPI」について学んでいきます。

A MBOを大きく前進させる手法として小さく始める

図表020
メルカリのOKRと人事評価・報酬

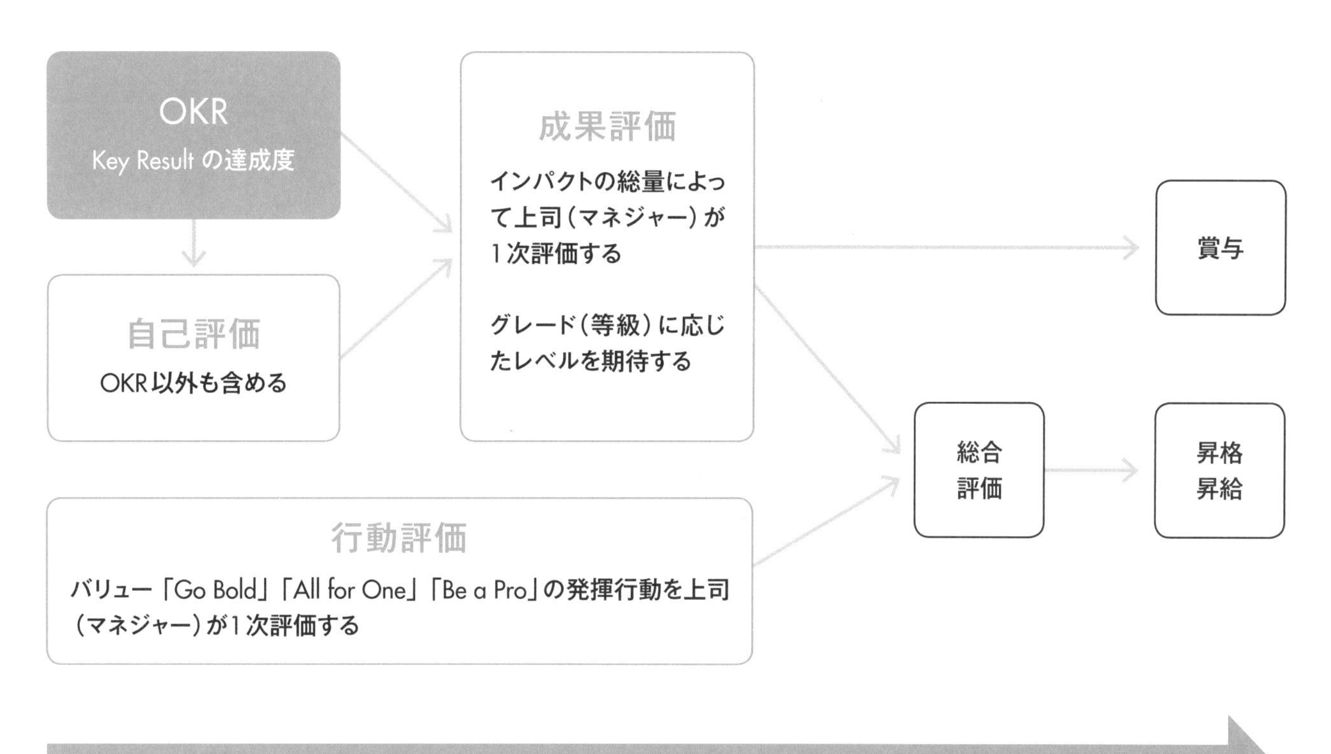

▶ OKR達成度と成果評価が「直結していない」ことが重要です

HINT

まとめ

Chapter2.のまとめとしてツボ011～020のQ&Aを一覧にしています（右表）。

また、マネジャー（管理職）、メンバー（すべての働く人）、経営者、人事担当者それぞれに向けてこの「OKR」でお伝えしたいメッセージを記載しています。

マネジャー（管理職）のあなたへ

OKRは、あなたのマネジメントを助けてくれる実践手法です。あなたの会社がOKRを取り入れていなくても、マネジャーのあなた自身から、小さく始めることができます。メンバーを巻き込みチームの目標と主要な結果指標を立ててみましょう。共通の目標に向かってメンバーを「方向づける」ことができたとき、全員の力が「集中」して、物事が力強く動き始めたことを実感できると思います（ツボ014）。

メンバーのあなた（すべての働く人）へ

OKRは目標に向けて自らを方向づける実践手法です。もしあなたの会社がOKRを取り入れていなくても、会社の目標管理シートとは別に、あなたのストレッチ目標と主要な結果指標を立てることができます（ツボ017）。OKRを成功させるポイントは、人事制度と切り離すこと（ツボ019）。会社でOKRが運用されていないことは、むしろ理想的であるとも言えるのです。OKRで成果を上げて「結果的に」高く処遇してもらうことを目指しましょう。

経営者のあなたへ

経営者であるあなたがOKRの導入を検討しているなら、小さく始めることをおすすめします（ツボ020・040）。あなたが信頼している部門長を1人巻き込んで、その部門の中で意欲的なマネジャーの率いるチームを選んでください。そしてそのチームがOKRの成功例となるように全力で支援しましょう。逆に、おすすめできないやり方は、外部コンサルタントに丸投げして全社に「OKR制度」を一斉導入することです。混乱と不信感が待っています。

人事担当者のあなたへ

人事担当者のあなたが、OKRを全社に導入したいと考えているのであれば、まず人事部門でやってみましょう。導入の了承を得るための稟議書や経営会議の資料作りは、その後の話です。自部署である人事部門の仲間たちを巻き込めないなら、全社員の賛同を得ることは到底不可能です。数名で小さな成功例を作り、少しずつ広げて展開していくことが定石です（ツボ040）。実際にうまくいく手法だと認知が広がれば、稟議書は必ず承認されます。

次のChapter3.では、OKRにおける「集中」に特化した手法KPIについて学びましょう。

100のツボ	Q	A
011	OKRのはじまりは？	インテル社の元CEOアンディ・グローブがMBOを実践する手法として始めた
012	OKRとは何か？	MBOの効果的な実践のため、「共通の目標」に「主要な結果指標」をセットするという手法
013	OKRの効果は？	集中（Focus）・協働（Alignment）・追跡（Tracking）・挑戦（Stretch）
014	「集中」して成果をあげるためには？	目標と主要な結果を絞り込み、サイクルを短くする
015	どうやって「協働」を実現するのか？	全員の目標と主要な結果を公開し、自律性を促進する
016	目標の進捗や結果を「追跡」して活用するには？	簡単に更新できる、進捗が可視化された環境を用意する
017	「挑戦」を引き出すには？	30%の未達成を織り込んだストレッチ目標を掲げる
018	メルカリ社におけるOKRの実践は？	シリコンバレーのOKRを参考にしつつ、協働と追跡を重視した運用を行っている
019	OKRと人事制度の正しい関係は？	OKRは人事制度と直結させず、達成率はあくまでも参考情報とする
020	OKRをどう使っていけばよいか？	MBOを大きく前進させる手法として小さく始める

対談

Conversation

対話による参加型プロセスがOKR実践のポイント

木下達夫氏

メルカリ人事責任者CHRO

日本におけるOKR実践の先進企業、メルカリ社のCHRO木下達夫氏にOKRの実際について、伺いました。

◢ OKRは4半期ごとに同時並行で設定

坪谷邦生(以下、坪谷):さっそくですが、OKRを導入された背景や経緯を教えてください。

木下達夫氏(以下、木下):OKRがベンチャーに合うというのは、本当にそのとおりだと思います。マーケットがどんどん拡大していく中で、それをさらに上回るようなストレッチゴールを作って、みんなで推進していく。そのために、メルカリがまだかなり小さかった頃からずっとOKRを使っています。

坪谷:OKRの運用プロセスは、全社と部門と個人がそれぞれ目標を立てるようなツリー構造でしょうか?

木下:そうですね。まず4半期毎にカンパニー・部門・チーム単位でOKRを設定し、社内に発表します。それに基づいて社員全員が自身のOKRを4半期毎に作成することになっています。

坪谷:全社・部門・個人で目標を立てる順番や、スケジュールはどうされているのですか?

木下:同時並行です。別に会社や部門のOKRが決まらなくても、自分がやっていることは更新できるじゃないですか。個人としても、3ヶ月ごとにある程度のマイルストーンを組んでOKRに反映します。

中長期のプロジェクトも多いので、半年ぐらいを見越したOKRもあり、今が7月だとすると、「9月末までぐらいにこのぐらいの着地点を狙いましょう」という感じです。取り組み自体は半年間とか、長いものだと1年間のものもあります。

◢ 理想はわくわくするムーンショット

木下:上から降ってきた目標は、やっぱりなかなかわくわくしないことが多いですよね。

もちろんチームの目標も会社の目標もあるから、全体との整合性を持ちながら、「自分がわくわくするにはこんなこともやってみたい」とOKRに掲げてもらいます。それがいわゆるジョブ・クラフティング(仕事への向き合い方や行動を主体的にすることで、仕事をやりがいあるものととらえる)だと考えています。

もう無理めな目標でいいんです。もともとOKRの思想はムーンショットで、月に行くぐらいの目標を立てるのが理想と言う考え方があります。一般的なMBO

では「月に行くなんて無理でしょ」だけど、OKRは「月に行く」と言っていい。月に行くための逆算の思考をするからこそ、新しい打ち手が出てくる。
Out-of-the-box thinking（既成概念にはまらない考え方で課題や問いを生み出し、解決策をデザインする考え方）を奨励したいんだとわかってくれる人もいますが、入社したばかりの人は「これって目標管理ですよね」と達成可能性が高い現実的な目標設定をしてしまうこともあります。一般的なMBOの負の部分は、達成度がそのまま評価に反映されることから、目標をできるだけ達成可能なものにしたいという意識を促してしまう仕組みだと思っています。
坪谷：達成度で評価されることが多いですものね。
木下：でも、OKRは無理めでもわくわくするもののほうが自分自身もやる気になる。周りもわくわくした目標を追いかけている人たちだから、ある意味の求心力やチームの一体化にもつながるんです。

対話による参加型のプロセスが重要

木下：OKRは自由度が高い分だけ、ちゃんとみんなで議論しないといけない。対話して参加型で一緒に作ることが、プロセスとしてはすごく重要だと思います。
坪谷：本人は自分の目標にわくわくしてるけど、チームや部門には関係ない、となると困ってしまいますよね。会社や部門全体との整合性はどうやって担保するんですか？
木下：私たちはよく「オフサイトミーティング」と呼びますが、期末や期初にチームで集まって、丸1日使って振り返りや次の4半期の取り組みについて集中して議論する機会を作っています。チームの人数はガイドラインでは6～8人です。そういったステップがあって初めて意味のあるOKRができると思います。
坪谷：そこでチームと個人を繋げるのですね。
木下：そうですね。今の企業規模で、これを3ヶ月に1回やるのは頻度が多すぎるのではないか、半年に1回でもいいのではという声もあるんですけど。そうは言っても、私たちのような事業は市場環境の変化も激しいので、今のところはそのコストをかけるメリットがあるという判断をしています。
坪谷：マネジャー間でもすり合わせはするのですか？
木下：いろんなレイヤーでやっていますね。例えば人事部なら、チーム間のすり合わせは人事部門マネジャー会議で、部門間のすり合わせはカンパニー単位の経営会議でもします。

2022年7月15日

Profile

木下達夫／きのした たつお　P&Gジャパンで採用・HRBPを経験後、2001年日本GEに入社。GEジャパン人事部長、アジア太平洋地域の組織人材開発、事業部人事責任者を経て、2018年12月にメルカリに入社、執行役員CHROに就任。

以上、logmiBiz『図解 目標管理入門』対談「一般的なMBOは、低い目標を掲げるほうが高く評価されやすい目標管理で「負のインセンティブ」が働く理由」より一部抜粋して掲載 <https://logmi.jp/business/articles/327218>

全文はこちらです ▸▸

Column 02
不易流行

MBOはマネジメント哲学、そしてOKRはその実践手法、という説明をすると、多くの方が「なんだ！　やっぱり別物ではなかったのですね」とホッとした顔をされます。そうなのです。まったく別物のように宣伝されているので混乱してしまうのですが、目標管理やMBOについて実践してきた方、真剣に学んできた方にとっては、OKRとしてインテル社やグーグル社が実践していることは、実は「ごく普通のMBO運用上のコツ」でもあるのです。

例えばリクルート社では、エドウィン・ロックの目標設定理論や松井賚夫の行動科学の研究をベースにした目標管理の実践が1960年代から行われていました。そのコツは「①具体的で明確な目標 ②背伸びをすれば届きそうな目標 ③一見不可能な目標 ④集団目標 ⑤進捗のフィードバック」などです（大沢武志『心理学的経営』※4より）。

私は「不易流行」という松尾芭蕉の言葉が好きです。いつまでも変わらない本質的な「不易」を大切にしながら、その時代の「流行」を取り込み、統合させるという俳句の極意ですが、俳句に限らず普遍的な真理ではないでしょうか。

MBOはもう古い、これからはOKRだ。マネジメントは2.0から3.0へ。職能資格からジョブ型に。ピラミッド型からティールへ…こういった、なにかを比較して対立させ、一方の優位を示すためにもう他方を下げる思考法には「わかりやすい」という利点があります。しかし「下げた側の真実を見落とす」という欠点もあるように思います。新しい世界へ向かう「掛け声」としては価値があるのでしょう。しかしそれは下げた側のことを、その歴史や思想を、本当に理解して言っているのでしょうか？

先達の知恵から深く学び、その時代や環境にあわせて編集し、不完全であっても統合する「超えて含む※5」姿勢を持つべきだと私は考えます。

Chapter. 3

K

P

I

100のツボ 021

Q KPIのはじまりは?

Chapter3.ではKPIについて学んでいきましょう。

多様で多義的な「KPI」という用語

KPIは、Key Performance Indicatorの頭文字で、主要業績評価指標などと訳されています。なんとなく「短期的な目標数字」のことをKPIと呼んでいる方も多いのではないでしょうか。期初に「KPIを設定しましょう」もしくは「このKPIを達成します」と言われて、自然と周囲にあわせてそうなったのだと推察します。

MBOはP.F.ドラッカーのマネジメント哲学（ツボ001参照)、そしてOKRはアンディ・グローブによるインテル社での実践手法（ツボ011参照）でした。どちらもその発祥と、言葉の意味するところが明確にわかっています。しかしKPIははっきりしていません。

財務省『KPIについての論点の整理』によれば「KPIは用語としても多様であり、多義的である。しかも、実務的な活用は横におき、研究それ自体をみてみると、その包括的な研究はきわめて限られている[※1]」とのことです。

富山大学の森口毅彦教授も「KPI活用の起源は20世紀初頭のデュポン社における投資利益率を展開したチャートシステムに遡る」が、「KPIに関連・類似した概念が多様性をもって展開されているという事情」から、KPIは統一された用語ではないと言っています。[※2]

誤解を生みやすい「KPI」を巡る会話

このようにKPIは「どういう意味で使われているのか」がすれ違い、誤解を生みやすい言葉です。

私も人事担当者になったばかりのころ、ただの短期的な目標数字のことだと思って話をしていると「売上や利益は結果指標（KGI）だから、KPIではない」「複数あるものはKPIとは呼ばない、必ず1つだ」「KPIはツリー構造で示さなければならない」など、思わぬ指摘を受けて驚いたものでした。慌てて検索したり、本を買ってきて調べましたが、どうもはっきりわかりません。前述のとおり、KPIはさまざまな人が、さまざまな使い方をしている用語で、統一見解は見当たらなかったのです。

当書では、大きく2つの流派（使われ方）を紹介します。私が日本企業にコンサルタントとして関わってきた経験上、この2つの流派を押さえておけば、かなり多くの状況に対応できると思います。

バランスト・スコアカード流KPIと、リクルート流KPIです。

次のツボ022では、それぞれの流派の示す「KPIとはなにか」を紹介します。

A デュポン社から始まったと言われるが、多様で多義的な使い方をされている

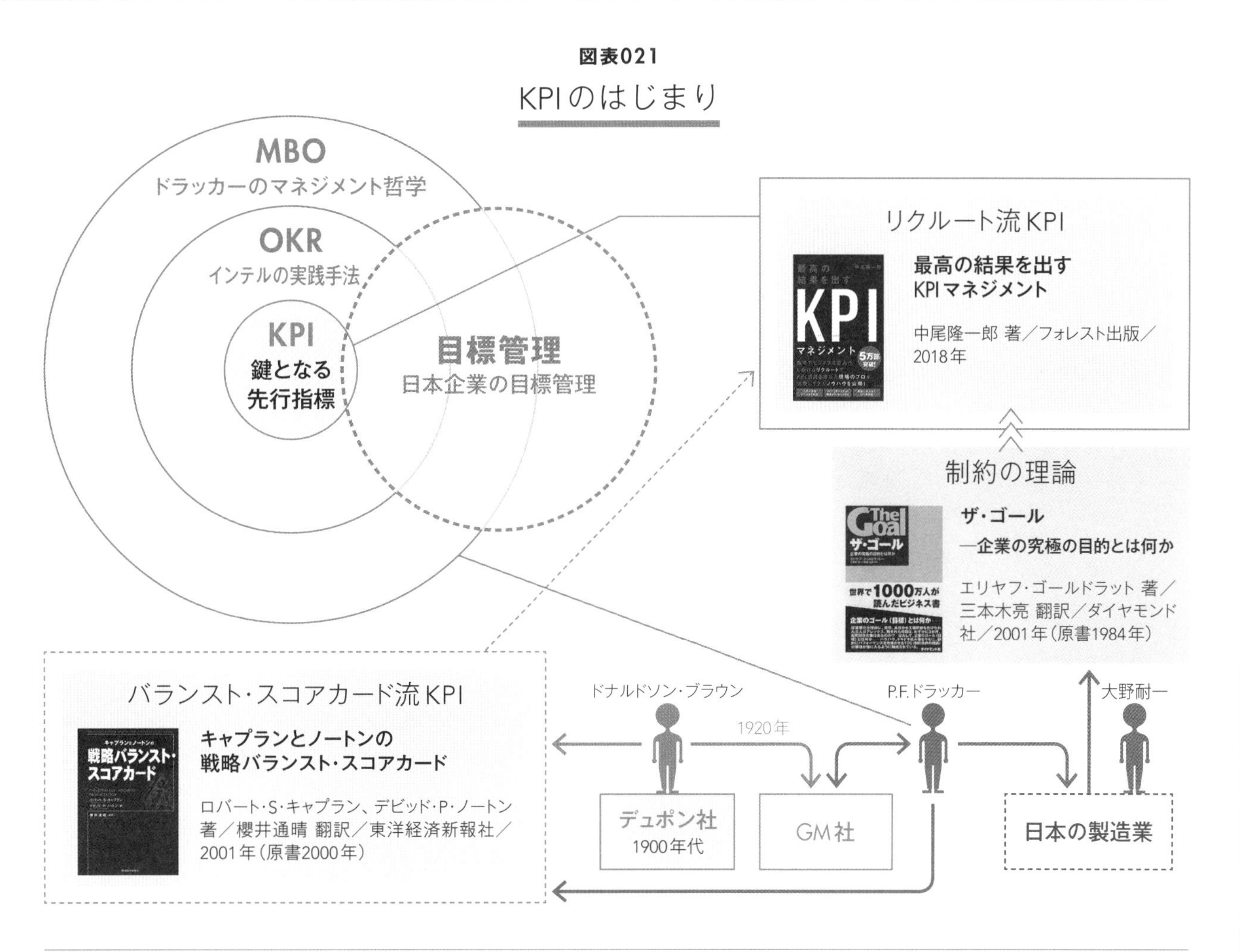

▶デュポン社のドナルドソン・ブラウンは管理会計の基礎を築いた人物です　HINT

100のツボ
022

Q KPIとは何か？

KPIとはKey Performance Indicator、つまり「鍵となる性能指標」です。しかし実際には多様で多義的な使われ方をしているため、その示すところが人によって異なります（ツボ021参照）。

ここでは、現代の日本企業でよく使われているバランスト・スコアカード流KPIと、リクルート流KPI、2つの流派（使われ方）を紹介します。

■バランスト・スコアカード流KPI

バランスト・スコアカード（BSC）とは、ロバート・S・キャプランとデビッド・P・ノートンが1992年にハーバード・ビジネス・レビュー誌上に発表した、業績評価システムです。

イメージは「飛行機のコクピット（操縦室）」。大量の指標（計器・メーター）を確認しながら、経営（操縦）する仕組みです。「財務」「顧客」「業務プロセス」「学習と成長」4つの視点についてそれぞれ数個、合計20～35個程度の数字指標を設定します。このコクピットにある数字指標のことを、BSCではKPIと呼んでいるのです。

財務：売上高・売上総利益率・営業利益など
顧客：市場シェア・顧客内シェア・認知率など
業務プロセス：スループット・稼働率・品切れ率など
学習と成長：従業員数・労働分配率・社員定着率など

BSC流KPIは、会社の向かう方向を確認する管理会計として大きな価値があります、しかし個人が理解してMBOに活用することは難しいようです（詳細はツボ029）。

■リクルート流KPI

リクルート流KPIは、当時リクルート社の中尾隆一郎氏がSUUMOカウンターなどの実事業で実践してきたことから始まったものです。

BSC流KPIは経営者が組織を操縦するため、コクピットに並んだ大量のメーターのようなものでしたが、リクルート流KPIを喩えるなら「交差点の信号」です。パッと見て、このまま進んで良いのか、止まらなければならないのかが誰にでもひと目でわかる指標を、1つだけ設定します。

BSC流では結果指標（売上高や営業利益など）もKPIに含まれていますが、リクルート流KPIにおいては結果指標はKGI（Key Goal Indicator）として、KPIとは区別されています。リクルートでのKPIとは達成の鍵となる「先行指標」なのです（例えば、「新規取引先5社開拓」など）。

次のツボ023では、リクルート流KPIについて学んでいきましょう。

A 目標達成の鍵となる先行指標

図表022

KPI

Key	Performance	Indicator
鍵となる	性能	指標

BSC流KPI

飛行機のコクピットの計器

多くの指標（メーター）を見ながら経営者が操縦する

大量に設定

20～35個程度

あらゆる経営指標

売上や利益などの最終結果も含まれる
経営者が経営判断に必要な数字を表示する

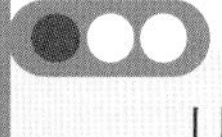

リクルート流KPI

交差点の信号

進んで良いのか、止まるべきかが全員ひと目でわかる

1つだけ設定

2つ以上あるものはKPIではない

鍵となる先行指標

売上や利益などの最終結果は含まれない
結果目標に到達するための先行指標である

（ロバート・S・キャプラン、デビッド・P・ノートン『キャプランとノートンの戦略バランスト・スコアカード』※3および中尾隆一郎『最高の結果を出すKPIマネジメント』※4をもとに作成）

▶どんな意味で「KPI」と言っているのか、相手とすり合わせてから使いましょう

HINT

100のツボ
023

Q リクルート流KPIの特徴は？

■リクルート社での実践がベストセラーに

リクルート流KPIは、リクルート社の中尾隆一郎氏がSUUMOカウンターなどの実事業で実践してきた手法です。リクルートグループ内でKPI講座が開かれ10年以上1000人以上が受講し、リクルートの手法として定着し使われ続けてきました。

そして2018年には中尾隆一郎『最高の結果を出すKPIマネジメント』が出版され、その実用性から5万部を超えるベストセラーとなりました。2020年にはその実践ツールが中尾隆一郎『最高の結果を出すKPI実践ノート』として出版されています。当書ではこの先、特に断りのない限りKPIとはこのリクルート流KPIのことを指します。

■イメージは交差点の信号

KPIのイメージは「交差点の信号」です。自動車も歩行者も、必ず信号を見て、青ならそのまま進み、赤なら止まります。同じように、仕事を進めているときに必ずKPIを見て、そのまま進むか、止まるかを判断するのです。KPIには3つの特徴があります。

①全員がルールを知っていること：信号は運転する誰もがルールを知っています。KPIも同様に全員がその指標を知っている必要があります。経営者だけではなく、その事業を進めている全社員です。

②事前に確認できること：信号は、交差点に入る前に確認できて、進むか止まるかを判断できなければなりません。

KPIにおいても、重要なのは事前にKPIの数値が確認できることです。達成する可能性が低いときには、一刻も早く対策を講じる必要があります。このためKPIは「先行指標」なのです。

③必ず1つであること：見るべき信号は必ず1つです。複数の信号が目の前にあり、どれを見るべきか瞬間的にわからなければ、混乱して事故が起きてしまいます。KPIも必ず1つに絞ります。

■KPIは先行指標であって目標ではない

KPIはあくまでも目標（目的地）に達成するために使う先行指標（信号）であって、目標そのものではありません。必ず目指すべき目標と結果指標が示されている必要があります（結果指標はKPIと区別するために、KGIと呼ばれます）。

この結果指標（KGI）は、OKRにおける「主要な結果指標（Key Result）」にあたります（ツボ012参照）。1つの「主要な結果指標」に対して1つのKPIを設定することができます。

次のツボ024では、KPIの設定方法を紹介します。

A 交差点の信号のように、全員がルールを知っていて、事前に確認できる、1つだけの「先行指標」

図表023
リクルート流 KPI

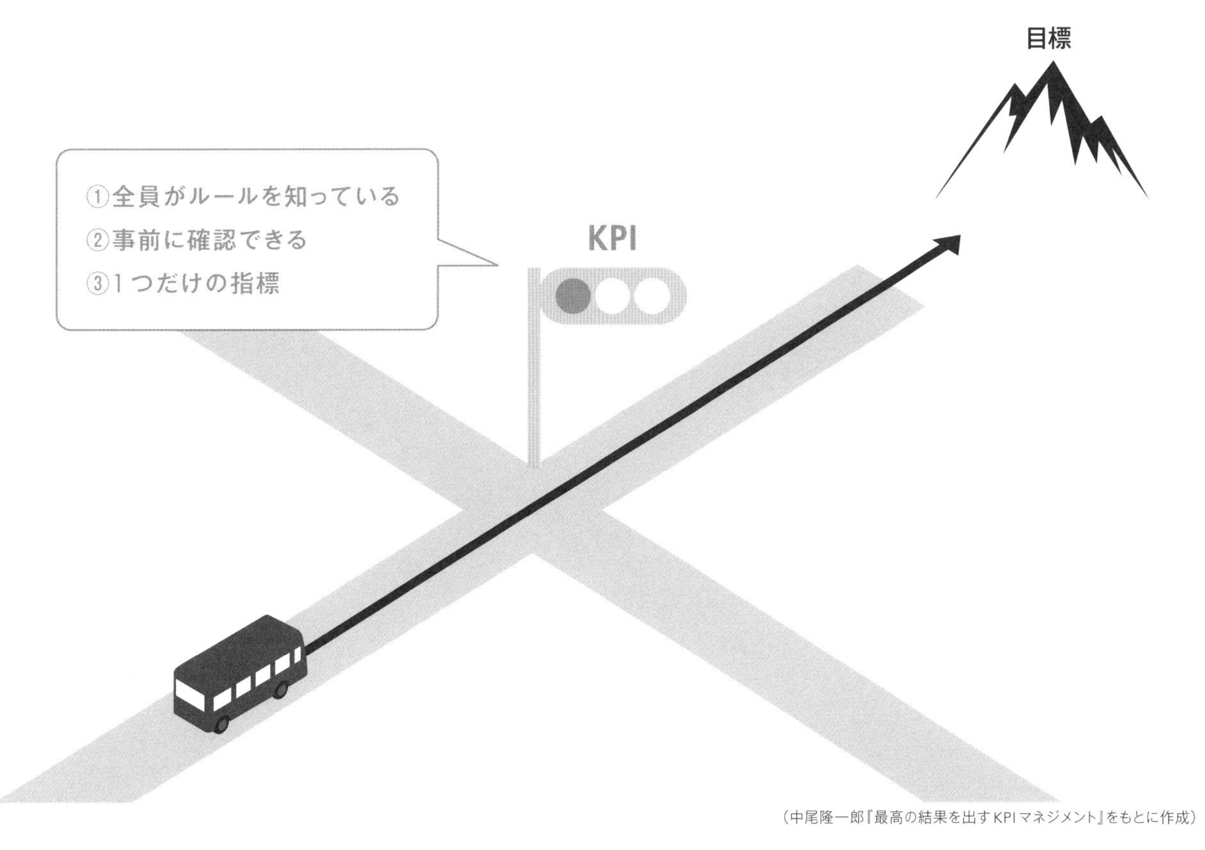

（中尾隆一郎『最高の結果を出すKPIマネジメント』をもとに作成）

▶ KPIは目標ではありません。目標が決まったあとで設定しましょう

100のツボ 024

Q どうやってKPIを設定するのか？

KPIを設定する4つのステップを説明します。

■1.揃える：目標と現状のギャップを確認

まず全員の目標（目的地）を揃えます。ここが決まっていなかったり、関係者の間でズレていたりすると、KPIは設定できません。OKRにおける「目標」と「主要な結果指標」を確認しましょう（ツボ012参照）。KPIはあくまでも目標を達成するために使う「先行指標」ですので、目指す目標そのものではないのです。

そして現状の延長線上でいくと、期末にどこまで達成できるかを予測し、目標と比較します。ここにギャップがない場合（そのままのやり方で達成できる場合）はKPIを設定する必要はありません。

■2.見立てる：モデル化と制約条件の特定

明らかになったギャップを埋めるため、事業のプロセスをモデル化します。そして、そのプロセスの中でもっとも弱いところを特定します。そこが「CSF（Critical Success Factor）」です（詳細はツボ025を参照）。

■3.仕立てる：KPI数値設定と運用性確認

見つけたCSFを、どうやってどれくらい強化するのか、具体的な数値を設定します。この数値がKPIです。

KPIを実際に運用できるものにするため、整合性・安定性・単純性を確認します。

整合性：ロジックは正しいか。

安定性：KPIの数値は安定的に手に入るか。

単純性：全員が理解できるほどシンプルか。

■4.動かす：対策検討とコンセンサス

KPIが悪化したときに素早く対処できるように、どのような対策を取るか、事前に検討しておきます。

時期：いつ判断するのかを日付入りで。

程度：どの程度悪化していれば施策を打つか。

施策：人員増・コスト増など、何をどの程度行うか。

決裁：誰が判断するのかをバイネームで。

そして、関係者から合意（コンセンサス）を得てKPIはスタートします。そこから運用・振り返り・改善のサイクルを回していきます（実例はツボ026参照）。

次のツボ025では、見立てるための「CSF」について学んでいきましょう。

A 揃える・見立てる・仕立てる・動かす、の4ステップ

図表024
KPIの設定

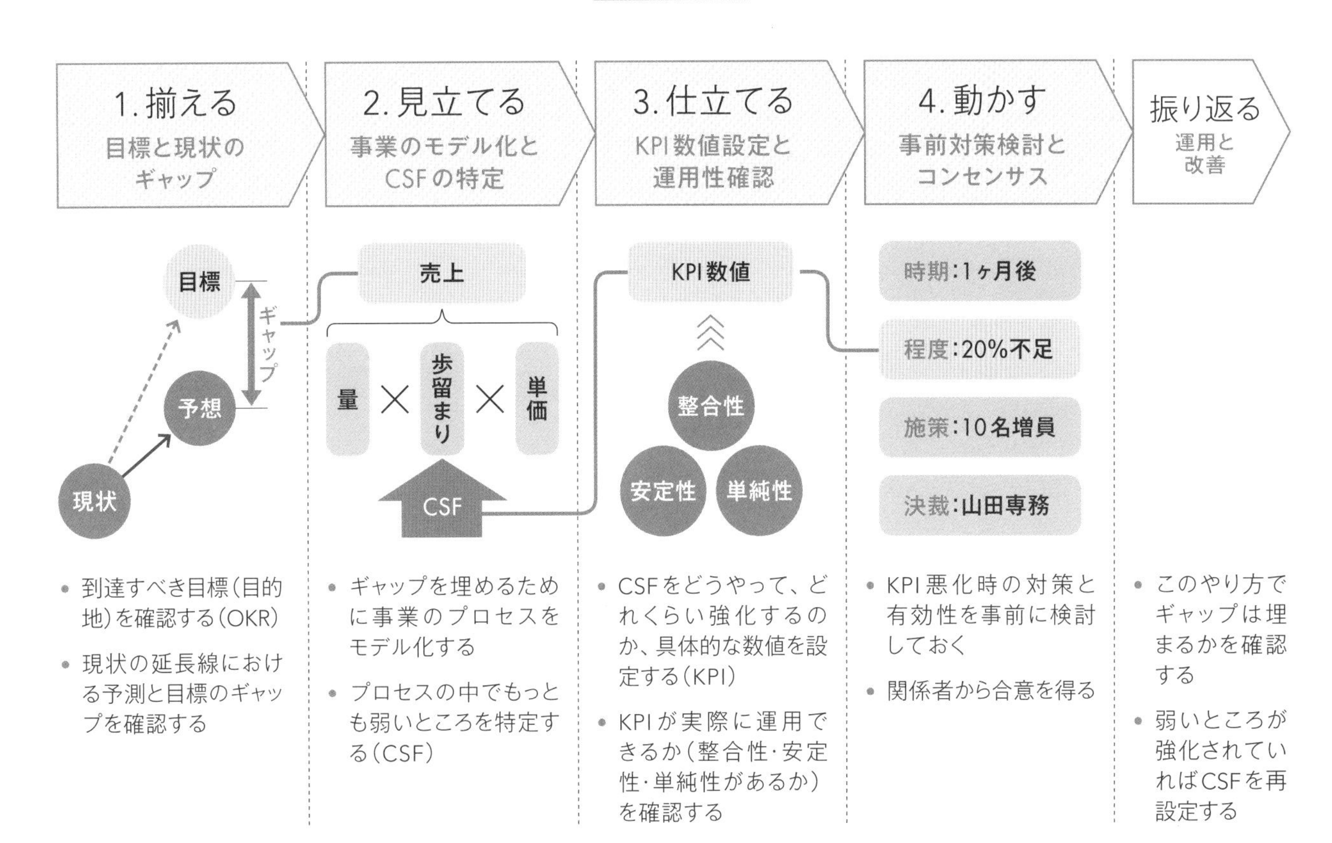

- 到達すべき目標（目的地）を確認する（OKR）
- 現状の延長線における予測と目標のギャップを確認する

- ギャップを埋めるために事業のプロセスをモデル化する
- プロセスの中でもっとも弱いところを特定する（CSF）

- CSFをどうやって、どれくらい強化するのか、具体的な数値を設定する（KPI）
- KPIが実際に運用できるか（整合性・安定性・単純性があるか）を確認する

- KPI悪化時の対策と有効性を事前に検討しておく
- 関係者から合意を得る

- このやり方でギャップは埋まるかを確認する
- 弱いところが強化されていればCSFを再設定する

（中尾隆一郎『最高の結果を出すKPIマネジメント』、中尾隆一郎『最高の結果を出すKPI実践ノート』※5をもとに作成）

▶対策の決裁者をバイネームで決めておくことが、素早い改善のコツです

100のツボ
025

Q CSF（Critical Success Factor）とは何か？

KPIにおいて、もっとも重要な「CSF」について見ていきましょう。

CSFとは「重大な成功要因」

CSFとは、Critical Success Factorの頭文字、直訳すると「重大な成功要因」です。類似した言葉にKFS（Key Factor for Success）　やKSF（Key Success Factor）がありますが、当書ではCSFで統一します。

事業が成功するために、いったい何が重大な要因であるのかがCSF、そして特定されたCSFに対して、設定された数値がKPIになります。

ここまでの説明を聞いて「成功要因なんて簡単に特定できない」と感じる方も多いのではないでしょうか。中尾隆一郎氏のリクルート流KPIが優れている点は、この難題に答えを出したところにあります。その答えこそ『制約理論』です。

「もっとも弱いところ」に集中する理論

『制約理論（TOC：Theory of Constraints)』はイスラエルの物理学者エリヤフ・ゴールドラットが提唱した理論です。書籍『ザ・ゴール』として1984年にアメリカで、2001年には日本語版も出版されました。シリーズ累計は全世界1000万部、日本国内125万部の大ベストセラーです。アマゾン社のジェフ・ベゾス会長も経営陣たちと読み続けてきたと言います。

制約理論の特徴は、物理学者であるゴールドラットが、物理学のアプローチを経営の世界に持ち込んだことです。経営の世界ではものごとを複雑に捉えようとしますが、制約理論ではニュートン力学のように「ものごとはシンプルである（Inherent simplicity)」と考え、根本原因は1つだと捉えるのです。

1970年代後半に「工場の生産性は、ボトルネック工程の能力以上には向上しない」という現象を実証し、この「制約によって全体の成果が決まる」というシンプルな考え方（図表025左）を、流通、物流、エンジニアリング、マーケティングなどの、あらゆる領域に展開していきました。

> TOCの真髄を一言で言うなら、集中である。しかしその意味は、辞書に書かれている意味とはいささか異なる。やらないことを決めることこそが、TOCでいう集中である。※7

制約への集中。それがゴールドラットの理論です。リクルート流KPIでは、この「制約」をCSFと呼びます。事業のプロセスの中で「もっとも弱いところ（制約)」こそがCSFとなるのです（図表025右)。

理論的な位置づけが確認できました。次のツボ026ではKPIの実例を見て、より理解を深めていきましょう。

A 重大な成功要因。それは事業プロセスの中の制約、「もっとも弱いところ」である

図表025

制約理論とCSF

制約理論

チェーンを引っ張ったときに切れる「もっとも弱い鎖」が「制約」。制約によってチェーンの強さが決まる。

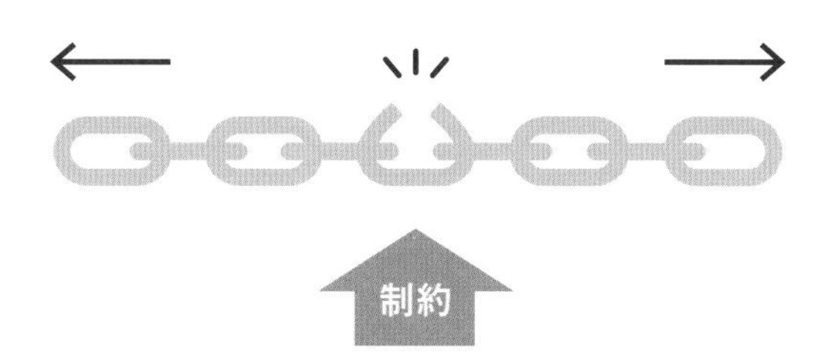

Step1. 制約を見つける
Step2. 制約を最大限活用する方針を決める
Step3. 制約以外のすべてを方針に従属させる
Step4. 制約を強化する
Step5. 制約が解消したらStep1.に戻る
（次の制約を見つける）

KPIにおけるCSF

事業のプロセスの中で「もっとも弱いところ」がCSF。CSFによって事業のアウトプットが変わる。

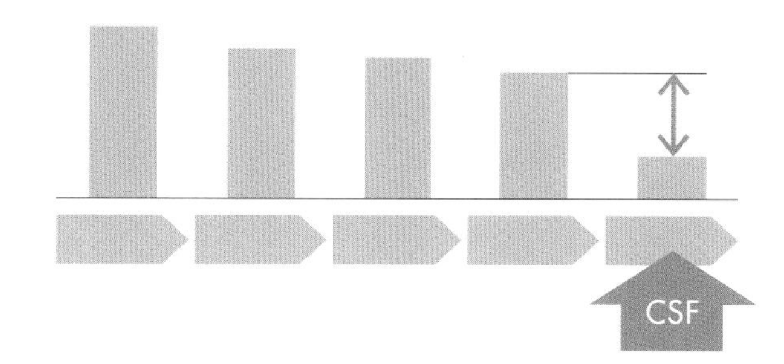

①事業のプロセスを書き出す
②プロセスでもっとも弱いところ
制約（＝CSF）を見つける

（エリヤフ・ゴールドラット『ザ・ゴール』[※6]、ラミ・ゴールドラット『何が、会社の目的を妨げるのか』、中尾隆一郎『最高の結果を出すKPIマネジメント』をもとに作成）

▶「すべてに集中するのは、どれにも集中しないのと同じだ」（ゴールドラット） HINT

100のツボ 026

Q KPIの事例から学ぶべきことは?

実際にKPIを設定し実行するために、ツボ024で紹介した4ステップに沿って事例をご紹介します。

中尾隆一郎『最高の結果を出すKPI実践ノート』をもとに作成した、首都圏を中心に20箇所ほどの店舗を展開しているスポーツジムの例です。

■1.揃える:売上200億円・営業利益10%

まずは到達すべき目標(目的地)を確認することから始まります。目標(Objective)は「新サービスを全店舗に展開できるようにする」こと。そして主要な結果指標(Key Results)は「5年で売り上げ200億円規模、営業利益10%前後を実現する」ことでした。

もしこの時点で目標が揃っていない場合は、目標を確認し(場合によっては再設定し)すり合わせる必要があります。

■2.見立てる:CSFは「継続」

次に、事業のプロセスをモデル化しました。サブスクリプション・モデルのプロセスは「問い合わせ→予約→来店→仮入会→入会→継続」です。ここでの制約(CSF)は「継続」だと特定し、退会率を減らすことに焦点をあてることにしました。退会率が改善されていなければ、穴の開いたバケツに水を入れるようなもので、入会率の改善や集客にどんなに力を注いでも、売り上げは上がらないからです。

■3.仕立てる:KPI「初月0回の利用者0」

次に、CSFをどうやって、どれくらい強化するのかを仕立てました。各店舗の実データを分析したところ、(1)退会は入会から最初の数ヶ月であること、そして(2)退会した人は利用回数が少ないこと、が判明しました。そこで「入会して最初の数ヶ月の利用を促進すれば、退会率が改善できる」と仮説を立て、「初月0回の利用者を0にする」をKPIとして設定しました。

■4.動かす:意義の説明・状況の共有

退会率の改善とは、例えば入会した当日に次回の利用日を予約してもらう、予約した当日に来店してもらえない場合の連絡の取り方を事前に決めておくなど、とても地味な動きです。しかも結果はすぐ目に見えません。店舗の現場で実際に動いてもらえるように、幹部から意義を説明し、毎週ゼロ回利用者をリストアップして伝えるなど、地道な促進活動を行いました。

地道な活動の結果、退会率は減少を続けました。「継続」は強化され、制約(CSF)ではなくなったのです。そこで「2.見立てる」へと戻り、「入会」を次の制約(CSF)として、新たなKPIを設定しました。

以上、KPIの成功例を紹介しました。次のツボ027はKPIの失敗パターンについて学んでいきましょう。

A 制約(CSF)に集中するための地道な活動を続けること、改善されたときは次の制約に移ること

図表026

KPI設定の事例

事例:首都圏を中心に20箇所ほどの店舗を展開しているスポーツジムの例

1. 揃える	目標(Objective):新サービスを全店舗に展開できるようにする 主要な結果指標(Key Results):5年で売り上げ200億円規模、営業利益10%前後を実現する
2. 見立てる	サブスクリプション・モデルの事業プロセスを見立て、「継続」が制約(CSF)だと特定した(継続率を上げる、つまり退会率を減らす)
3. 仕立てる	① データ分析の結果、(1)退会は入会から最初の数ヶ月、(2)退会した人は利用回数が少ない、と判明した②入会して最初の数ヶ月の利用を促進すれば退会率が改善できる、と仮説を立てた ③「初月0回の利用者を0にする」をKPIとして設定した
4. 動かす	① 幹部従業員へこの取り組みの意義を共有し、各幹部従業員が自店舗のメンバーへ説明した ② テレビ会議や情報共有ツールを使って、意図や状況を直接現場の従業員に伝えた ③ 毎週、ゼロ回利用者をリストアップして地道に伝え続けた
振り返る	① 3ヶ月後にゼロ回利用者が減少し、4ヶ月目で前年比に比べて大幅に退会率が減少した。それ以降、毎月退会率が減少し続けた。「継続」は強化され、制約(CSF)ではなくなった ②「2. 見立てる」へと戻り、「入会」を次の制約(CSF)であると特定して新たなKPIの設定へ

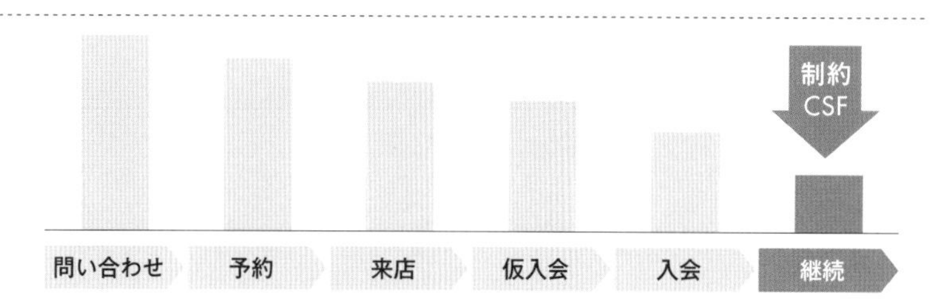

(中尾隆一郎『最高の結果を出すKPI実践ノート』をもとに作成)

▶制約は「一番弱いところ」です。強化できたら次の制約を見つけましょう

100のツボ 027

Q KPIの失敗パターンは？

KPIが失敗するとき、つまり目標達成に向かってうまく機能していないときは、たいていこの4つのパターンに陥っています。

1.目標の認識が揃っていない

KPIは、何かの目標を達成する（目的地に到達する）ために使う先行指標（信号）です。当たり前ですが、目指すべき目標がなかったり、関係者の中で認識が揃っていなければ機能しません。

中尾隆一郎氏がある企業で、経営層に目標とその最終的な結果指標を紙に書いてもらうワークショップを実施したところ、なんと半分近くの経営者が結果目標を誤って認識していたそうです（もう期末近くであるにもかかわらず）。※4

このように、想像以上に目標は揃っていないものです。KPIを設定するより前に、OKRなどを活用して目標と主要な結果指標を定めること、そしてその認識を揃えることが先決です。事業の責任者にとってもっとも重要な仕事は、目標を決めて、そこに向けて全員の力を方向づけることなのです。

2.現場に届いていない

KPIをスタッフ部門やコンサルタントが主導して設定し、ノルマのようにただ現場に落としてもそれは実態とはかけ離れたものとなり、机上の空論で終わってしまいます。

コツは、設定と浸透フェーズを分けないこと。スタッフが設定し、現場に浸透させるのではなく、設定プロセス（ツボ024参照）のはじめから現場のキーマンに主体者として参加してもらい、一緒に考えるのです。KPIは自ら使う道具であって、押し付けられるものではありません。

3.KPIが複数ある

KPIは信号のように必ず1つであるべきです。複数のKPIがセットされていると、現場ではどれかが実行され、どれかは放置されることになるでしょう。すると放置した事実は隠されてしまい、組織で振り返ることができなくなり、ノウハウは貯まりません。追いかけるKPIは必ず1つ。重要なことは制約に「集中」することです（ツボ025参照）。

4.振り返りがない

振り返りをせず、ずっと同じKPIを追いかけても効果はあがりません。集中すべき制約は変化します（ツボ026参照）。KPIの効果によって制約（CSF）は強くなり、制約ではなくなります。次の制約を見つけて、KPIを再設定しましょう。

次のツボ028では、KPIで目標達成したにもかかわらず、嬉しくないというケースについて考えます。

A 目標の認識が揃っていない、現場に届いていない、KPIが複数ある、振り返りがない

図表027
失敗のパターン

（中尾隆一郎『最高の結果を出すKPIマネジメント』をもとに作成）

▶目標と主要な結果指標が定まっていないとき、KPIを使うことはできません

100のツボ
028

Q なぜKPIで目標を達成したのに心が乾くのか?

気がつくとKPIだけを追いかけていて「自分の気持ちが追いついていない」、KPIによって目標は達成したのに「心がカラカラに乾いている」。

KPIというオバケに取り憑かれているようだ…。

働く人からこんな声を聞きます。真面目な人ほど多くこの状況になっているように見えます。これは個人にとってはもちろん、企業にとっても、かなり危険な状態といえます。目標が達成されないという失敗(ツボ027)よりも、根が深い問題ではないでしょうか?

そういったとき、起きているのは「分断」です(Chapter10.参照)。今回のケースでは3つのパターンが考えられます。

1.強みと業績の分断

1つ目は、個の強み(Chapter7.参照)と組織の業績(Chapter8.参照)が分断され、強みが生かされていないパターンです。

KPIに向かって得意ではない苦手なことを一所懸命に頑張っている、周囲には迷惑をかけ、得意なことの何倍も労力がかかっている。どうにか目標は達成し、組織としての業績はあがったとしても、個はヘトヘトに疲れ果てている、そんな状態です。

修行期間としてそういった努力をする時期も大切です。しかし無理は長くは続きません。基本的に業績は「強みの上に築く」べきです。

2.業績と使命の分断

2つ目は、組織の業績と使命(Chapter9.参照)が分断され、どんなに業績があがっても使命につながらないパターンです。

組織は使命(ミッション)という共通の目的のために存在しています。売上や利益があがっても組織の使命との関係がわからなければ、その使命に共感しているメンバーほど「これがいったい何になるんだろう?」と感じてしまいます。

しっかりと業績と使命の関係性を指し示し、そのKPIを追いかける意義を伝える必要があります。これこそリーダー(経営者)の仕事です。

3.使命と夢の分断

3つ目は、組織の使命と、個人のやりたいこと、夢(Chapter6.参照)が分断されている、そもそもつながっていない、というパターンです。

組織がその使命を果たし、社会に貢献できている状態であっても、個が自分の夢とは関係がないと感じてしまっている状態です。どんなに仕事の意義を分かち合っても、組織の目的に興味が湧かない、関心のカケラもない、もしそうであれば、行先の違うバスに乗ってしまったようなもの。迷わずバスを降りましょう。

次のツボ029では、BSC流KPIについて考えます。

A 個と組織、主観と客観のつながりが分断されている

図表028

KPIで起きる分断

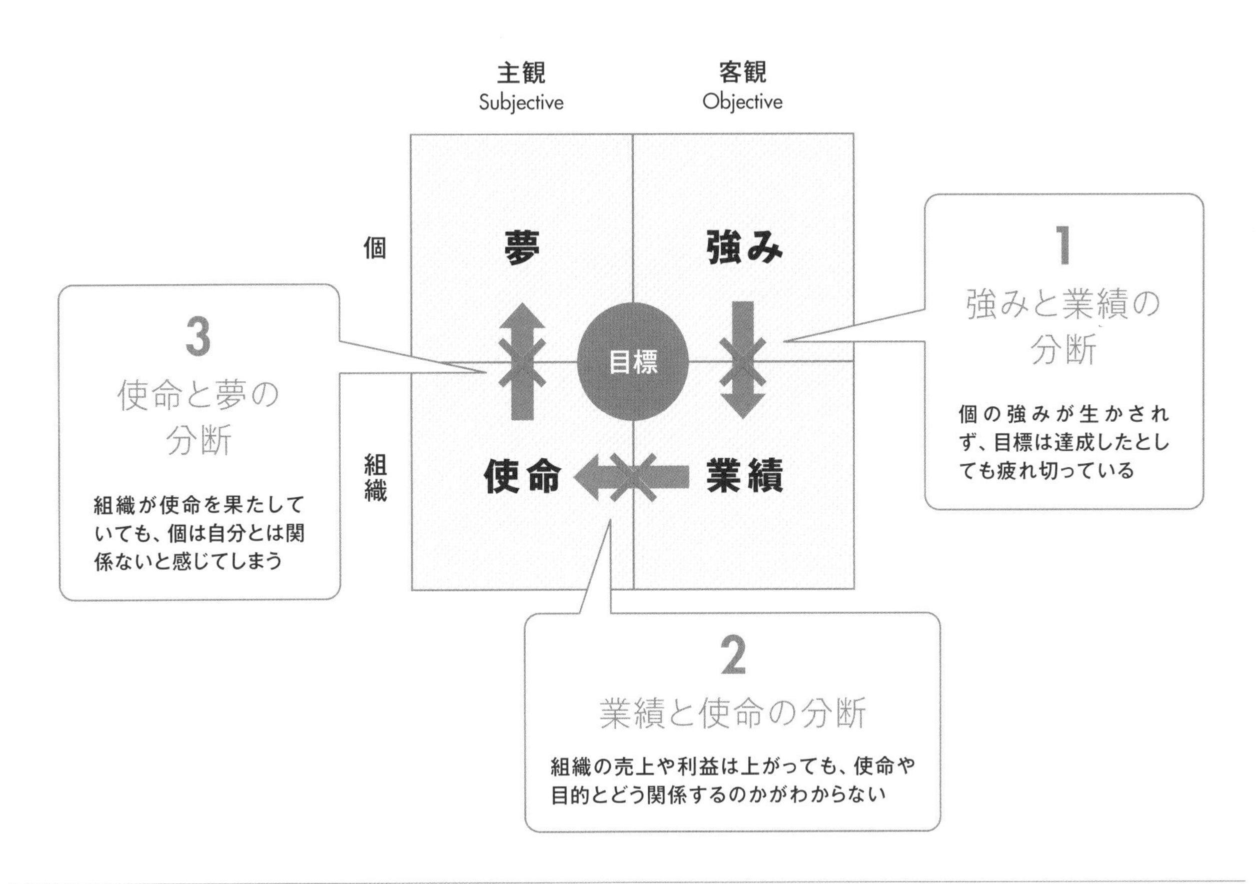

▶個の夢と組織の使命が一致した出会い（入社・採用）と関係醸成（文化）が重要です　HINT

100のツボ
029

Q BSC流KPIを個人のMBOに展開するには？

KPIには主に2つの流派があります（ツボ022参照）。そのうちリクルート流KPIの活用をここまで考えてきました（ツボ023-028参照）。

このツボ029では、もう一方のバランスト・スコアカード（BSC）流KPIについて考えます。

■BSCは管理会計の手法である

BSCは「管理会計」の手法です。管理会計とは、経営者が経営判断、意思決定をするために自社の現状を把握するための会計です。飛行機のコクピットのように、数多くのKPIを、訓練されたパイロット（経営者）が読み取って運転（経営）するイメージです（図表029参照）。

BSCには管理会計としての大きな価値があります。しかし、これはあくまでも経営戦略に使用するツールであって、そのままダイレクトに働く人を方向づけるものではありません。BSCを使って経営者が戦略を定め（「戦略マップ」と呼ばれるシナリオを策定し）、それを具体的な目標に落とし込むことで、はじめて働く人のMBOへと展開することができます。

ドラッカーは「方向づけは、人の知覚をとおしてはじめて行動に結びつく※8」と言っています。BSC流KPIは訓練されたパイロット（経営者）以外のマネジャーや働く人には「知覚できない」ため、そのままでは行動につながらないのです。

■BSC流KPIをMBOに活用するために

MBOの主役は経営者ではなく「マネジャーそしてすべての働く人」です（ツボ003）。どのようにすればBSC流KPIを効果的にMBOへ展開できるのでしょうか。

MBOにおいては、働く人が自らの仕事を測定するための共通基準（合理的・方向づけ・信頼性・理解可能）が必要でした（ツボ007参照）。BSC流KPIをこの基準に照らして、その活用方法を考えてみましょう。

合理的：BSCのKPIは合理的ですので、この基準は満たしています。

方向づけ：BSCのKPIは20～35個と数が多すぎて、そのままでは働く人がすべてに注意し続けることは不可能です（「集中」ができません）。着目すべきKPIを少数に絞って定める必要があります。

信頼性：少数に絞ったKPIは「それを追いかければ良い」と働く人たちが信頼できるものでなければなりません。

理解可能：BSCのKPIは、そのままでは複雑で解釈に時間がかかりすぎます。働く人に専門知識がなくてもすぐに理解できるものにする必要があります。

次のツボ030では、これからKPIをどう使っていけばよいかを考えます。

A KPIの数を絞り、専門知識がなくても理解できて、それを追いかければ良いと思える指標にする

図表029

BSCにおけるKPIの例

財務

- 売上高
- 売上総利益率（売上高粗利率）
- 営業利益
- 純利益
- キャッシュフロー
- 総原価
- 固定比率
- 負債資本比率
- EPS（1株当たりの収益）
- 従業員1人当たり総資産
- 自己資本比率
- ROA（総資産利益率）
- ROE（自己資本利益率）
- 流動性比率
- ROI（投資収益率）
- 1株当たりの自己資本
- 1m²当たりの売上
- EVA（経済付加価値）
- 棚卸資産回転率
- 当座比率
- 流動比率
- 売上高に占める製品収益
- 従業員1人当たりの経費
- 従業員1人当たり貢献利益
- 純資産に対する純利益

顧客

- 市場シェア
- 顧客内シェア
- 認知率
- 使用経験率
- NPS
- 製品満足度
- 製品/ブランドイメージ
- リピート購買率
- 電話応答時間
- クレーム処理時間
- 顧客1人当たりコスト
- 接客当たり契約数
- 顧客定着率
- 顧客訪問回数
- クレーム発生件数
- マーケティング費用
- 取引関係の平均持続期間
- 平均取引高
- 顧客来社回数
- 接客平均所要時間
- 顧客1人当たりサービス費用
- 新規顧客獲得数
- 繰り返し購買率
- 関連製品・サービス売上高
- 顧客紹介数
- 返品高/返品率
- 解約件数/解約率
- ブランド・エクイティ

業務プロセス

- スループット
- 稼働率
- 1人当たりの契約販売数
- 顧客処理時間
- インターネット取引
- インターネット顧客
- 電話のアクセス性
- 従業員1人当たりの契約数
- レスポンスタイム
- 生産のリードタイム
- 発生エラー数
- 新製品の注文数
- 平均故障間隔
- 設備利用率
- 予算内終了プロジェクト数
- 棚卸資産回転率
- 品切れ率
- 従業員1人当たりの売上
- 環境および安全性に関する活動
- マーケティング・リソース
- 保証請求数
- 不良品発生率
- 製品化までの時間
- 新製品の売上高
- 新製品のシェア
- 市場への影響
- 損益分岐点までの時間
- 生産性向上率

学習と成長

- 従業員数
- 従業員1人当たり売上高
- 従業員1人当たり人件費
- 労働分配率
- 従業員平均年齢
- 40歳以下の従業員数
- 従業員1人当たり人材開発投資
- 社員定着率/離職率
- 従業員増加率
- 女性比率/女性管理職数
- 階層数
- カルチャーサーベイ
- 従業員満足度
- 資格取得数
- 有給消化率
- 臨時社員の比率
- 従業員の大卒率
- 平均欠勤率
- 入社希望者数
- 管理職数
- 管理費に占めるIT費用の割合
- 情報検索に費やす時間
- フルタイムの臨時従業員数
- 新製品の成功率
- 社内改革提案件数
- 能力向上率
- 特許取得数
- 社外取締役比率
- SDGsへの貢献

（グロービス・嶋田毅『KPI大全』※9および「バランススコアカードnavi」（https://www.itl-net.com/bsc/［2022/6/2検索］）を参考に作成）

▶ドラッカーの著書には「売上目標」という言葉がありません。知覚できないからです※10

100のツボ
030

Q KPIをどう使っていけばよいか？

KPIは目標達成の鍵となる先行指標でした（ツボ022参照）。その手法を、私たちはどう使っていけばよいのでしょうか。

■KPIは範囲が広いほど難しくなる

KPIは「1つの目標」を効果的に達成するための手法です。その活用できる範囲は様々で、全社目標に使用することも、数名のチーム目標に使用することも、個人のプライベートな目標に使用することもできます。

ここで重要なのは、KPIはそのプロセスに関わる「全員」を巻き込む必要があるため、適用する範囲が広ければ広いほど、その難易度もあがるということです。

仮に全社目標にKPIを設定するとしましょう。すでに共通の目的（使命）がしっかりと共有されている組織であれば難しいことではありません。しかし多くの場合は、目的も目標も揃っていません。そこに突然全社のKPIを設定することは「押しつけ」「押しつけられる」構図となり、失敗するか（ツボ027参照）、成功しても心は乾いていく（ツボ028参照）結果となります。

■あなたにとって最優先の目標から始める

おすすめしたいのは「あなたにとって最優先の目標」から始めることです。あなたの立場（経営者かマネジャーかメンバーか）にかかわらず。

それが個人目標であれば、自分がやるだけです。

数名のチーム目標であれば、チーム全員と対話と議論を重ねれば不可能ではないでしょう。全社目標であれば、とても困難ですが取り組みがいのある旅になることでしょう。この範囲は、あなたの「影響力」の大きさ（関係に与える力）までしか広げることができません。組織開発の定石はスモールサクセス（ツボ040参照）。小さく始めて影響力を鍛えましょう。

■KPIを巡る対話と議論が組織を強くする

対話と議論、この2つを使い分けることで「チーム学習」が進むとピーター・センゲは『学習する組織』で言っています※11。KPIを巡って対話と議論を繰り返してください。「私たちの使命・目的は何か？」「いま追いかけるべき目標は何か？」「私たちの事業プロセスはどうなっているのか？」「事業プロセスにおける一番弱いところ（制約）はどこか？」「私たちは制約を最大限に活用するために何をすべきか？」そして「私自身は制約を活用するために、どんな貢献ができるのか？」。

必ず1つに絞るというKPIの条件が、否応なしに「集中」を求めてきます。全員の力を一点に「方向づけ」て集約する。これこそまさにMBO（マネジメント哲学）の本質です（ツボ002参照）。

次のChapter4.では、日本の目標管理の現状を見ていきましょう。

A KPIを巡る「対話と議論」によって組織を強くする

図表030

対話と議論

共通の目的や意義を生み出す

WHY

ダイアログ
対話

私たちが何に対して取り組みたいか
それぞれの前提や文脈をわかちあう

- 前提を保留しお互いの間に意味を通して じっくりと共に考え「探究」する
- 個人では得られない「洞察」を発見する

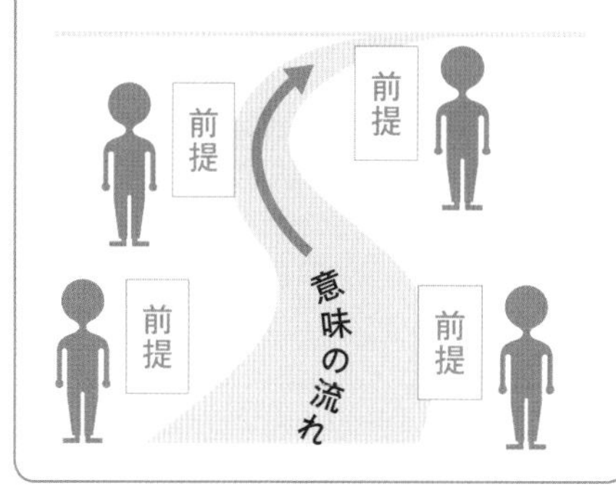

→「共創のない」対話は失敗

使い分ける

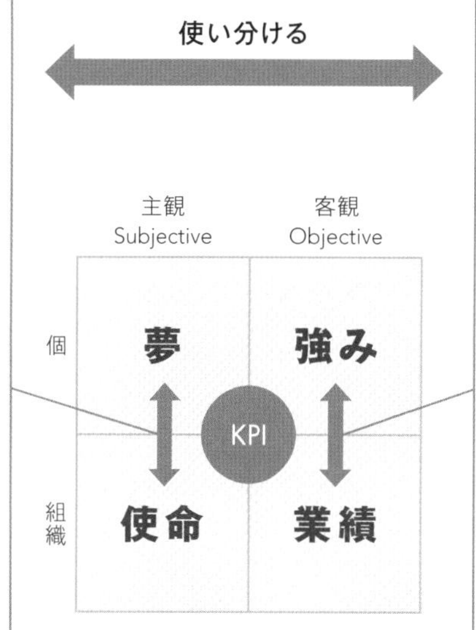

具体的なやり方を決める

HOW

ディスカッション
議論

すでに決まっているテーマを解決
どうするべきか意見を戦わせる

- お互いの考えをぶつけ合ってさまざまな観点から「分析」する
- チームの合意を得て一つの「方針」を必ず決定する

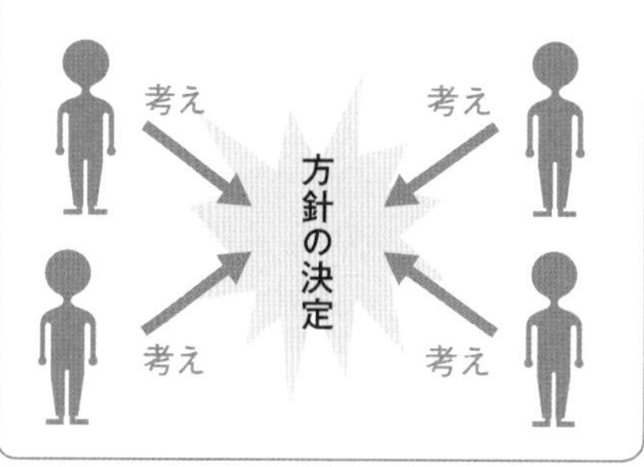

→「結論が出ない」議論は失敗

（坪谷邦生『図解 組織開発入門』をもとに作成）

▶ KPIを1つ決めてやり切れる組織は、一朝一夕では作れません

まとめ

Chapter3.のまとめとしてツボ021～030のQ&Aを一覧にしています（右表）。

また、マネジャー（管理職）、メンバー（すべての働く人）、経営者、人事担当者それぞれに向けてこの「KPI」でお伝えしたいメッセージを記載しています。

マネジャー（管理職）のあなたへ

マネジャーのあなたは、どんなKPIを追いかけるべきでしょうか。まずは自チームで試してみることをおすすめします。メンバーとともに自チームの「弱いところ（制約）」をCSFとしてKPIを設定して、その弱いところを全員で助けに行きましょう（ツボ024）。そしてその実感を持って次は部門や事業へと視野を広げていきましょう。チームの全体最適とは、部門や事業の部分最適だからです。

メンバーのあなた（すべての働く人）へ

メンバーのあなたは、KPIを与えられることが多いと思います。KPIは多様で多義的な使われ方をしている言葉ですので、何のことをKPIと呼んでいるのか確かめておきましょう（ツボ021）。また、真剣にKPIを追いかけていくと、目標を達成したのに心がカラカラに乾いているという事態に陥ることがあります。そういうときは個と組織、主観と客観のつながりが分断されているのです（ツボ028）。どこに問題があったのかを確認して、立て直しましょう。

経営者のあなたへ

経営者であるあなたにとって馴染みがあるのは、バランスト・スコアカード流のKPIかもしれません（ツボ029）。その中でどの指標に意味があるのかを判断して経営（運転）することは、あなたにとっては重要なことでしょう。しかし、大量の数字を見ているだけではただの数値管理です。使命と業績をつなげて語ることでその意義を示し、事業に関係する全員が迷いなく進めるように方向づけ「集中」をもたらすことが、あなたのマネジメント上の役割です。

人事担当者のあなたへ

人事担当者のあなたにとって、通常、KPIとは目標管理に登場する短期的な数字のことだと思います。しかし事業全体のKPIを決定するプロセスは、組織開発そのものです。「必ず1つに絞る」というKPIの条件は、否応なしに「集中」を求めてきます（ツボ030）。「対話」と「議論」を使い分けて全員の力を一点に方向づけ、集約する「場づくり」において、人事のあなたにできることが、あるはずです。

次のChapter4.では、日本の目標管理の現状について学びましょう。

100のツボ	Q	A
021	KPIのはじまりは？	デュポン社から始まったと言われるが、多様で多義的な使い方をされている
022	KPIとは何か？	目標達成の鍵となる先行指標
023	リクルート流KPIの特徴は？	交差点の信号のように、全員がルールを知っていて、事前に確認できる、1つだけの「先行指標」
024	どうやってKPIを設定するのか？	揃える・見立てる・仕立てる・動かす、の4ステップ
025	CSF（Critical Success Factor）とは何か？	重大な成功要因。それは事業プロセスの中の制約、「もっとも弱いところ」である
026	KPIの事例から学ぶべきことは？	制約（CSF）に集中するための地道な活動を続けること、改善されたときは次の制約に移ること
027	KPIの失敗パターンは？	目標の認識が揃っていない、現場に届いていない、KPIが複数ある、振り返りがない
028	なぜKPIで目標を達成したのに心が乾くのか？	個と組織、主観と客観のつながりが分断されている
029	BSC流KPIを個人のMBOに展開するには？	KPIの数を絞り、専門知識がなくても理解できて、それを追いかければ良いと思える指標にする
030	KPIをどう使っていけばよいか？	KPIを巡る「対話と議論」によって組織を強くする

対談 Conversation

「弱いところ」をみんなで助けると全体が伸びる

中尾隆一郎氏

株式会社中尾マネジメント研究所 代表取締役社長

リクルート社SUUMOカウンターなどで実践して手法を確立した『最高の結果を出すKPIマネジメント』の著者である中尾氏に伺いました。

■どこに集中するかをみんなに示すこと

坪谷邦生（以下、坪谷）：中尾さんとは、私がリクルートマネジメントソリューションズ社で組織サーベイを作っているときにご相談させていただいて以来ですので、もう10年ぶりですね。
最近「KPIって何なの?」とよく聞かれるので、整理してみました**（図表022参照）**。この2流派を知っておくとだいたい混乱しないんじゃないかと。BSC流KPIがバランスト・スコアカードで使われるもので、リクルート流KPIが中尾さんのおっしゃっているKPIです。

中尾隆一郎氏（以下、中尾）：飛行機のコックピットというイメージは、（喩えとしては）すごくよくわかるんです。「コックピットで『ここが悪い』と言ったときに、従業員は何もしないんですか?」という話なんです。僕のイメージで言うと、何十台もの車がみんなで走っているときに、一番前の車だけが“信号”を見ている。
経営者にとっては「ここが悪い」とわかるのは簡単で、そうでなければ経営者じゃないと思うんです（笑）。ただ、「自分だけがコックピットでメーターを見ていたら、次の人にどう説明するんですか?」という話なんです。でも、みんなでメーターを見て、次の人に伝言ゲームしながら「ああでもない」「こうでもない」とやっていると、現場の生産性はすごく低いですよね。

坪谷：決めたことを従業員に伝えて、動いてもらうために“信号”にしなきゃいけないということですね。

中尾：そうです。「青信号だから今のままやっていいですよ」と伝える。それをみんなが見ているほうが強くないですか、と。“コックピット”の場合、「従業員はどこにいるんですか?」という話なんですよね。自分と機械だけで動くようなビジネスモデルだったらいいんですけど、そんなモデルはないわけです。
「俺らはいろんな数字を見ているんだ」というだけでは、単なる数値管理であり、KPIマネジメントじゃないという話です。

坪谷：「ここに着目するんだ」と、言えるかどうか。

中尾：そうです。現場に丸投げするんじゃなく、「我々の事業で今一番大事なドライバーはこれです」と決めて、「みんなでフォーカスしようぜ」と言えることがKPIマネジメントだと思うんです。

■みんなで「弱いところ」を助けに行く

坪谷：中尾さんがKPIを用いたマネジメントに着目された背景を教えてください。

中尾：事業企画の人間にとっては、KPIってそんなに難しい話じゃないんですよね。「この事業を伸ばす勘所はどこなのか」「どのアクセルを踏んだらいいのか」というだけの話で、それがわからなかったら事業部は運営できないので。ドラッカーも「focus and deep」と言っているように、どこにフォーカスをしたらいいのかということです。それは「戦略」や「戦術」という言葉かもしれないし、それらの理論背景が「制約理論」かもしれない。だから、みんな（それとは気づかずにKPIマネジメントを）やっているんですよ。

坪谷：そうですよね。

中尾：坪谷さんが『図解 人材マネジメント入門』のツボ049で「うちの人事制度をどうするかを議論することが大事だ」と書いていたのと同じで、KPIマネジメントも、関係者がみんなで、うちのビジネスを伸ばすにはどうすれば良いかについて話をすることに意味がある。「我々の事業はどこに一番伸ばせる余地があるのか」とみんなで議論することが、サイロ化（業務プロセスなどが他部門との連携を持たずに自己完結して孤立してしまう状態）や部分最適をつぶすきっかけになるんです。

結局、一番大事なのは「今弱いところ」です。弱いから伸ばす余地があるわけです。

それはトレーニングするか、イケてるリーダーに入れ替えるか、何かITのシステムを入れたりしてサポートすればいい。みんなが同じ情報を見ながら「どこが大変か」を話し合って、どうやってそこを強化するのかを決めるんです。例えば「確かに中尾は新任マネジャーで他の事業を知らなかったし、メンバーも弱い」と。「それなら、お前はここだけフォーカスすればいいから、他の雑務は全部、本部側が引き取るよ」「このツールを使ったらできるよ」「育成をサポートするよ」というふうに、みんなで見たらわかるじゃないですか。

坪谷：「お前のところはだめだ」ではつぶれてしまいますけど、「じゃあみんなで助けよう」なら、全体最適が起きますよね。

2022年7月25日

Profile

中尾隆一郎／なかお りゅういちろう リクルートテクノロジーズ代表取締役社長、リクルート住まいカンパニー執行役員、リクルートワークス研究所副所長を歴任。メディアの学校（リクルート社内大学）の「KPIマネジメント」「数字の読み方・活用の仕方」の講師として11年間、受講者1,000名超を担当。2019年株式会社中尾マネジメント研究所（NMI）を設立。

以上、logmiBiz『図解 目標管理入門』対談「KPIマネジメントは「一番弱いところ」に着目すべき 結果を出すための最重要プロセスの決め方」より一部抜粋して掲載 <https://logmi.jp/business/articles/327261>

全文はこちらです ▶▶

Column 03
制約理論と日本企業

リクルート流KPIの理論的バックボーンである、エリヤフ・ゴールドラット『制約理論』は、日本の製造業、とくにトヨタ生産方式をつくった大野耐一に強い影響を受けて生まれました。ゴールドラットはこう言います。

> 私は大野耐一という巨人の肩に乗ることで、制約理論（TOC）を生み出すことができた。つまり、大野がトヨタ生産方式を発明していなかったなら、TOCが生まれることはなかった。※7

大野はマイ・ヒーローであり、日本企業に感謝の念を持っている、と。

しかし、制約理論の内容を紹介した書籍『ザ・ゴール』は1984年にアメリカで出版されてから、17年間も日本語には翻訳されませんでした。それはゴールドラットが決して許可を出さなかったからです。なぜ彼は感謝しているはずの日本に、その知識を広めようとしなかったのでしょうか?

その答えは時代背景にあります。1984年のアメリカは不況の真っ只中、そして日本は急激な経済成長を続けていました。ゴールドラットは「日本に制約理論を教えたら、世界経済がおかしくなる」と恐れたのです。

> もし、日本の企業経営者たちが私の理論を学んだとしたら、日本の貿易黒字は二倍に拡大するだろうと予測しました。そうなれば、欧米経済のみならず日本経済も大打撃を被ることになる。※7

時が経ち、アメリカの多くの企業が日本の経営手法であるジャスト・イン・タイム（JIT）や、総合的品質管理（TQM）を導入したことから、日米のギャップは少なくなったと判断し、ゴールドラットは『ザ・ゴール』の日本語訳を許可しました。

そして2001年に、やっと日本に入ってきたこの理論が、リクルート社でKPIの原則として実践され、その業績を支えることになるのです。歴史の面白さを感じずにはいられません。

目標管理

Chapter. 4

100のツボ
031

Q 目標管理のはじまりは?

このChapter4.では日本企業における「目標管理」の現状について学びます。まずそのはじまりを見ていきましょう。

キリンビールの社員が持ち帰ったMBO

MBO（目標管理）の原典であるP.F.ドラッカー『現代の経営』は1954年にアメリカで出版されました（ツボ001参照）。それを留学していたキリンビールの社員がお土産として持ち帰り、日本にMBOが入ってきたのです。その内容は学者たちの協力を得て1956年に翻訳出版されました。※1

『現代の経営』の出版を契機に、数社の日本企業がMBOの導入を始めました（十條製紙、エーザイ、日本電信電話公社、住友金属鉱山、モービル石油、帝人、東洋レーヨン、三菱レイヨン、東京電力、十合、久保田鉄鋼、立石電気など※2）。

住友金属鉱山の猿谷元常務による実践

中でも着目すべきは住友金属鉱山です。業績悪化に対応するため1962年から大幅な人員削減（8,100名を5,000名へ）を行った同社は、その厳しい状況のなかでも縮小均衡に陥らないため、新しいマネジメントを模索しました。『現代の経営』をもとに勉強会を行い、現場での試行錯誤の末に独自の「目標管理」を見出しました。その中にいた猿谷雅治元常務こそ日本の目標管理の草分け的存在です。※1

猿谷雅治は、自社の実践と他社の事例、そして当時最先端の理論をまとめて1965年に著作『目標設定による管理体制』を出版、そののちも『目標管理の要点』『目標管理の考え方』『目標管理の本質と運営』などを続々と書き上げ、日本企業の目標管理を底上げし、推進していきました。

五十嵐英憲『目標管理の教科書』

猿谷雅治の弟子である五十嵐英憲は、1995年に『目標管理の本質』で日本の目標管理において起きていた問題点を指摘し、目指すべき本来の目標管理を説きました（ツボ032）。そしてキリンビール、パナソニック、オムロン、ソニー生命保険など10万人以上の管理職にその方法を伝え、多くの企業での実践を踏まえて2012年に『個人、チーム、組織を伸ばす 目標管理の教科書』を出版しています。※1

五十嵐英憲の書籍は人事の専門家の間で広く読まれており、私（坪谷）も人事コンサルタントになったばかりのころ、教科書として熟読し学ばせていただきました。

次のツボ032では、五十嵐英憲の描いた、目指すべき本来の目標管理の姿を見ていきましょう。

A 1956年『現代の経営』の翻訳出版を契機に、住友金属鉱山などの実践によって始まった

図表031

目標管理のはじまり

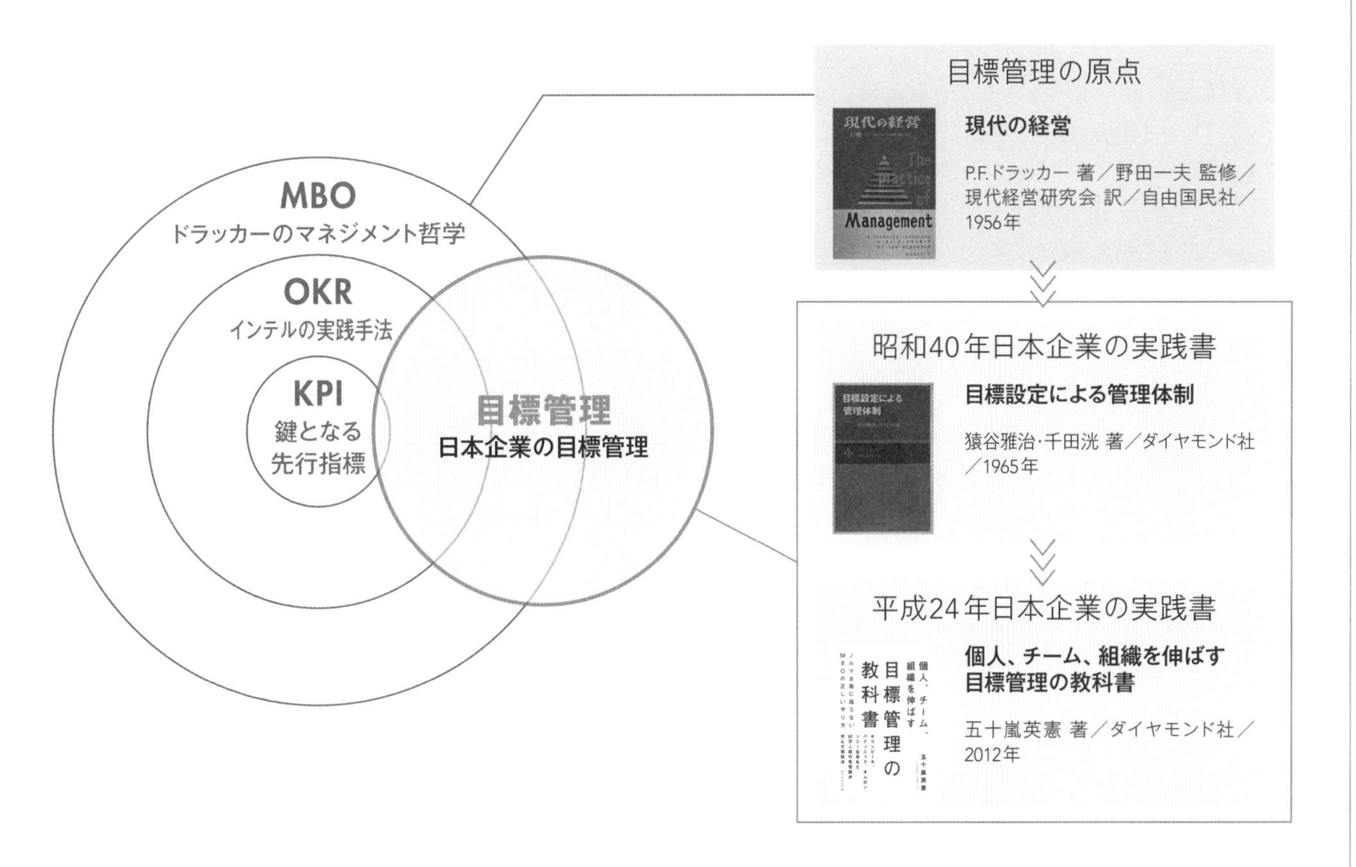

▶1965年の猿谷雅治の書には、すでに現代の目標管理の論点がほぼ予見されています

100のツボ
032

Q 目標管理はどうあるべきか？

日本の目標管理を推進してきた五十嵐英憲は、数多くの日本企業の目標管理の実践に並走し、そこで起きている問題点を指摘し、目指すべき本来の目標管理を説きました（ツボ031参照）。

縦軸に組織の幸せ「業績向上の重視」を、横軸に働く人の幸せ「人間性尊重の重視」をとって、目標管理を4タイプに分類しています（図表032）。

Ⅰ．葛藤克服型

組織の幸せも働く人の幸せもどちらも重視している「Ⅰ.葛藤克服型」が、目指すべき目標管理です。業績向上と人間性尊重の統合に向けて生じる「葛藤」を克服するマネジメント。その例として五十嵐英憲はキリンビール社をあげています。

> 同社は、会社と社員との望ましい関係を「イコール・パートナー/仕事を介した対等な関係」と定義して、お互いが果たすべき役割を約束事として交わしている。会社は「"自律した個"を尊重し、支援すること」を社員に約束し、社員は「"自律した個"であること」を会社に約束する。[*1]

Ⅱ．人間性偏重型

働く人の幸せは重視するが、組織の幸せは重視しない「Ⅱ.人間性偏重型」は、マネジメント逃避の目標管理です。まじめなマネジャーほど陥りやすい失敗です。ひたすら部下の言うことに耳を傾けますが、業績向上の工夫や努力が二の次となり、知恵創造の喜びや挑戦の面白さがなくなっていきます。責任が放棄され権利のみ主張される、ぬるま湯組織になっていきます。

Ⅲ．ノルマ管理型

組織の幸せは重視するが、働く人の幸せは重視しない「Ⅲ.ノルマ管理型」は、多くの日本企業が陥った目標管理です。目標管理を単純な業績向上の仕組みだと誤解してしまっています。成長期には機能しますが、安定成長やゼロ成長の局面には、重いノルマと目標達成に直結した給与制度がモチベーション低下を招き、悪循環が続く疲弊組織となっていきます。

Ⅳ．形式重視型

組織の幸せも働く人の幸せも考えない「Ⅳ.形式重視型」は最悪の目標管理です。まさかそんな状態がありえるのかと思うのですが、悲しいことにこれはよくある失敗例です（ツボ036参照）。形式的に行われることが目的となり、立派なパンフレットや説明会が実施されますが、経営層が実践していないため、冷めた空気が蔓延しています。余計な仕事が増え、ゾンビ目標が量産され、無気力組織になっていきます。

次のツボ033からは、現代の日本企業における目標管理の実態を見ていきましょう。

A 業績向上と人間性尊重、どちらかではなく両方を統合すること

図表032

目標管理の4タイプ

	人間性尊重の重視(弱い)	人間性尊重の重視(強い)
業績向上の重視(強い)	**Ⅲ.ノルマ管理型** ・多くの日本企業が陥った目標管理 ・業績向上の仕組みだという誤解 ・成長期以外には機能しない ・低成長期には疲弊組織となる	**Ⅰ.葛藤克服型** ・本来の目指すべき目標管理 ・業績向上と人間性尊重を統合するために生じる葛藤を克服する
業績向上の重視(弱い)	**Ⅳ.形式重視型** ・最悪の目標管理 ・形式的に行われることのみが目的 ・冷めた空気が蔓延 ・余計な仕事が増える ・ゾンビ目標が量産される ・無気力組織になる	**Ⅱ.人間性偏重型** ・マネジメント逃避の目標管理 ・ひたすら傾聴 ・知恵創造や挑戦がなくなる ・責任が放棄され権利のみ主張 ・ぬるま湯組織となる

縦軸：強い／業績向上の重視／組織の幸せ／弱い

横軸：弱い／人間性尊重の重視／働く人の幸せ／強い

（五十嵐英憲『目標管理の本質』、五十嵐英憲『個人、チーム、組織を伸ばす 目標管理の教科書』をもとに作成）

▶Ⅳ.形式重視型は、人事部門が「制度導入」こそ目的だと履き違えることで加速します

100のツボ
033

Q 目標管理はどのくらい実施されている？

日本企業で働く人（経営者と会社員）を対象に、目標管理に関する実態調査を2022年8月に行いました（調査概要は巻末に記載）。999名から得られた回答結果をご紹介します。

まずこのツボ033では、目標管理がどのくらい実施されているのかを見ていきましょう。

■半数以上が目標管理を実施している

目標管理を「実施している」人が52%と半数以上でした。そして「実施していない」人は28%、「わからない」人が20%でした。

企業の規模別に確認すると、100名未満の企業では実施率が32%と低く、100名以上ではすべて60%以上であることがわかりました。企業が小さいうちは未整備であるが、100名を超える企業にとっては目標管理はスタンダードであると言えそうです。

■呼び名は「目標管理」として定着した

目標管理の呼び方を聞いたところ、もっとも多かった回答はやはり「目標管理」でした（47%）。P.F.ドラッカーの提唱したマネジメント哲学MBOは、日本では1960年代に「目標管理」として導入が始まりました（ツボ031参照）が、それから60年経った現在でも、そのまま呼ばれているようです。

この目標管理という言葉には、MBO（Management by Objectives and Self-control）のマネジメントが管理となってしまっていること、セルフコントロールという重要な概念が消えてしまっていること、という2つの問題点がありました（ツボ002参照）。この言葉が現代でも使われていること自体が、MBOが誤解されたまま使用され、日本独自の概念として定着したことを示しているのかもしれません。

また目標管理以外で多かった呼び方は、業績評価（38%）、業績管理（26%）、成果評価（20%）でした。重点が目標から業績や成果へと移っており、もともとMBOが持っていた「共通の目標」と「自律的な貢献」によって組織を使って成果をあげる、という意味（ツボ002参照）は、ほぼ失われています。

次のツボ034では、引き続き実態調査から「目標標管理はうまくいっているか」を確認します。

A 働く人の半数以上(52%)が目標管理を実施している

図表033

目標管理の実施

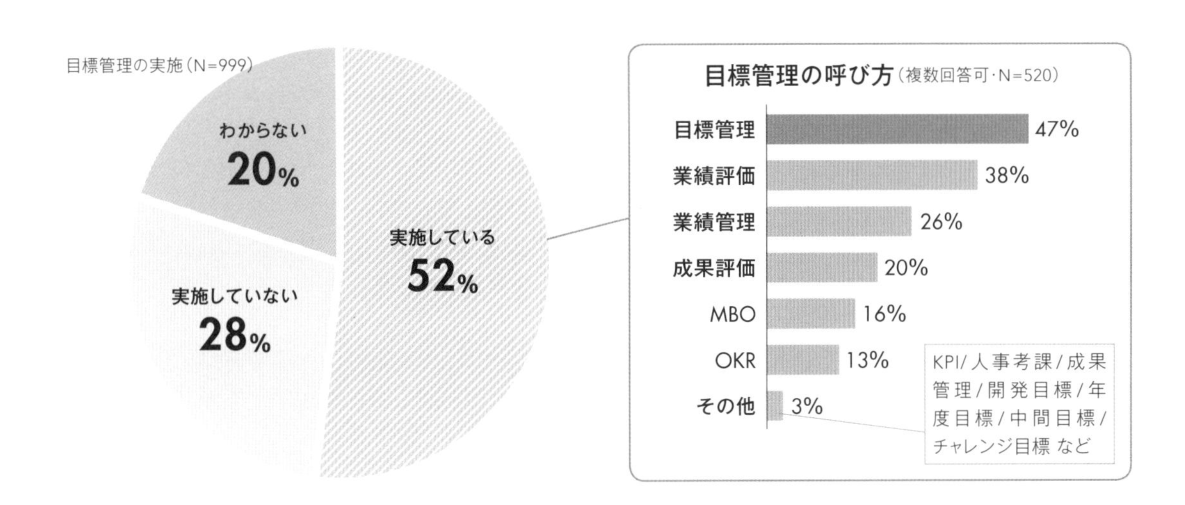

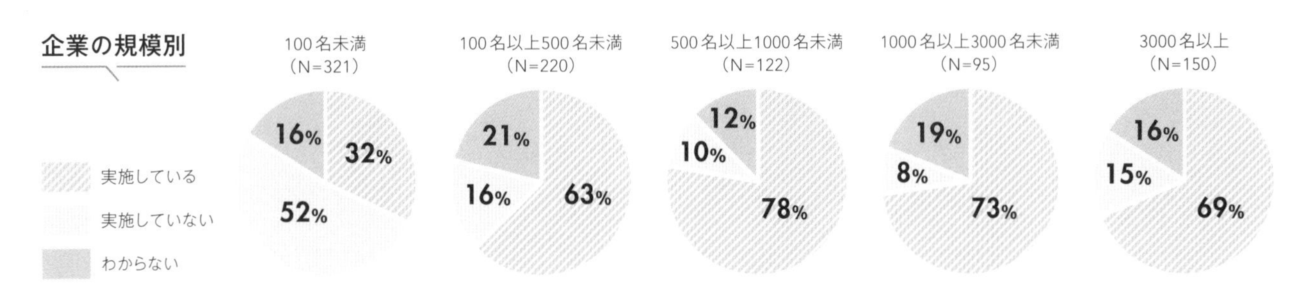

(株式会社壺中天『目標管理実態調査』2022年8月実施、999名の経営者および会社員対象)

▶100名以上の企業では、目標管理が多く実施されていることが多いようです

100のツボ
034

Q 目標管理はうまくいっているのか？

日本企業で働く人（経営者と会社員）を対象にした実態調査を2022年8月に行いました（調査概要は巻末に記載）。このツボ034では目標管理が「うまくいっているか」を見ていきます。

目標管理を実施している520名に、「あなたの所属する企業の目標管理は、うまくいっていますか？　あなたの主観でお答えください」と聞きました。

「うまくいっている」人は24%

目標管理が「とてもうまくいっている」と回答した人は3%、「うまくいっている」と回答した人は21%、合計24%でした。

うまくいっていると思う理由を自由記述で聞いたところ「業績が良い（業績向上につながっている、成果が出ている、右肩上がり、など）」がもっとも多く、次に「効率が良い（業務効率が改善した、スムーズに進んでいる、など）」、そして「目標に対する進捗が管理されている（上司との面談で進捗確認をしている、定期的にレビューしている、など）」が続きました（うまくいった理由の考察はツボ035）。

「うまくいっていない」人は27%

目標管理が「まったくうまくいっていない」と回答した人は6%、「うまくいっていない」と回答した人は21%、合計27%でした。

うまくいっていないと思う理由を自由記述で聞いたところ「評価が曖昧（評価基準が不明確、好き嫌いで評価している、管理者の主観、など）」がもっとも多く、次に「形骸化している（中身がない、建前だけ、絵にかいた餅、エクセルシートに記入して終わり、など）」、そして「目標設定の難しさ（目標を低く立てる傾向、目標のレベル差、定量化できない、数字にならない職種が不利、など）」が続きました（うまくいっていない理由の考察はツボ036）。

次のツボ035では目標管理が「うまくいっている」理由を、036では「うまくいっていない」理由を考察します。

A 「うまくいっている」と感じている人は24%

図表034

目標管理はうまくいっているか？

あなたの所属する企業の目標管理は、うまくいっていますか？
あなたの主観でお答えください（N=520）

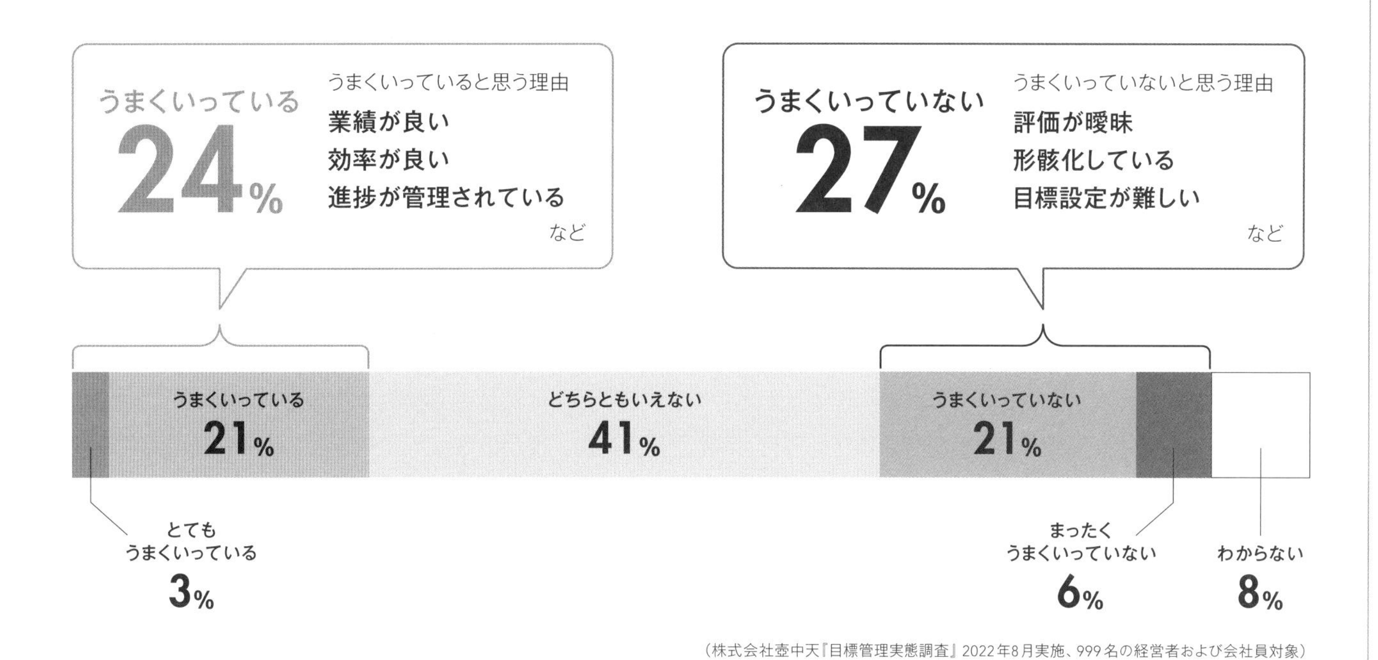

（株式会社壺中天『目標管理実態調査』2022年8月実施、999名の経営者および会社員対象）

▶調査における「どちらともいえない」は、ややネガティブな回答です　HINT

100のツボ
035

Q 目標管理がうまくいっている理由は?

どうすれば目標管理はうまくいくのでしょうか。その理由を考えます。

うまくいっている24%の理由を探る

実態調査の結果によると、目標管理を実施している人のうち24%は「うまくいっている」と回答しています(ツボ034)。その理由・背景を自由記述で書いてもらいました。

うまくいっていると感じている人たちの言葉から、どのような状況であるかを探ってみましょう。図表035はそれらの言葉を分類したものです。右側の吹き出しには代表的なコメントを記載しています。

成果(Result):実際に成果・業績があがっている、と感じています。

仕事(Work):仕事・業務の効率が向上している、と感じています。

目標(Objective):目標が明確であり、共有され、意識されています。

フィードバック(Feedback):適切なフィードバックがあり、次の目標へ反映されています。

支援(Assist):上司と定期的な面談が行われており、目標に対する進捗を確認しています。

協働(Alignment):チーム内でメンバー同士が、協働し助けあっている、と感じています(協働についてはツボ015参照)。

追跡(Tracking):目標と進捗、そして成果がいつでも簡単に確認できる環境があります(追跡についてはツボ016参照)。

評価/報酬(Reward):評価/報酬についてのコメントはありませんでした。

目標・フィードバック・支援・追跡

この成功例から学べることはなんでしょうか。「成果」「仕事」「協働」であがった内容は目標管理がうまくいった結果として起きていることですので、すぐに真似できることではありません。ここで着目すべきは「目標」「フィードバック」「支援」「追跡」です。

全員で目標を共有すること、上司が成果のフィードバックを行うこと、上司とメンバーが定期的に進捗を確認すること、企業が進捗と結果の集計が簡単に確認できる環境を用意すること。これらはすぐにでも真似できることです。

「評価/報酬」へのコメントがないことも示唆的です。公平な評価/報酬は、なければ不満になりますが、あるときは当たり前なのです(衛生要因と呼ばれます)。評価/報酬には着目せず、目標に集中している状況が理想的であるとわかります(ツボ019参照)。

ツボ036では、逆に目標管理が「うまくいっていない」理由を見ていきましょう。

A 目標が見える化された環境と、上司の適切な支援のもと、目標に集中している

図表035

目標管理がうまくいく理由

要素	理由
Result 成果	**成果が出ている**：業績に繋がっている/成果が出ている/右肩上がり/順調に進んでいる/毎月達成している　など
Work 仕事	**業務効率が上がった**：業務効率が改善している/時短効果/スムーズに進んでいる/進めやすい/効率が上がっている　など
Objective 目標	**目標が共有され意識しやすい**：目標が明確/全員に共有され目標を意識した行動をしやすい環境/各部門が目標をもって日々管理をしている　など
Feedback	**適切なフィードバックがある**：達成できなくても咎められたりすることなく上司が一緒に目標の再設定をしてくれる/納得できるフィードバックがある　など
Assist 支援	**上司と進捗を確認している**：上司との面談で進捗を確認している/定期的にレビューしている/定期的に面談を実施し目標に対しての進捗を管理　など
Alignment 協働	**協働し助け合っている**：助け合い/常に意見を出し合って解決している/スタッフ同士連携が取れている/チーム力があってまとまりがよい　など
Tracking 追跡	**集計が容易でいつでも確認できる**：webでいつでも確認でき行動できる/成果が目に見えて分かりやすく管理できる/自分の成果進捗やKPIがすぐ確認できる自社開発の目標管理システムでアクセスしやすく集計も容易/管理がわかりやすい　など

（株式会社壺中天『目標管理実態調査』2022年8月実施、999名の経営者および会社員対象）

▶自分にコントロールできること（影響の輪）に「集中」すると成果が出ます

100のツボ
036

Q 目標管理がうまくいっていない理由は?

どうして目標管理はうまくいかないのでしょうか。その理由を考えます。

うまくいっていない27%の理由を探る

実態調査の結果によると、目標管理を実施している人のうち27%は「うまくいっていない」と回答しています(ツボ034参照)。その理由・背景を自由記述で書いてもらいました。うまくいっていないと感じている人たちの言葉から、どのような状況であるかを探ってみましょう。図表036はそれらの言葉を分類したものです。右側の吹き出しには代表的なコメントを記載しています。

成果(Result):成果についてのコメントはありませんでした。

仕事(Work):人員不足、過重労働が起きていて疲弊感が漂っています。

フィードバック(Feedback):無理な定量化が行われており、適切なフィードバックが起きていません(定量化の弊害についてはツボ008参照)。

目標(Objective):上からの押しつけ、身を守るため低い目標を立てる、など。自ら挑戦的な目標を立てるという状態ではありません(目標の主体者についてはツボ006、挑戦についてはツボ017参照)。

支援(Assist):支援についてのコメントはなく、上司への不信感のコメントが多く見られました。

協働(Alignment):状況が不明瞭な中、協働が起きていません(協働についてはツボ015参照)。

追跡(Tracking):形骸化が起きています。フォーマットに入力するだけで中身のない管理となってしまっています(追跡についてはツボ016参照)。

評価/報酬(Reward):評価/報酬についての不公平感が、もっとも多いコメントでした。

目標・フィードバック・支援・追跡

形骸化した仕組みと、不明瞭な状況の中、上司と評価に不信感を持っている辛い状況です。自分ではコントロールできない範囲に着目することで力は分散し、成果へ向かう「目標」に集中することができない、それどころか身を守るために「低い目標」を立てる、当然成果は出ない、という悪いサイクルに陥っています。

改善策として、企業には公平な評価/報酬の実現、見える化の促進、目標や進捗の共有が求められます。まずは見える化、共有から始め、その上で目標管理と人事制度を切り離すことで公平性の担保を目指します(ツボ019・020参照)。

働く人や上司には方向転換が必要です。辛い状況を嘆くのではなく、自らの強み・貢献・成果に集中することが悪循環を断ち切る方法です(ツボ005参照)。

ツボ037では、まず目標がどのくらい公開されているのか、実態調査の結果を見ていきましょう。

A 形骸化した仕組みと不明瞭な状況の中、上司と評価に不信感を持ち、表面的な低い目標を掲げている

図表036

目標管理がうまくいかない理由

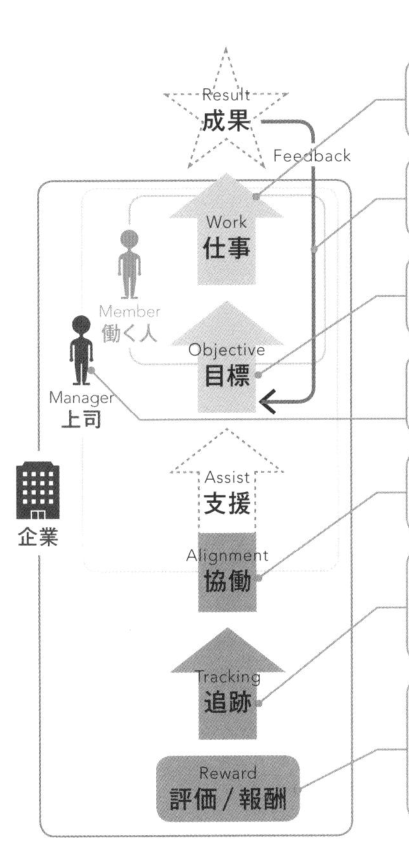

人が足りない：人員配置がうまくいっていない/人員不足/高い離職率/やることがあまりにも多すぎて過重労働　など

無理な定量化の弊害：数字では評価できない目標が多い/数字だけでは基準を作りづらい/むやみに数値目標を挙げて達成率を評価/新技術開発部門には不利/目に見えない労力が無視　など

目標を低く立てる：目標を低く立てる/目標が表面的/目標設定の明確な基準がない/上からの押し付け　など

上司に不信感がある：結局は上司と合うかどうかで評価される/上司がひどい/好き嫌いが横行/管理者の主観によるものでしかない/経営陣が現場を把握出来ない/特に面談もしない　など

共有されず協働が起きない：みんなが把握してない/うまく認識が共有されていない/協働がうまくいかない/社員に定着していない/社員が理解出来ていない　など

形骸化し情報の中身がない：杓子定規なフォーマット/管理している状況に満足し中身がない/建前だけ/エクセルシートの記入のみ/絵にかいた餅/うわべだけの管理/形としてやっているだけ/いまだに紙/視覚化しにくい　など

評価基準が曖昧で不公平感がある：評価の基準が不明確/曖昧な評価/人事考課に不公平感/評価の方法が定まっていない/評価手法が適切ではない/昇進昇格への影響がない/定量的な物差しが無く主観性が高い/体系的な評価ができていない/評価者がバラバラ/評価システムの欠陥/目標と処遇が紐付いてない　など

（株式会社壺中天『目標管理実態調査』2022年8月実施、999名の経営者および会社員対象）

▶ **自分にコントロールできないこと（関心の輪）に「集中」すると成果は出ません**　HINT

100のツボ 037

Q 一人ひとりの目標は公開されているか？

日本企業で働く人（経営者と会社員）を対象にした実態調査を2022年8月に行いました（調査概要は巻末に記載）。このツボ037では目標が「公開されているか」を見ていきます。

一人ひとりの目標が公開されていることは、自律的に「協働」して仕事を進めるために有効だと考えられています（ツボ015参照）。

◪約半数の人の目標は公開されている

目標管理を実施している520名に「あなたの所属する企業では、一人ひとりが立てた目標は、社内に公開されますか?」と聞きました（図表037左）。

その結果「全社員に公開される」が16%、「部門やチームに公開される」が33%、合計49%つまり約半数の人の目標は公開されていることがわかりました。また「公開されない（上司と本人しか見ない）」は45%でした。「その他」は1%でした（内容は、他者の理解や協力が必要な場合に限定的に共有される、など）。

◪公開範囲が広い人ほどうまくいっている

公開の状況ごとに「目標管理はうまくいっているのか（ツボ034参照）」の結果がどう変わるのかを分析しました（図表037右）。

まず「全社員に公開される」人たちは、「とてもうまくいっている」「うまくいっている」と感じる割合が43%ともっとも高いことがわかりました。

「部門やチームに公開される」人たちは、「とてもうまくいっている」「うまくいっている」と感じる割合が25%と次に高く、「公開されない」人たちは17%でした（「その他」と「わからない」は数が少ないため分析から除外しました）。

これらの分析から、一人ひとりの目標は、広い範囲に公開されている人ほど「うまくいっている」と感じていることがわかります。

因果関係まではわからないため「広い範囲に公開すると目標管理がうまくいく」のか「目標管理がうまくいっているから広い範囲に公開できる」のかは判断できません。しかしどちらにしても「目標の公開」が目指すべき理想状態であることは間違いないようです。

半数の人たちは目標が公開されていません。その要因に、使用しているツールの問題があるのではないでしょうか。次のツボ038では「目標管理に使用しているツール」の調査結果を見ていきましょう。

A 約半分の人は、目標が公開されている

図表037

目標の公開

Q あなたの所属する企業では、一人ひとりが立てた目標は、社内に公開されますか?(N=520)

Q あなたの所属する企業の目標管理は、うまくいっていますか? あなたの主観でお答えください

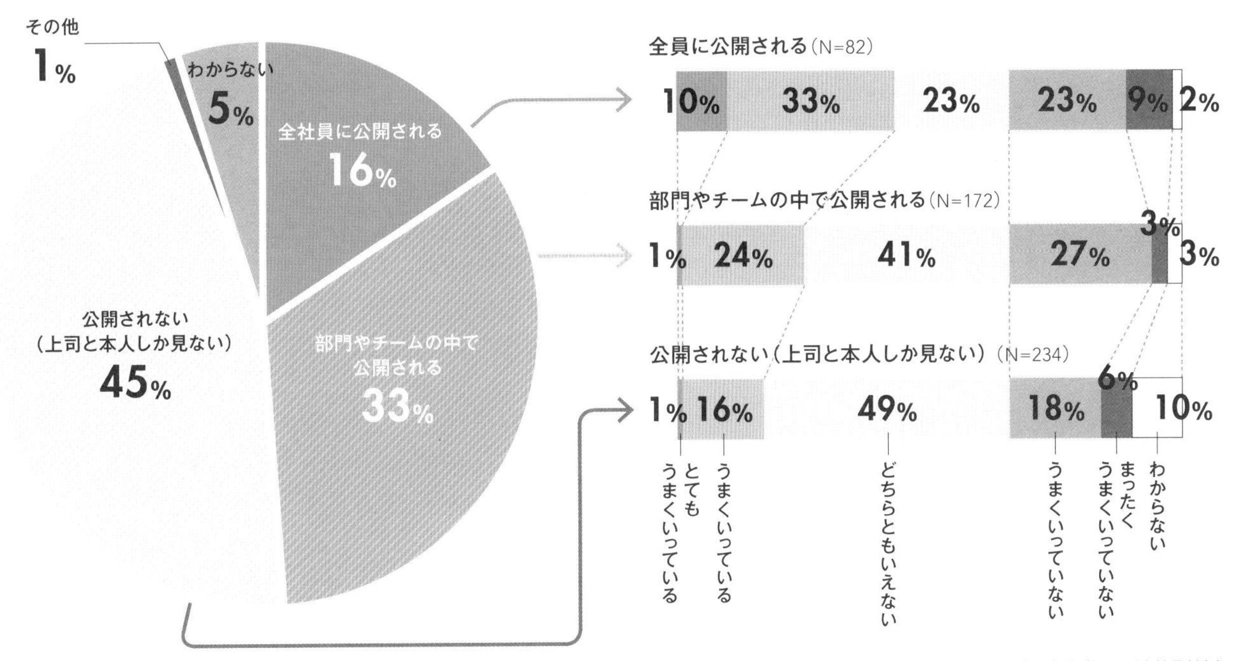

(株式会社壺中天『目標管理実態調査』2022年8月実施、999名の経営者および会社員対象)

▶リモートワークが進む中で、目標と進捗を見える化することは急務だと言えます

100のツボ
038

Q 目標管理に使っているツールは？

日本企業で働く人（経営者と会社員）を対象にした実態調査を2022年8月に行いました（調査概要は巻末に記載）。このツボ038では目標管理で使用しているツールを見ていきます。

目標の進捗や結果を「追跡（トラッキング）」して活用するためには、簡単に更新と可視化が行える環境を整える必要があります（ツボ016）。そこで使用されているツールは非常に重要です。

多く使われているツールはエクセル

目標管理を実施している520名に「あなたの所属する企業で目標管理に使用しているツールを教えてください」と聞きました（図表038左）。

その結果、もっとも多く使われているのはエクセル（44%）でした。他のツールを大きく引き離して1位です。そして次は、なんと紙（14%）でした。そのあとにHRBrainやSmartHRなどのクラウドサービスが続いています。

エクセル・紙は公開率が低い

自律的に「協働」して仕事を進めるためには、一人ひとりの目標を公開することが有効です（ツボ015）。そして公開の範囲が広い人ほど目標管理がうまくいっていると感じています（ツボ037）。

各ツールごとに、目標の公開率を分析したところ、エクセル・紙を使用している人の公開率は半分以下と低く、クラウドサービスは高いことがわかりました（図表038右）。

求められるエクセル・紙からの脱却

エクセルや紙に書いた目標が「公開されている」とは、いったいどんな状態でしょうか。数人規模の会社やチームであれば、まだ他の人の目標を見ることができるかもしれませんが、100名を超えると、ほぼ誰の目にも触れることがないゾンビ資料となっているのではないでしょうか。それは、実質公開されていないことと同じです。

エクセル・紙の運用を脱却し、クラウドサービスなどを導入して目標を公開すること。そして簡単な更新と可視化によって協働と追跡を機能させていくことが、目標管理がうまくいくための、前提条件だと言えそうです。

ツボ039では、主なクラウドサービスの特徴を見ていきましょう。使用率の上位3つ、HR Brain、SmartHR、あしたのチームをとりあげます。

A もっとも多いのはエクセル、次は紙

図表038
目標管理に使っているツール

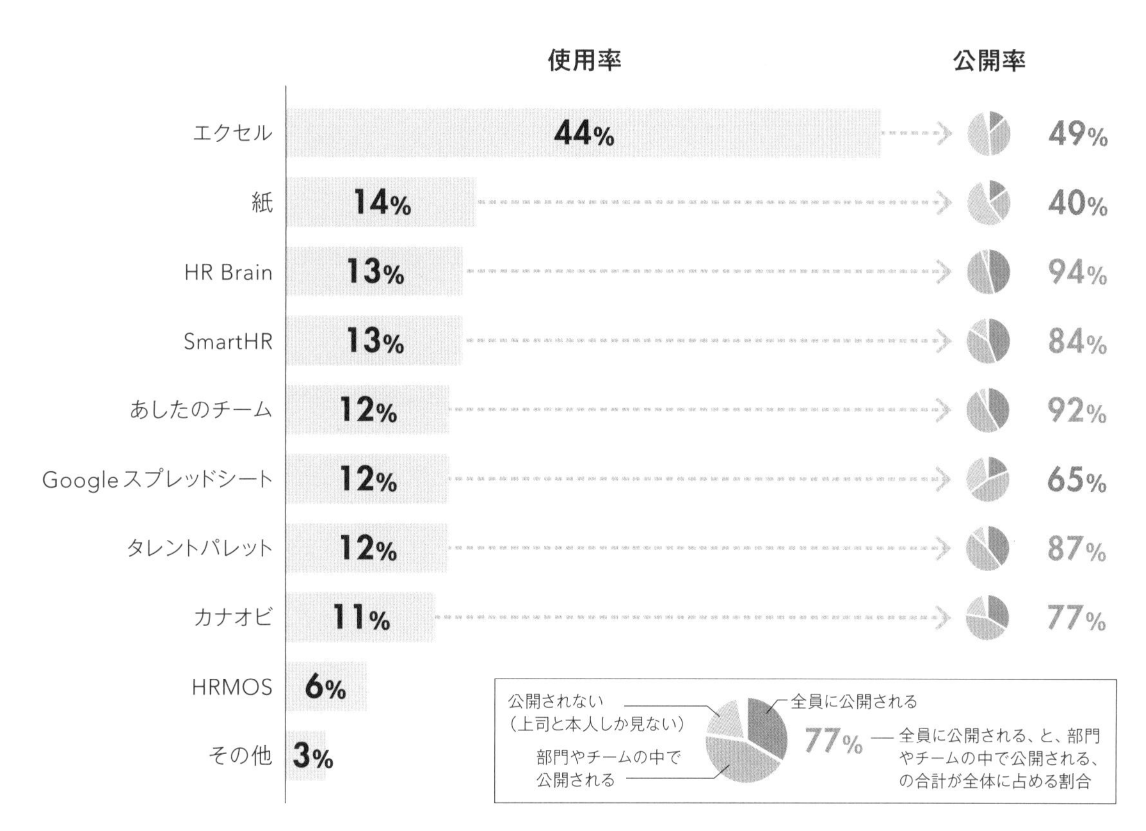

(株式会社壺中天『目標管理実態調査』2022年8月実施、999名の経営者および会社員対象)

▶目標管理がうまくいくための「成長の余地」が、大きく広がっています

Q 目標管理で使えるクラウドサービスは？

100のツボ

039

実態調査の結果、目標管理に使用されているツールは1番が「エクセル」2番は「紙」でした。これらは目標の公開、進捗や成果の追跡に向いていません（ツボ038参照）。公開率が高く、容易に追跡・集計できるクラウドサービスの導入が望まれます。このツボ039では、使用率上位3つのクラウドサービスを紹介します。

◪顧客満足の「HRBrain 人事評価」

「HRBrain 人事評価」は、シンプルに効率化とデータ活用を狙ったサービスが特徴的です。現行の仕組みからスムーズに移行できるよう、シートやワークフローの設定には柔軟性があり、OKRやMBOのテンプレートも多く揃っています。ITreviewカテゴリーレポート2022Springでは「顧客満足度」No.1として表彰されました。

ダッシュボードから進捗がひと目で確認できるため、追跡（ツボ016）が容易であることが目標管理における大きなメリットです。今回の実態調査の中ではもっとも公開率（一人ひとりの目標が公開されている割合）が高く（94%）、協働（ツボ015参照）の向上が期待できるのではないでしょうか。

◪成長可能性の「SmartHRの人事評価」

「SmartHRの人事評価」は労務管理のクラウドサービスとして4年連続シェアNo.1の実績を誇ります。

登録社数は5万社以上と他の2つのサービスに比べて一桁上の数字となっています。ただし、実態調査によれば目標管理における使用率はHRBrainと同じ13%（ツボ038）であり、労務管理として使用していても、目標管理には使用していない企業がまだ多いようです。

また機能面でも、これから追加予定のものが多く、これからの成長可能性が特徴的なサービスであると言えます。すでにSmartHRを労務管理として使用している企業は、人事評価の機能をアドオンするだけでスムーズに導入可能です。

◪独自技術の「あしたのクラウド」

あしたのチーム社の「あしたのクラウド」は、独自技術が特徴的なサービスです。

3つのサービスの中ではもっとも運営会社の歴史が古く、導入企業の問題解決に力を注いできました。その結果、AI目標添削機能や評価・目標分析機能、甘辛分析機能など、独自色の強い機能が数多く搭載されています。目指しているのは効率ではなく「納得」です。

この3つ以外にも多くのサービスが登場しています。ぜひ自社にあったサービスを導入して追跡・協働の強化を図ってください。

次のツボ040では、目標管理をどう使っていくべきかを考えます。

A 顧客満足のHRBrain、成長可能性のSmartHR、独自技術のあしたのクラウド

図表039

クラウドサービスの比較

	HRBrain 人事評価	SmartHR の人事評価	あしたのチーム あしたのクラウド
概要	**人事評価をもっともカンタン・シンプルに 評価運用の効率化からデータ活用まで**	**面倒な評価の回収・集計を効率化 公平な評価で納得感向上 人事も従業員も簡単に操作が可能**	**みんなの「納得」につながる 人事評価クラウド**
機能	• 人事業務の効率化：OKR・MBO・1on1など、豊富なテンプレート • ダッシュボード：進捗/ToDoをひと目で確認 • 甘辛調整：部署や上司ごとの傾向を参考に、期末に甘辛調整 • シートカスタマイズ：現行の評価制度に合わせて、自由自在にカスタマイズ • 催促メールの一括送信：シートの未提出者などに、催促メールを一括送信 • ワークフロー設定：評価プロセスに合わせて、ワークフローを自由に設定	• 準備：労務で蓄積した情報を活用して簡単に評価開始・入社手続き・申請承認機能 等 • 配布：現在の評価をそのまま再現可能・柔軟な評価テンプレート設定・OKR/MBO/コンピテンシーなど様々な評価に対応 • 入力：スマートフォン対応・多言語対応・評価ステップの可視化・評価内容の一覧比較 • 回収・集計：リマインド・回収状況把握 • 結果の可視化：評価内容一覧・CSV出力・CSV一括更新	評価ワークフロー • 給与・賞与シミュレーション機能 • AI目標添削機能 • リマインドメール・各種通知書発行機能 • 評価・目標分析機能 • 甘辛分析機能 評価者モニタリング機能 • 社員データベース • 社員プロフィール • 社員情報の履歴 • 組織シミュレーション
受賞実績	**タレントマネジメント 顧客満足度 No1.** ITreviewカテゴリーレポート「タレントマネジメント部門」(2022Spring)	労務管理クラウド シェア **4年連続 No1.** デロイト トーマツ ミック経済研究所「HRTechクラウド市場の実態と展望2021年度」	**HRTechクラウド 人事・配置分野 No1.** ミック経済研究所「HRTechクラウド市場の実態と展望2018年度」
導入社数	2,000社以上 導入社数 ※2022年12月時点	50,000社以上 登録社数：SmartHR上で事業所登録を完了しているテナント数(但し、退会処理を行ったテナント数を除く)	3,500社以上 導入社数
導入事例	凸版印刷/ヤフー/アイフル/サイバーエージェントなど	ベストリハ/ヤプリ/バンダイロジパル/クルーズなど	串カツ田中ホールディングス/ゴルフパートナー/幸楽苑/ディー・エヌ・エーなど
運営会社	株式会社HRBrain　設立2016年3月	株式会社SmartHR　設立2013年1月	株式会社あしたのチーム　設立2008年9月
出典	WEBサイト〈https://www.hrbrain.jp/evaluation〉(2022年9月12日表示)およびサービス紹介資料(2022年8月請求)をもとに作成	WEBサイト〈https://smarthr.jp/〉(2022年9月12日表示)およびサービス紹介資料(2022年8月請求)をもとに作成	WEBサイト〈https://cloud.ashita-team.com/m07/〉(2022年9月12日表示)およびサービス紹介資料(2022年8月請求)をもとに作成

▶ どのサービスも無料トライアルやデモを行っていますので、試してみましょう

100のツボ 040

Q 目標管理をどう使っていけばよいか？

目標管理をどう使っていけばよいのでしょうか。

目標に集中・見える化・葛藤克服の姿勢

実態調査によれば、目標管理がうまくいっている人たちは「見える化された環境と、上司の適切な支援のもと、目標に集中している」状態です（ツボ035参照）。目標管理がうまくいっていない人たちは「形骸化した仕組みと不明瞭な状況の中、上司と評価に不信感を持ち、表層的な低い目標を掲げている」状態です（ツボ036参照）。ここから3つのことが推察できます。

1つ目は、うまくいっている人は「目標と仕事」に意識を集中しており、うまくいっていない人は「上司と評価」に意識を集中しているということです。自分にできること、つまり「貢献」に力を注がなければ成果はあがりません。その結果、評価もあがりません。

2つ目は「見える化」の重要性です。目標とその進捗・結果が公開されていること、そして容易に更新・集計できること（ゾンビ化させないこと）。それは現代においてはクラウドサービスなどで簡単に実現できることです（ツボ039参照）。

3つ目は、上司や評価への不信感、そして目標管理の形骸化の悪循環を抜け出す必要があるということです。業績向上と人間性尊重を両立させるという難題への取り組みが、まさに今、問われています（ツボ032参照）。

組織開発の定石はスモールサクセス

組織開発の定石はスモールサクセス、まずは「小さく始める」ことです。あなたがチームを持っているなら、自分のチームから、あなたが人事責任者で、全社への取り組みを企んでいるなら、まずは人事部門から始めることをおすすめします。

まずは目標に意識をむけるべく、チームや部門のメンバーを巻き込んで、OKRを一緒に立ててみましょう。こうやったらできるかもしれない、こんなやり方ならわくわくする…と、試行錯誤して血の通ったノウハウを貯めていってほしいのです。

もっとも小さい導入は自分1人から

自分1人からでもスタートすることができます。たとえ会社の仕組みが形骸化していたとしても、あなたまでそこに囚われて足を止める必要はありません。企業の平均寿命は24年、あなたが働く時間より短いのです。自分の目標を設定し、会社の報酬システムとは切り離して、自らを方向づけて前進しましょう。あなたが前に進み、成果があがれば、どんな人事制度であったとしても評価は後からついてきます。

そして気の合う同僚や、話のできる上司を巻き込んで、あなたの影響力を広げていきましょう。

Chapter5.では、あなたの目標設定について考えます。

A 上司や評価ではなく、目標に集中する。組織全体ではなく、自分自身から始める

図表040

組織開発の定石「スモールサクセス」

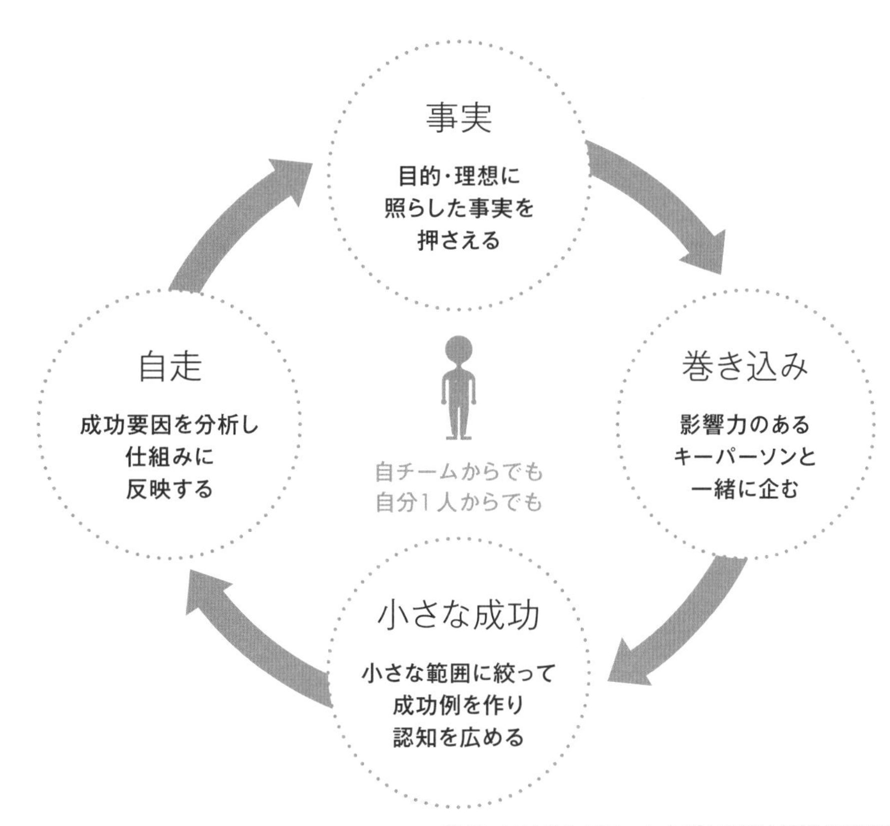

（リクルートマネジメントソリューションズ『人事の新たな武器「組織開発」とは何か?』をもとに作成）

▶目標管理（MBO）の主役は、会社ではなくすべての働く人、つまりあなたです

まとめ

Chapter4.のまとめとしてツボ031～040のQ&Aを一覧としています（右表）。

また、マネジャー（管理職）、メンバー（すべての働く人）、経営者、人事担当者それぞれに向けてこの「目標管理」でお伝えしたいメッセージを記載しています。

マネジャー（管理職）のあなたへ

マネジャーのあなたには、目標管理の目指すべき姿を知ってほしいのです（ツボ032）。あなたのチームの現状はいかがですか？ もし「ノルマ克服型」「人間性偏重型」「形式重視型」に当てはまるようであれば、業績向上と人間性尊重の両方を重視する「葛藤克服型」へと方向転換していきましょう。会社全体を変えなくても大丈夫です。まずあなたのチームから、悪循環を断ち切ってください。

メンバーのあなた（すべての働く人）へ

メンバーのあなたに考えていただきたいのは「何を見て仕事をしているか」です。「目標と仕事」に集中しているのであれば、かならず成果につながるでしょう（ツボ035）。しかし「上司と評価」に集中しているのであれば、力が分散してしまい、本来あなたの実力で達成できるほどの成果は出ないでしょう（ツボ036）。会社やチームの状態が仮に良くないとしても、それに付き合う必要はありません。あなたは1人前進しましょう（ツボ040）。

経営者のあなたへ

経営者のあなたに知っていただきたいのは「見える化」の重要性です（ツボ037）。目標や進捗を公開すること、それを容易に行うクラウドサービスなどを導入することを、おすすめします。エクセルや紙では実質的には共有が起きていません（ツボ038）。そこから起きる「協働」の効果を考えれば、クラウドサービスは決して高い買い物ではありません。ぜひ導入して、まずはご自身の目標を公開し、進捗を更新し続けてください。

人事担当者のあなたへ

人事担当者のあなたに行っていただきたいのは、自社の「実態の把握」です。目標は公開されていますか？ その進捗はどれくらい更新されていますか？ ゾンビ化していませんか（ツボ038）？ そして働く人たちは何を見て仕事をしていますか（ツボ035・036）？ 正しく現状を捉えた上で、経営層と現場のマネジャーと一緒にこれからどうすべきかを考えてみてください。

次のChapter5.では「目標設定」について学びます。

100のツボ	Q	A
031	目標管理のはじまりは？	1956年『現代の経営』の翻訳出版を契機に、住友金属鉱山などの実践によって始まった
032	目標管理はどうあるべきか？	業績向上と人間性尊重、どちらかではなく両方を統合すること
033	目標管理はどのくらい実施されている？	働く人の半数以上（52%）が目標管理を実施している
034	目標管理はうまくいっているのか？	「うまくいっている」と感じている人は24%
035	目標管理がうまくいっている理由は？	目標が見える化された環境と、上司の適切な支援のもと、目標に集中している
036	目標管理がうまくいっていない理由は？	形骸化した仕組みと不明瞭な状況の中、上司と評価に不信感を持ち、表面的な低い目標を掲げている
037	一人ひとりの目標は公開されているか？	約半分の人は、目標が公開されている
038	目標管理に使っているツールは？	もっとも多いのはエクセル、次は紙
039	目標管理で使えるクラウドサービスは？	顧客満足のHRBrain、成長可能性のSmartHR、独自技術のあしたのクラウド
040	目標管理をどう使っていけばよいか？	上司や評価ではなく、目標に集中する。組織全体ではなく、自分自身から始める

組織開発に必要な「手掛かり」と「切実な目的」

対談 Conversation

五十嵐英憲氏
五十嵐コンサルタント株式会社 代表取締役

キリンビール、パナソニック、オムロン、ソニー生命など10万人以上の管理職に目標管理の方法を伝えてきた五十嵐英憲氏に、日本企業の目標管理についてお伺いしました。

受け継がれてきた「目標管理の本質」

坪谷邦生（以下、坪谷）：私はリクルート社の人事コンサルに転身したばかりの頃、当時の大阪支社長から「ここに本質が書いてある」と、五十嵐先生の『目標管理の本質』を薦めてもらいました。ですので、私にとって目標管理の教科書は先生のご著書なんですよ。

五十嵐英憲氏（以下、五十嵐）：ありがとうございます（笑）。

坪谷：MBOからセルフ・コントロールが失われているという話が響きました。そして目標管理における葛藤を克服するという4象限に感動しました（図表032）。拙著や講演でも先生の4象限をもとに説明をさせていただくことが多いのですが、いつも反響が大きいのです。この4象限のおかげで、それまで自分が人事として取り組んできたことが何だったのかもわかりましたし、目標管理について真剣に取り組んでいこう、そう志したのが、もう14年前です。

五十嵐：坪谷さんに触発されて、今回、改めて自分の来し方を振り返ってみたんです。

僕は脱サラして35歳で教育の世界に飛び込んで、試行錯誤の結果、45歳の頃にたどり着いたのが、ドラッカーの目標管理という世界でした。そこで、目標管理についてもっと深く勉強したくて、日本における草分け的存在だった、住友金属鉱山元常務の猿谷雅治さんという方のところに行って、強引に“押しかけ弟子”になっちゃったわけですね。

坪谷：五十嵐先生が猿谷さんの弟子になったのが45歳。私はいま46歳でこうして五十嵐先生から教えを受けています。ご縁を感じてうれしいです。

五十嵐：それ以来、猿谷先生がおやりになってきた歴史を聞きながら、一緒に研修をやりながら、猿谷先生の取り組みを超えることを夢見て、今日まで励んできたというわけです。

原点は住友金属鉱山の組織開発

五十嵐：富士短期大学の月刊誌（『FUJI BUSINESS REVIEW 第13号 1997年』）の中に、住友金属鉱山における「ドラッカーのMBOとの出会いから制度設計に至るまでの生々しい風景」が収録されています。
時代は1964年頃です。当時の住友金属鉱山さんは不況に喘ぎ、8,100人いた社員を5,000人にリストラせざるを得なくなった。よくある話じゃないですか、経営が行き詰まると絶対やらなきゃいけない。ところが当時の社長は「このままじゃダメだ。縮小均衡に陥る」と。猿谷先生は当時、九州の子会社に出向中で人事的な仕事をやっていたんですが、急遽「本社に戻れ」と辞令を受けました。社長から、「今まで8,100人でやっていた仕事を残った社員5,000人でやれるような組織」という命題が与えられたんですね。
つまり、「効率的に業績をあげるための組織開発」というテーマなんです。でも、当時の組織論は硬直的な「官僚制組織論」しかなかった。頭のいい官僚がロジックを組み立てて「このとおりやればうまく行く」というものを、一糸乱れず上から下まで徹底的に落としていく。それしかなかった時代に、動態的な組織論を創り出せという、チャレンジングなテーマでした。
新しい組織論が必要なのに、使い物にならない官僚制組織論しかなく、なんにも材料がない。昨今も組織開発ブームみたいなものが起きていますが、現実には「手掛かりとなる考え方」なしでは、掛け声倒れに終わってしまいますよね。坪谷さんも、組織開発の手掛かり情報として『図解組織開発入門』を書かれたのではありませんか？

坪谷：まさにそうなんです！

五十嵐：それともう1つ、組織開発には「切実な目的」が必要だと思います。当時の住友金属鉱山さんには、8,100人でやっていた仕事を5,000人でもできるくらい、生産性を上げるという「鋭く明確な目的」があったわけですね。僕は、最近の組織開発論には、このあたりをもうちょっと強調してほしいと願っています。ただ新しい組織を作って活性化するというような抽象的な目的だと、あまりにもインパクトが弱いような気がするけど、どうですかね（笑）。

坪谷：確かに。今の組織論においては「心理的安全性」などの人間性尊重の側面がクローズアップされることが多いのですが、Objectives（目的・目標）の「切実さ」がなければ物事は前進しないというのは、人間の真実ではないかと思います。

2022年7月28日

Profile

五十嵐英憲／いがらし ひでのり　1969年早稲田大学商学部卒。資生堂、リクルートを経て、教育コンサルタントとして独立。現在、五十嵐コンサルタント（株）代表取締役。（株）自己啓発協会インストラクター。専門分野はMBO－S（目標管理）研修やマネジメント·システムの構築支援活動。セミナー受講、講演受講者はのべ10万人超。著書に『個人、チーム、組織を伸ばす　目標管理の教科書』（ダイヤモンド社）などがある。

以上、logmiBiz『図解 目標管理入門』対談「日本にドラッカーの「目標管理」が取り入れられた、切実な理由 不況・リストラからの経営再建を支えた、先駆者たちの悪戦苦闘」より一部抜粋して掲載
<https://logmi.jp/business/articles/327345>
全文はこちらです ▶▶

Column 04
形名賛同

目標管理は、いつから始まったのでしょうか？　その起源を辿っていくと、古代中国にたどり着きました。

紀元前221年に秦の始皇帝が中国を統一することで、春秋戦国時代は幕をおろします。この時代の歴史は漫画『キングダム』（原泰久）でご存じの方も多いかもしれません。その秦の始皇帝となる政が、法による統治の根幹として取り入れた手法が、目標管理の元祖とも言える「形名賛同（けいめいさんどう）」です。

「形」とは目に見える結果や実績のこと、そして「名」とは仕事を任せる際に提出した計画書のこと、「賛同」とは比較して一致させることです。計画書（名）と実績（形）を比較して、一致（賛同）していれば恩賞を与え、不一致であれば罰を与えたのでした。この方法は、口先だけで実行しない官僚や、君主に取り入ろうとする官僚を排除し、実際に約束どおりに成果を出した官僚だけが優遇されるという効果を発揮しました。

形名賛同を発案したのは韓非という思想家です。その著作「韓非子」は春秋戦国時代に花開いた中国思想（諸子百家）の集大成とも呼ばれています。性悪説を説く儒家の荀子に学び「法」による統治を唱えました。君主に取り入って気に入られ、派閥を作り私利私欲で王朝に害をなす人物（当途の人）を批判し、法の力を使って正しい政治を実現しようとする人物（法術の士）を理想の姿と考えました。形名賛同は、そのための重要な実践手法だったのです。

韓非の思想を取り入れた秦は国力を増大させ、ついに中国統一を果たして政は始皇帝となります。しかし始皇帝が亡くなったあとは、すぐに規律が乱れ、衰退の道を辿ることになりました。形名賛同は「ノルマ管理型」の目標管理でした。ノルマ管理型は成長期にしか機能しない、という五十嵐英憲先生の論（ツボ032）の正しさを、歴史は示しているようです。

Chapter. 5

目標設定

100のツボ 041

Q 目標とは何か？

Chapter5.は目標設定について考えます。

このツボ041ではそもそも目標とはなにかを捉えるために、周辺の概念を整理します（図表041）。

目的と目標、そしてObjective

まず目的とは「成し遂げようと目指している事柄」です。そして目標は「目的を達成するために設けた、目じるし」のことです。

例えば、目的が「家族が安心して生活できること」であれば目標は「安定した収入を得られる会社に就職すること」です。目的が「地球の温暖化を防ぎ未来の子供達を守ること」であれば目標は「CO_2の排出量を25年後までに25.4%下げること」です。目的が「幼なじみの彼女のハートを射止めること」であれば目標は「彼女を甲子園に連れて行くこと」です。目的が「世界に平和な暮らしを取り戻すこと」であれば目標は「悪の魔王を倒すこと」です。

目的と目標は、どちらも英語でObjective。そしてObjectiveには「客観」という意味があるように、客観的にどのようなことを成し遂げようとしているのかを表現したものです（Objectiveはツボ002参照）。

目的をビジョン（Vision）と言うこともあります。Visionとは英語で視覚、その言葉のとおり、色づいて目に見える形で描かれた目的のことです。

目標を狭義ではターゲット（Target）と呼びます。「目じるし」、弓矢の的（マト）のことです。

役割と価値観、そしてSubjective

あなたが果たすべき役割・使命・任務がミッション（Mission）です（ツボ082参照）。例えば「子供を育てる親」「プロジェクトを完遂させるマネジャー」「熱狂を届けるクリエイター」「社会のインフラを守る技術者」など。

あなたが大切にしたい価値観がバリュー（Value）です。決して外してはならないこと、自らの行動指針（自己基準）であり、目的や目標を達成する制約条件となるものです。例えば「売り手よし・買い手よし・世間よし」（近江商人）「死んでも女は蹴らない」（尾田栄一郎『ONE PIECE』）「常に謙虚であらねばならない」（稲盛和夫）「個をあるがままに生かす」（大沢武志）など。

役割と価値観はSubjective（主観）であり、Objective（客観）と対をなす概念です。主観がなければ目標を達成するためのエネルギーはどこからも湧いてきません。

そして主観と客観の全体を束ねる概念が「理念」です。理（客観）と念（主観）とを統合することで理念となります。

次のツボ042ではなぜ目標を設定するのかを考えます。

A 目的を達成するために設けた「目じるし」

図表041

目標とその周辺概念

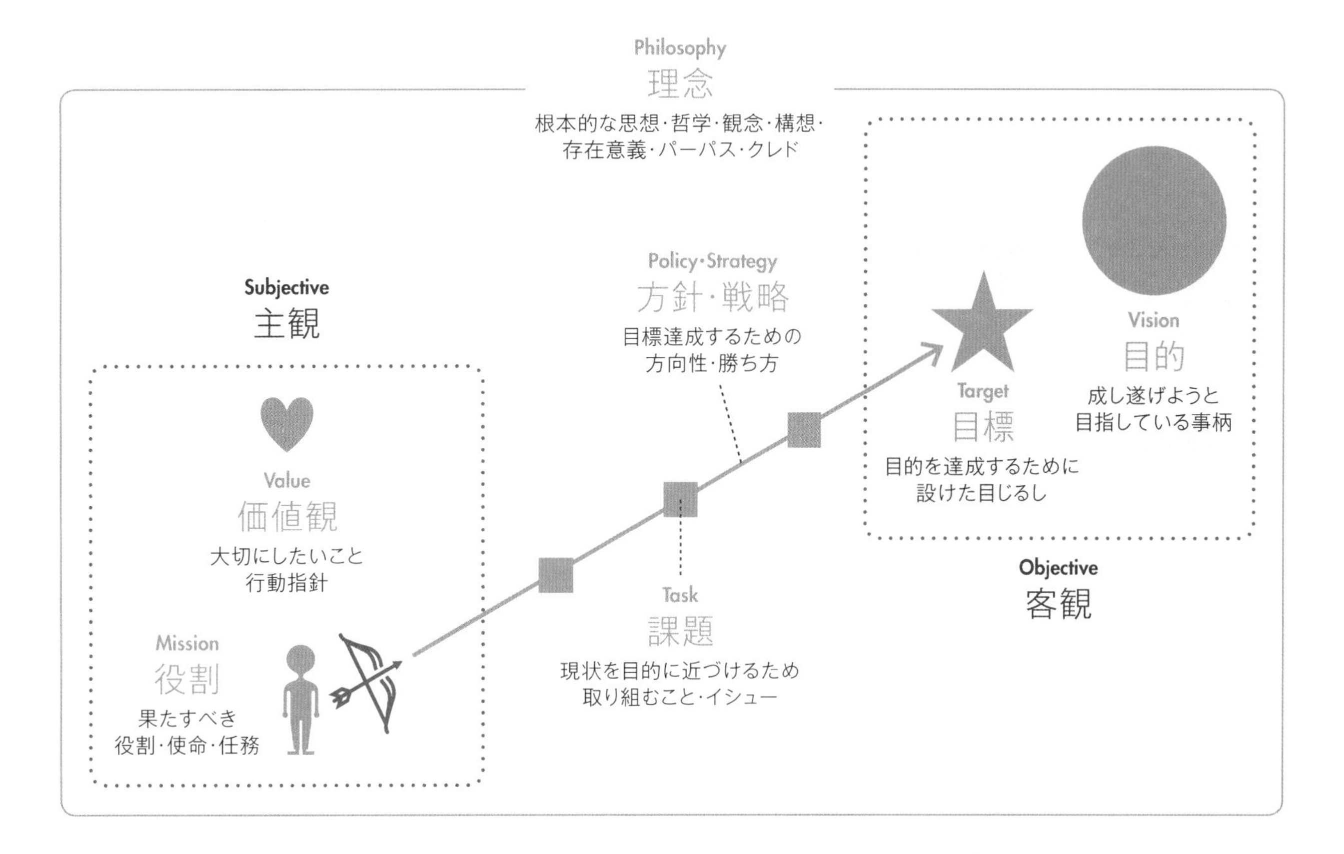

▶近年「パーパス」が流行していますが日本企業は昔から「理念」を大切にしてきました

100のツボ
042

Q なぜ目標を設定するのか？

なぜ目標設定を行うのでしょうか？　得られるメリットは3つ、集中・協働・フィードバックです。順に見ていきましょう。

1.「集中」が成果を最大化する

目標を設定することで、自分の力を集中することができます。P.F.ドラッカーは「成果をあげるのは能力ではなく、集中するという習慣である」と言い、エリヤフ・ゴールドラットは「すべてに集中するのは、どれにも集中しないのと同じだ」と言っています。

つまり、目標を設定すると、集中することによって成果が最大化するのです。また、集中が没頭を通じて夢中に進化したとき、あなたはフロー体験を味わうことになります。これは仕事の内的報酬（やりがい）の中でも、もっとも純度の高いものです。

2.「協働」がやり切る力をくれる

目標を設定して公開することで、同じ目的・目標を目指す仲間や、あなたの目標を応援してくれる支援者と出会える可能性が生まれます。必ず協働が生まれるとは限りませんが、目標を設定していなければありえなかった関係性が、生まれるかもしれないのです。ゼロとイチはまったく違います。

共に進む仲間がいることはお互いを高めあい、やり切るための大きな力になってくれるでしょう。

3.「フィードバック」で自覚し成長する

目標を設定すると、2つのフィードバックを得ることができます。

1つ目は、目標自体からのフィードバックです。自分の内側にある考えを言語化する過程で「自分はこんなことをやろうとしていたのか」という気づきが必ずあります。言葉にしなければ知らなかった内的・外的な事実が、あなたの成長を促します。目標が書けなくて苦しいのは、まさに成長痛なのです。

2つ目は、成果からのフィードバックです。多くの人は、実は自分の「強み」を知りません（Chapter7.参照）。目標を置き、実行してみて、実際に「できたこと」があなたの強みです。成果を目標に照らしてみると、想像していたのとは全く異なる「できていない」こと、そして予想もしていなかった「できている」ことに驚かれると思います。この2つのフィードバックを受け止めて「自覚」することが、成長の第一歩です。

最終的な狙いは「夢を叶える」こと

集中・協働・フィードバック、これらを続けた結果、あなたは自分自身の力で「夢を叶える」ことができます。それが目標設定の最終的な狙いです。

では目標は必ず設定しなければならないのでしょうか？　次のツボ043で見ていきましょう。

A 「集中」「協働」「フィードバック」を得られる、そして最終的に夢を叶えることができるから

図表042

目標を設定する3つのメリット

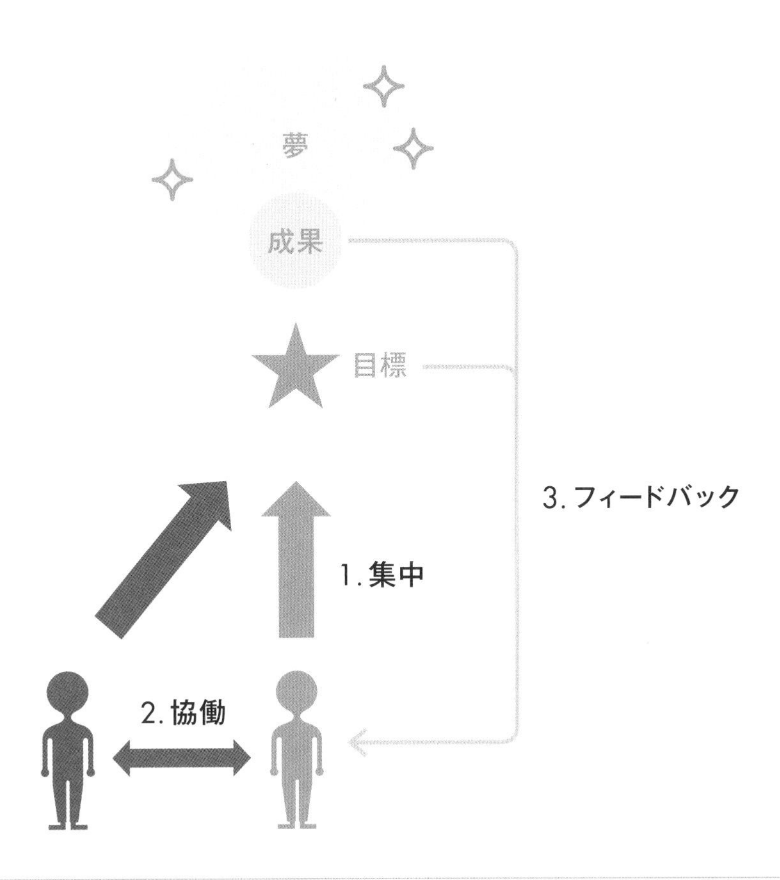

▶自分の力で、やりたいことを、やりたいように行えることを「自由」と言います

100のツボ
043

Q 必ず目標を設定しなければならないのか？

必ず目標を設定するべきなのでしょうか？

無理に設定する必要はない、と私は考えています。その理由は3つあります。

1つ目、無理やり立てた目標では効果が低いからです。2つ目、目標を立てることには一定以上の心の負荷がかかるものだからです。3つ目、目標を立てなくても進める場合もあるからです。順に見ていきましょう。

1.無理やり立てた目標は効果が低い

目標は自ら設定するものであって、誰か他者から強要されて設定するものではありません。魂の入っていない目標なら立てないほうがマシです。無理やり設定した目標では、自分を集中させることも、他者からの協働を得ることも難しいでしょう。そしてフィードバックは苦痛しか生みません。自分の心が動いていないのであれば、目標を設定する必要はありません。いや、むしろ設定してはならないのです。

2.負荷が重すぎるときは中止する

目標を設定することは、元来ワクワクする楽しいものです。しかし、コンディションによっては苦痛を伴うときもあるでしょう。自分の内側を見つめ直し、外部環境や周囲の期待と統合する目標設定という行為は、心に一定以上の負荷がかかるものです。

適度な負荷はあなたが成長するために有効ですが、負荷が重すぎると感じた場合は危険です。

3.なくても進めるならば必要ない

目標は自分を方向づけるためのものです。多くの人にとっては有効ですが、目標を設定しなくても前に進めるのであれば、無理やり設定する必要はありません。とくに「価値観」を大切にしている人は、特定の目標を置くよりも、瞬間瞬間に起きていることを自分の基準に照らして対応して行くことで、前進し続けることができるでしょう。

しかし、少しでも興味があれば一度、あなた自身の手で目標を設定してみることをおすすめします。あなたの知らなかった新しい世界が開けると思います。

会社の目標シートを埋めるには

いまは目標を設定しないほうがいいとわかったとしても、会社のルール上必要だから目標シートを埋めなければならない、ということもあるでしょう。そのときは、真の目標ではなく、方便であることを自覚した上で、ご自身が一番損をしない形で記入しておきましょう。

次のツボ044では、いよいよ目標設定のやり方を見ていきましょう。

A 無理に設定する必要はない。強要は逆効果

図表043

無理に目標設定をする必要はない

強要されて、心が動いていないのに無理やり設定した目標は逆効果に

目標設定すること自体への、心の負荷が重すぎるときは危険

目標設定しなくても、価値観などで自分を方向づけできるときは不要

▶「人は変わりたくないのではない、変えられたくないのだ」（ピーター・センゲ） HINT

100のツボ
044

Q どの範囲の目標を設定するべきか？

どの範囲の目標を設定すれば良いでしょうか？

まずは自分自身の個人目標から始める

全社目標、部門目標、チーム目標、個人目標などがありますが、あなたがどのポジションであったとしても、まずは「あなた自身が、あなたの所属する組織」で実現したい個人の目標を立てることから始めることをおすすめします。組織開発の定石はスモールサクセス。小さく始めて、そのノウハウを身につけてから、少しづつ範囲を広げていくことが成功のコツなのです（ツボ040参照）。

マネジャーであっても個人目標から

あなたがマネジャーであったとしても、いきなりチーム目標を立てるのではなく、自分自身の個人目標を真剣に設定し、実現に向けて動き、振り返り、次の目標を立てるという一連のサイクルを回すことができるようになってから、チーム目標へと進むべきです。

メンバーたちも、自分の立てた個人目標すら達成できないマネジャーに、チームの目標達成を任せたいとは思わないはずです。

個人目標で「やりきる」感覚を持てたあと、メンバーたちを巻き込んでチーム目標を設定しましょう。そして、チーム目標がうまくいったら、そのノウハウをもとに他チームのマネジャーたちと部長を巻き込んで部門目標を設定しましょう。

同じように、部門、全社、社会へと、自分自身の影響を及ぼせる範囲を広げていくことができます（図表044）。その影響範囲の広さこそが、あなたのリーダーとしての器の大きさです。

チーム目標を立てる方法論の実践として、アカツキ社の「ジュニア研修」をツボ096～099で紹介しています。

メンバーも影響範囲を広げられる

もしあなたがメンバーであったとしても、マネジャーの場合と同じです。まずは個人目標から始めて達成のサイクルを回すことができたら、次はチームの他メンバーを巻き込んで、マネジャーと共にチーム目標を設定していくことができます。リーダーシップ（影響力）はリーダーという役割とは関係なく発揮することができるためです。

次のツボ045では、いよいよ目標設定のやり方です。

A あなた自身の個人目標から始めて、影響範囲を広げていく

図表044

目標の範囲拡大イメージ

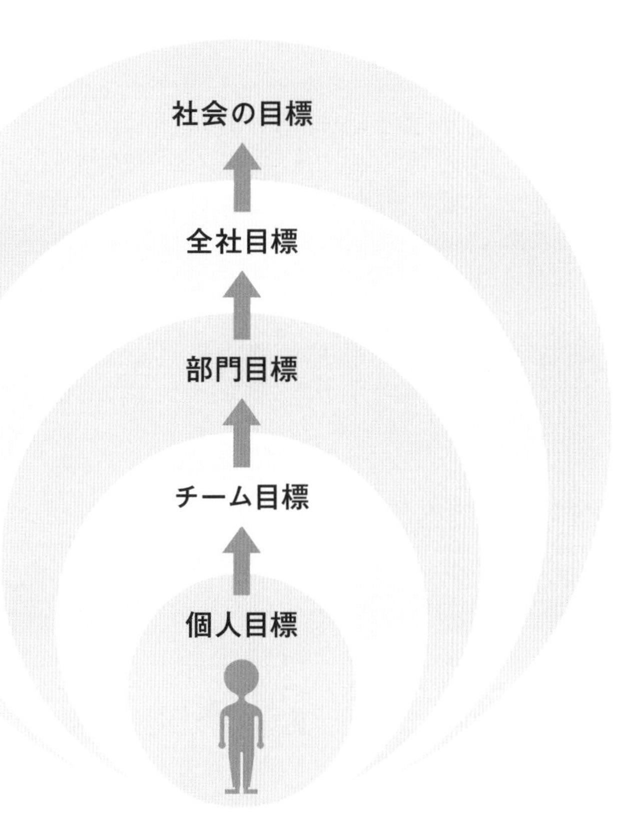

▶自分に「変えられること」に集中して、少しずつ、その影響範囲を広げていきましょう　HINT

100のツボ
045

Q どうやって目標を設定するのか?

添付の目標設定ワークシート「MOK4」を使って、あなた自身が、あなたの組織で実現したい個人目標（ツボ044参照）を設定しましょう。

◪ 4象限を明らかにする

個・組織×主観・客観、4つの象限に置かれた「問い」に答えることで、それぞれの状況を把握してみましょう。

答えられない、答えにくい象限は人によって異なりますが、そこにあなたの成長のヒントが隠されています。ぜひ該当Chapterを読んでみてください。

個×主観「夢」：すべての創造的な仕事は、個の主観的な想いから生まれています。自分の主観を自覚することから、目標設定は始まります（Chapter6.）。

個×客観「強み」：成果は強みの上に築かれます。あなたの強みを客観的に知ることで、目標の達成可能性を最大にしましょう（Chapter7.）。

組織×客観「業績」：組織において客観的な業績は存続の前提条件です。あなたの組織があげるべき業績と、それに対してあなたがなすべき貢献を捉え、目標に反映していきましょう（Chapter8.）。

組織×主観「使命」：組織の目的・使命に共感していること、つまり個の主観と組織の主観が重なっていることは、あなたがこの組織で働くエネルギーの源泉になります（Chapter9.）。

◪ 目標をMBO・OKR・KPIで設定する

4象限を記入することができたら、MBO・OKR・KPIを設定していきましょう。

MBO：あなたが、あなたの組織を通じて、社会に生み出す成果を、言葉にしてみましょう。それこそが目標（Objective）です（Chapter1.）。

OKR：目標（Objective）を測定する、主要な結果指標（Key Result）を設定します（Chapter2.）。

KPI：目標（Objective）を達成するために、鍵となる先行指標を設定します（Chapter3.）。

◪ 統合度を高める

個・組織×主観・客観の4象限を統合して、目標を設定するところに、この「MOK4」の特徴があります。そのため、MBO・OKR・KPIの頭文字と4象限の4から、MOK4と命名しました。

4象限がどれだけ明らかにできたか、そしてどのくらい目標に反映されているかを、それぞれ5段階で採点して「目標の統合度」を計算します（シート左下）。不完全であっても、統合を目指して作成した目標は、必ずあなたを前進させてくれるはずです。

次のツボ046では、最適な目標の数について考えます。

A 個・組織×主観・客観の4象限を明らかにして、MBO・OKR・KPIを設定する

図表045

目標設定ワークシート「MOK4」

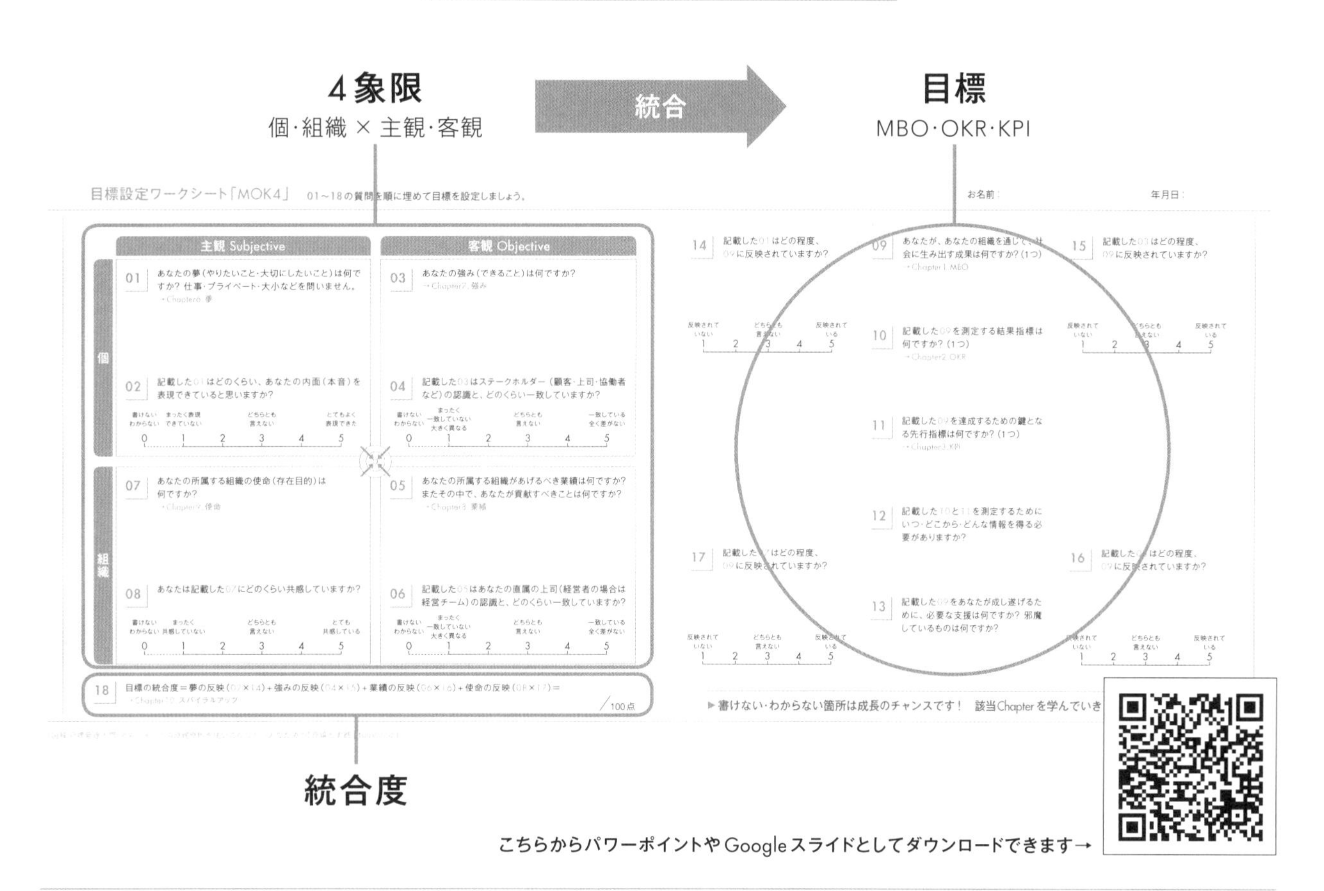

こちらからパワーポイントやGoogleスライドとしてダウンロードできます→

▶誰でも、必ず象限に偏りがあります。大切なのは矯正ではなく冷静な自覚です　HINT

100のツボ

046

Q 最適な目標の数は？

目標はいくつ設定すると良いのでしょうか？

最適な目標の数は1つ

目標を設定するのは「集中」するためでした（ツボ042）。そこからわかるとおり、目標の数は1つであることがもっとも効果的です（図表046左）。目標が複数になる場合でも、お互いが密接に関連しているときは、全体を1つとして括り、方向づけることで、集中することができます（図表046中央）。

複数設定する場合は優先順位をつける

どうしても複数の関連しない目標を立てなければならないときは、あまり良い状態とは言えません。その場合は優先順位をつけましょう（図表046右）。トロント大学のゲイリー・レイサム教授は著作『ワーク・モティベーション』でこう言っています。

> 二つ以上の目標があって優先順位がない場合には、目標間の対立が起こりうる。それが起こると、通常どちらの目標に対する業績にも悪い影響が及ぶ。これに対し、複数の目標であっても優先順位がついていたり、相互に関連していたりすれば、効率よく追求できる[※1]

関連のない複数の目標であっても、優先順位がついていれば、もっとも優先度の高いものから「集中」して取り組むことができます。

ただし、優先度の低いものは達成されない可能性があることは自覚しておきましょう。

兼務・複業における目標の考え方

現代では、兼務や複業などで複数の目標を立てる必要がある場合も多いことでしょう。

まず考えたいのは、1つの仕事をやりきって成果をコンスタントにあげられる状態でなければ、兼務や複業は、原則としてやるべきではないということです。1つに「集中」しなければ、力が分散して成果はあがらないからです。

次に、複数の目標を追いかけるのであれば、その重なりを見出して統合し、1つの目標として方向づけることを試みることです。兼務で部署が異なっても、複業で所属する組織が異なっても、なすべき目標が同じであれば、そこに「集中」してどちらも成果をあげることができます。

最後に、どうしても関連のない複数の目標を追いかけることになったら、優先順位をしっかりとつけて、まずは1番目から「集中」して取り組みましょう。2番目以降の目標には、十分に集中できないことを自覚することが大切です。

次のツボ047では、良い目標とは何かを考えます。

A 最適は「1」。関連のない複数の目標を立てるときは、必ず優先順位をつける

図表046

最適な目標数は1

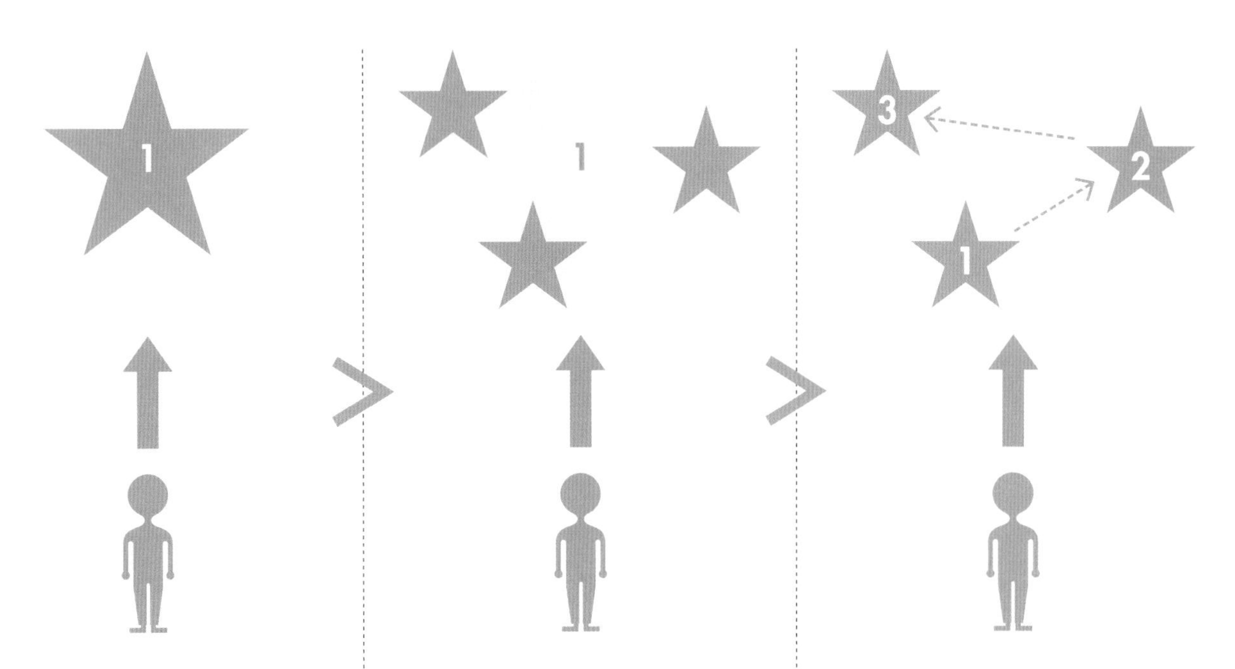

最適な目標数は1つ	相互関連を見出す	優先順位をつける
1つの目標を追いかけることが、もっとも「集中」できるため、効果が高い	複数の目標であっても、相互に関連し全体を1つの方向として捉えることができれば「集中」することができる	関連のない複数の目標も、優先順位がついていれば、もっとも高いものから「集中」して取り組むことができる

▶ マルチタスクとは、シングルタスクを切り替えているだけです　HINT

100のツボ
047

Q 良い目標の特徴は？

良い目標とは、どのような目標でしょうか。

1. 努力する価値がある目標

まず1つ目は「努力する価値がある」と思える目標です。困難であっても、やりがいがありそうだと思える、実現してみたいと思える、そんな魅力ある目標が、良い目標です。魅力を感じる目標には、あなたの主観が強く反映されているはずです（Chapter6.参照）。

2. うまくできると思える目標

2つ目は「うまくできる」と思える目標です。大変かもしれないが、一生懸命にやれば達成することが可能だと思える目標を設定しましょう。

上司や会社、もしくは家族などの期待に応えようとして、または無理やりに要望されて「到底、自分には実現できない」と感じる目標を立てても、それはプレッシャーという苦しみしか生みません。無理やり立てた目標は効果が薄いのです（ツボ043参照）。

逆に、一見無謀なほど高い目標であっても、あなたが「自分にできる」と思えるなら、追いかけるべき目標です。うまくできると思える目標には、あなたの客観的な「強み」が反映されているはずです（Chapter7.参照）。

3. 誰かに語りたくなる目標

3つ目は「誰かに語りたくなる」目標です。仲間にとっても面白いのではないかと感じられる、つい語ってしまうような目標が、良い目標です。

あなたが「組織を通じて」成果をあげるために、周囲の仲間にとって魅力的であり、思わず応援したくなるような目標を目指しましょう。

理解可能で影響の輪に集中していること

前提条件として、まず理解可能な目標であることです。組織の仲間からの応援や上司からの支援をもらうために、誰が読んでもわかる表現になるまで言葉を磨きましょう。

次に「変えられるもの」に集中していることです。例えば国の景気や天候、自分では関与できない顧客の状況、経営層や上司の動向などは、あなたの目標にしてはいけません。それはただの関心ごとです（関心の輪）。目標は、あなたの努力によって結果が左右される内容（影響の輪）に集中すべきです（Column01参照）。

次のツボ048では、これらの背景にある目標設定の理論を学びます。

A 努力する価値がある・うまくできると思える・誰かに語りたくなる目標

図表047

良い目標の特徴

1 努力する価値がある

困難でも努力する価値があると思える、実現してみたいと思える魅力がある

2 うまくできると思える

自分が努力すれば達成することが可能だと思える

3 誰かに語りたくなる

仲間にとっても面白いのではないかと感じられて、つい誰かに語りたくなる

前提条件

理解可能

誰が読んでもわかる、平易な表現になっている

変えられるものに集中

自分が影響を与えられるものに集中していること

▶目標は、誰かに押しつけられるものではなく、あなたが自由になるためのものです　HINT

Q 目標設定の理論的背景は？

目標設定において押さえておくべき理論は2つあります。「目標設定理論」と「社会的認知論」です。

目標設定理論

目標設定理論は、メリーランド大学のエドウィン・ロックらによって1960年代から研究されてきました。「目標設定理論はモチベーション研究分野の最も支配的な理論である」（ワシントン大学テンレス・ミッチェル）[※2]「目標設定理論は今日、本書で取り上げた仕事のモティベーションに関するどの理論またはアプローチよりも、科学的な妥当性を示している」（ビクトリア大学クレイグ・ピンダー）[※1]など研究者たちに強く支持される重要な理論です。その内容は大きく2つ。

1. 人はより具体的で、より困難な目標を設定するほど、モチベーションを高める
2. 人は達成した成果について明確なフィードバックがある時、よりモチベーションを高める[※2]

ただし、その前提として本人のコミットメントが得られている必要があります。つまり無理やり高い目標を持たせても、うまくいかないということです。

> 二十世紀の終わりまでに、少なくとも八つの国の100種類以上の仕事で、四万人以上を対象にした大規模な調査がおこなわれ、具体的で困難な目標の設定によって業績が向上することが明らかになった[※1]

という調査結果が残されており、この理論は目標設定を行う際の常識と考えて良いでしょう。

社会的認知論

社会的認知論は、アルバート・バンデューラらによって1960・70年代から研究されてきました。目標設定理論の発展形と言える理論です。

その特徴は「自己効力感（Self-efficacy）」にあります。自己効力感とは、自分がある状況において必要な行動をうまく遂行できると、自分の可能性を認知していること、つまり「うまくできる」と思えることです（ツボ047参照）。

> 自己効力感が高いほど、より高い目標を設定し、自己管理を徹底して努力を維持できる[※2]

自分は「うまくできる」と思えているほど、より高い目標にチャレンジし、そしてやり切ることができる、これは皆さんも実感があることではないでしょうか。

その自己効力感を高める要因は4つあります。

1. 達成経験：自ら行動し成果をあげた経験
2. 代理経験：他の人の行動・成果を観察することで、自分にもできるはずだと感じること
3. 社会的説得：「君ならできる」などのポジティブな言葉を、周囲からもらうこと
4. 生理的状態：精神的・生理的に安定していること

次のツボ049では、メンバー（部下）の目標設定を支援する方法について考えます。

A 目標設定理論と社会的認知論

図表048

目標設定の背景にある理論

目標設定理論	社会的認知論
エドウィン・ロックら1960年代	アルバート・バンデューラら1960・70年代
成果	成果
努力	努力
1 目標（具体的で困難な）	目標
2 フィードバック	自己効力感
コミットメント	1 達成経験
	2 代理経験
	3 社会的説得
	4 生理的状態
	より高い目標
	自己管理の徹底

（ゲイリー・レイサム『ワーク・モティベーション』および入山章栄『世界標準の経営理論』をもとに作成）

▶自信を持つためには「達成経験」を積むことです。まずは小さく積み上げましょう

100のツボ
049

Q メンバー（部下）の目標設定を支援するには？

あなたがマネジャーであれば、メンバーの目標設定とその達成を支援する必要があります（ツボ004参照）。このツボ049ではその支援を4ステップで説明します。

Step1.あなたの目標をわかちあう

メンバーの目標に入る前に、まずはあなた自身のMOK4シート（ツボ045参照）を真剣に書きましょう。そして、あなたのMOK4シートをメンバーにわかちあうところから、始めてください。自分自身が実践していない人の話は、心に響かないものです。

あなたの夢や強み、そしてあなたのチームが期待されている業績、そしてあなたが共感している組織の使命について、メンバーとわかちあいます。ここで重要なことは、正直であることです。表面で取り繕った言葉は、必ずどこかでメッキが剥げて信頼を失います。

なぜこの目標（Objective）、主要な結果指標（KR）、先行指標（KPI）になったのかをメンバーに説明しているうちに、メンバーとあなたの視界が揃っていきます。あなたにとっても、学びのある時間となるはずです。

Step2.メンバーの目標を書いてみる

次に、メンバーの立場にたってMOK4シートを書いてみましょう。おそらくすべては書けないと思います。

「強みはある程度わかっていたけれど、夢はまったく想像できなかった…」など、あなたが書けたところ、書けなかったところを振り返って、あなたがメンバーをどれほど理解しているかを自覚しましょう。

Step3.メンバーとの相互理解を深める

あなたが書いたメンバーのMOK4シートを、メンバーとわかちあいましょう。メンバーが自身のMOK4シートを書いていれば、2枚を照らして違いを味わってみましょう。おそらく、あなたの知らないメンバーの姿が浮き彫りになるはずです。なぜあの仕事に熱中していたのか、あのときやる気をなくしていたのはなぜか、これからどんなアサインをすべきか……、多くの示唆が得られると思います。そしてメンバー自身にも「自分が何を貢献するべきか」が見えてきます。

Step4.メンバーが目標を設定する

Step3.の相互理解を経て、メンバーは自分の目標を設定し、あなたが承認します。

目標が設定され、取り組みが始まってからは定期的に進捗を共有する場を持ち、このまま進めば達成できるかどうかフィードバックを行うとともに、あなたができる支援は何か、ともに考えていきましょう。

次のツボ050では、目標設定のコツをお伝えします。

A あなたの目標をわかちあい、メンバーの目標を書いてみることで、相互理解を深める

図表049

メンバーの目標設定の支援

Step1.	Step2.	Step3.	Step4.	Doing
あなたの目標をわかちあう	メンバーの目標を書いてみる	メンバーとの相互理解を深める	メンバーが目標を設定する	進捗を共有する
・まずはあなた自身のMOK4シートを書く ・あなたのMOK4シートをメンバーにわかちあう ・メンバーにもMOK4シートの記入をすすめる	・あなたがメンバーの立場にたってMOK4シートを書いてみる ・書けたところ、書けなかったところを振り返る ・自分がどれほどメンバーを理解できているか・いないかを自覚する	・あなたがStep2.で書いたメンバーのMOK4シートをメンバーとわかちあう ・メンバーが書いた自分のMOK4シートと照らして違いを味わう ・メンバーとの相互理解を深める	・Step3.の相互理解を経て、メンバーは自分の目標を設定する ・あなたはメンバーの設定した目標を、より効果的にするよう関わる ・あなたが目標を承認する	・定期的に進捗を共有する場を持つ ・このまま進めば達成できるどうか、フィードバックを行う ・あなたができる支援は何か、ともに考える

▶相手を変えるには、まず自分から。あなた自身が目標を立てるところから始めましょう

100のツボ
050

Q 目標設定のコツは？

Chapter5.では、目標設定について考えてきました。最後に目標設定を進めていくにあたってのコツをお伝えします。

◪ 自力と他力

多くの日本企業の管理職に目標管理を教えてきた五十嵐英憲さんと対談したときに、目標設定には「自力と他力」が必要だと教えてもらいました。自分の力で考えてやり抜く「自力」はとても大切だが、それだけではいずれ限界がくる、他者の支援「他力」を借りなければならない、と。

ここでいう他者とは世の中、社会、会社、組織などの大きな漠然とした対象ではなく、目の前の「あなた（二人称）」という具体的な人のことです。

◪ 自分の目標を一緒に考えてもらう

おすすめしたいのは、自分の目標を仲間に一緒に考えてもらうことです。

MOK4シートを自分の頭で考えて記載したのち、仲間の誰かに意見をもらいます。MOK4シートの内容を仲間に聞いてもらい、質問をされることで考えが整理されます。

他者の目を借りると、思いもよらない発見があり、一人で書いている時とは違う気づきがあります。また「言ったからには頑張ろう」と思えます。

誰しも自分のことはフラットに見ることができません。自分の思考の枠組みを外すために、他者の力を借りるのです。

そして、実際に目標に向けて行動したあとで、一緒に振り返りましょう。実施した内容を話すことでストーリーが整理されて内省が進みます。自分だけでは気がつけなかったこと、できた点、反省点がわかり、一人で振り返るより多くの学びを得られます。また、自分の頑張りを知ってもらえる、見てもらえる相手がいることは、想像以上に安心感があるものです。

◪ 一人称と二人称は入れ替え可能

メンバーの目標設定の支援をすることはマネジャーの役割ですが（ツボ049参照）、マネジャー以外の人にとっても、仲間の目標設定を助けることには、大きな価値があります。

自分の目標を設定するときのヒントになります。そして仲間の理解が進み、協働の可能性が広がります。なによりも、誰かの人生に触れ、その活躍や成長を心から願って力になろうとすること、すなわち「他者貢献」という人間の根本的な喜びを得ることができます。

一人称と二人称は入れ替え可能です。他者の力を借り、他者の力となって、お互いに支援し合える関係性を築いていきましょう。

A 他者の力を借りる、他者の力になる

図表050

目標設定を支援するメリット

	わたし（一人称）	あなた（二人称）
目標設定	・目標を聞いてもらい、質問されることで考えが整理される ・自分の枠を超えた、思いもよらない気づきを得る ・背中を押される、言ったからには頑張ろうと思える	・自分自身の目標を見出すヒントになる ・仲間の理解が進み、協働の可能性が広がる ・仲間の役に立つという喜びを得る（他者貢献）
振り返り	・話すことで自分のストーリーが整理され、内省が進む ・自分だけでは気づけない、できた点、改善点がわかる ・自分の頑張りを知ってもらえる安心感を得る	・仲間の頑張りを知ることで、自分も頑張ろうと思える ・代理経験によって、自分もできると感じる（自己効力感） ・仲間を応援する喜びを得る

入れ替え可能

▶「人は、他者が自身の成長に取り組んでいる姿に共感し、力になりたいもの」（潮崎通康）

まとめ

Chapter5. のまとめとしてツボ041～050のQ&Aを一覧としています（右表）。

また、マネジャー（管理職）、メンバー（すべての働く人）、経営者、人事担当者それぞれに向けてこの「目標設定」でお伝えしたいメッセージを記載しています。

マネジャー（管理職）のあなたへ

マネジャーのあなたに知ってほしいのは、目標の範囲の広げ方です（ツボ044）。まず自分自身の個人目標を立てて、やり切ること。それができないマネジャーには、誰もついて行きたいと思わないでしょう。誰かを変えたかったら、まず自分から。その後に、メンバーの目標設定の支援について考えていきましょう（ツボ049）。

メンバーのあなた（すべての働く人）へ

メンバーのあなたに考えてほしいのは、そもそもなぜ目標を立てるのか、ということです。上司に言われたから、会社の仕組みだから……最初はそれでも大丈夫です。しかし本当の目標とは、あなたが、あなた自身のために立てるものです。企業の平均寿命は24年。あなたが働く時間よりも短いのです。他者の力（他力）を借りながら、自分の意志（自力）で取り組んでいきましょう（ツボ050）。

経営者のあなたへ

経営者のあなたにとって、自分自身の目標を立てることはごく普通のことかもしれません。おすすめしたいのは、直属の幹部（マネジャー）数名のMOK4シートを、その幹部の立場にたって書いてみることです（ツボ049）。自分がその人の一側面しか知らなかったことに驚くと思います。そして、そのシートを間に置いて、対話の時間をもってください。これまでとは違った熱量で共通の目標を追いかける、きっかけになるはずです。

人事担当者のあなたへ

人事担当者のあなたにおすすめしたいのは、人事制度や目標管理のルールやツールを考える前に、まずあなた自身の目標を設定することです。あなたも企業で働くメンバーの1人なのですから。ご自身の目標と向き合う中で、他のメンバーがどんな支援を必要としてるのか実感するはずです。その実感（主観）をもって策定したルールやツールには血が通い、必ずうまく機能することでしょう。

次のChapter6. では個人の主観「夢」について考えます。

100のツボ	Q	A
041	目標とは何か?	目的を達成するために設けた「目じるし」
042	なぜ目標を設定するのか?	「集中」「協働」「フィードバック」が得られる、そして最終的に夢を叶えることができるから
043	必ず目標を設定しなければならないのか?	無理に設定する必要はない。強要は逆効果
044	どの範囲の目標を設定するべきか?	あなた自身の個人目標から始めて、影響範囲を広げていく
045	どうやって目標を設定するのか?	個・組織×主観・客観の4象限を明らかにして、MBO・OKR・KPIを設定する
046	最適な目標の数は?	最適は「1」。関連のない複数の目標を立てるときは、必ず優先順位をつける
047	良い目標の特徴は?	努力する価値がある・うまくできると思える・誰かに語りたくなる目標
048	目標設定の理論的背景は?	目標設定理論と社会的認知論
049	メンバー(部下)の目標設定を支援するには?	あなたの目標をわかちあい、メンバーの目標を書いてみることで、相互理解を深める
050	目標設定のコツは?	他者の力を借りる、他者の力になる

「誰かを幸せにする未来」を描くと目標が見出せる

対談

Conversation

神田昌典氏

アルマ·クリエイション株式会社 代表取締役

『非常識な成功法則』をはじめとするベストセラー作家で経営コンサルタントの神田昌典氏と「どうすればわくわくする目標を置けるのか?」を語りあいました。

◪「書けば叶う」のに、どうしてしない?

坪谷邦生(以下、坪谷):神田さんの『非常識な成功法則』を20年前に拝読しまして。「書けば叶う」というひと言に、すごくショックを受けました。「本当かなぁ?」と思いながら、「40歳で自分の本を出す」と書いたら、本当に叶ってしまったんです。たぶん日本中にそういう方がたくさんいらっしゃって、私もそのうちの1人だと思っています。

神田昌典氏(以下、神田):ありがとうございます。本当におかげさまでなんですけど……。褒めていただきまして、豚も木に登ります。

坪谷:そんな(笑)。

神田:あの本は若気の至りというか、僕は書ける立場ではなかったんですが、がんばって書いちゃえと。(本のタイトルは『非常識な成功法則』ですが)正直なところ、僕は常識的な人間だと思っているんです。先日、ユーグレナの出雲社長とインタビューさせていただいたときも、そんな話をしました。そうしたら、出雲さんから「あの本のおかげで今のユーグレナも立ち上がった」と褒めていただいて。坪谷さんにもそんなふうに言っていただいて、うれしい限りです。

坪谷:今、いろいろな企業の方々とお話をしていると、目標管理シートというものがあって、「やりたいことは何か」を聞かれるので書か「ねばならない」。就活生も学生時代に力を入れたこと(ガクチカ)を言わ「ねばならない」という、"Willの Must化"が起こっていると感じています。
自分がやりたいことの旗を掲げて全力で進むという、おもしろいことを多くの人は味わえてない。それで『非常識な成功法則』を思い出したんです。みんな、こんなシンプルなことをなんでしないんだろうと。神田さんは今の「働いてる人」をどうご覧になっているかを伺ってみたいです。

神田:坪谷さんがおっしゃったとおり、みんなが目標を持って夢中になれるような体験を欲していながらも、残念ながら会社では、そこにたどり着く方法が提示されないまま管理に行ってしまっていると思います。間(あいだ)が抜けているところが大きな問題かなと思いますね。小学校では自分のやりたいことが本当に素直にできるんですよね。だけど、中学生くらいになると大人の意向を忖度し始め、会社に入ると自分を殺してしまう状況が続いているのではないかと思います。

自分からは内発的な動機が見えない

神田：結局、一番の悩みは、自分からは内発的な動機が見えないことなんです。鏡がなければ自分のあざに気づかないように、心の要素はなかなか見ることができない。「誰かを幸せにする」という未来を描くことで、自分の内発的な動機が見える化されます。それを現実の行動、認識を変化させる行動で変えていくんですね。そうすると、すべてのプロジェクトは内発的な動機にもとづいて、本来持っていた自分の才能を使って、他者貢献ができるようになります。

坪谷：あぁ「誰かを幸せにする!」。その言葉で今いくつかの思考がつながりました。

私は目標管理（Management by Objectives and Self-control）のObjectivesをずっと「目標」だと思っていましたが、ドラッカー学会の佐藤共同代表理事は「Objectiveとは客観、客観的に方向づけることによって、主観であるSubjectiveが生きるのが元来のMBO」とおっしゃっていたんです。一度客観視することで、主体（内発的動機）が生きてくる構図だなと。

神田：そうですね。ただビジネスの世界だと、すでに既存のパラダイムの中で選択された"客体"になっちゃうんですよ。

坪谷：あぁ〜、そうですよね。

神田：だから、ペルソナ分析とかN1分析をしてしまう。お客さまではなくてデータで捕捉されている部分の振る舞いしか見ないんですよね。

ビジネス界には、実はそういった限界があるんです。本来は仕事とは関係のない生活者としての主体まで飛躍できると、壁のない世界に行けるんですよ。だけど、ビジネスの議論の中では、どうしてもそこを乗り越えられない。

坪谷：自分の感情を入れないという考え方の根底には、「いかに主観を取り除いて客観にするか」という中で科学が発達してきたことがある気がします。

神田：おそらくそうですね。観察者である我々が影響を与えるということですから。そこはまだビジネス界では踏み込んでいない領域で、U理論など、理論化しようとしている人は確かにいます。

2022年8月25日

Profile

神田昌典／かんだ まさのり　経営コンサルタント・作家・日本を代表する国際的マーケッター。1998年に作家デビュー。分かりやすい切り口、語りかける文体で、従来のビジネス書の読者層を拡大し、実用書ブームを切り開いた。『GQ JAPAN』（2007年11月号）では、"日本のトップマーケター"に選出。ビジネス分野のみならず、NPO法人学修デザイナー協会理事を務めるなど、教育界でも精力的な活動を行っている。

以上、logmiBiz『図解 目標管理入門』対談「「偉業を達成する人」が持っている、才能よりも大事な力『非常識な成功法則』に学ぶ、夢を叶えるシンプルな方法」より一部抜粋して掲載 <https://logmi.jp/business/articles/327433>

全文はこちらです ▶▶

Column 05
SMARTの功罪

目標を立てるときに「SMARTを意識しよう」と教わった方も多いのではないでしょうか。5つの英単語の頭文字で、この要素に従って考えれば良い目標が作れるというフレームワークです。Specific(具体的)、Measurable(測定可能)、Achievable(達成可能)、Related(関連)、Time-bound(時間制約)。つまり良い目標とは、具体的で、測定可能で、達成可能で、組織の目的との関連が示され、いつまでに行うかが明確であるべきだ、と教えてくれます。とてもわかりやすく便利に思えます。

しかし、実はこの「SMART」こそが、目標管理の本質を歪めてしまった要因の1つだと、私は多くの企業を支援する中で感じているのです。

SMARTに決められた目標は「管理」が容易になります。SMART(スマート)という名前の覚えやすさからも広く活用されており、これを目標管理シートに明記している会社も多いようです。ここで示されている要素自体には問題ありません。目標設定理論(ツボ048)に基づいていますし、抜け漏れを防ぐチェックリストとして有効だと私も思います。

問題は、その「わかりやすさ」にあります。目標を考えるスタート地点でSMARTを意識してしまうと、思考が表層で止まってしまうのです。本当に自分がやりたいことか(個の主観)、自分の強みが生きているか(個の客観)、事業の業績のどこに貢献しているのか(組織の客観)、組織の使命を叶えるものか(組織の主観)、という目標に必要な本質的な観点を深めることなく、突然「具体的か」「測定可能か」という問いが立ってしまうのです。その結果、たしかにSMARTにはなっているが、中身は何もないスカスカの抜け殻のような、管理だけはしやすいゾンビ目標が量産されていくのです。そんなシーンを私は何度も見てきました。

当書の目標設定シート「MOK4」は、その流れをどうにか変えたいと願って作成したものです。

Chapter. 6

夢

個の主観

100のツボ
051

Q なぜ夢(個の主観)が必要なのか?

Chapter6.からChapter9.では、「個」と「組織」、そして「主観」と「客観」の4象限を扱います。まずこのChapter6.では個の主観について見ていきましょう。

■主観は聞かなければわからない領域

主観(Subjective)とは、客観(Objective)とは対をなす概念です。客観は測ることができるもの、誰が見ても同じもの、つまり外から見てわかるものです。科学全般では客観的なアプローチが重視されます。

一方で主観は外から見てもわからないものです。個の主観は、その人自身に聞いてみなければわからない領域と言えます。また、たとえ聞いてみたとしてもその人自身でもわからないこと、見失ってしまうこと、日々の状況によって変わることがあるため、画一的に扱えない領域でもあります。心理学や現象学では主観的なアプローチが重視されます。

■夢・意志・価値観

個の主観、つまりあなたが感じていることのうち、目標に反映させるのは「夢」「意志」「価値観」です。

夢とは、将来実現させたい、叶えたいと思っている事柄です。2018年に行われた調査「日本ドリーム白書」によれば、日本人で夢を持っている人は約半数の51.9%、そして内容の1位は「健康な生活」でした(詳細はツボ058参照)。※1

意志とは、あることをやりたい、またはやりたくないという積極的な意向のことです。似た言葉に「意思」があります。「意思」はぼんやりと思いを巡らせている状態ですが「意志」はより明確な対象への方向性を伴って行動に移そうとしている状態を指します。例えば医療における「臓器提供」は、意思ではなく意志です。

価値観とは、あなたが大切にしたいことです。将来や行動の方向性を伴わない現時点での「あり方」のことです。例えば、多くの人と働きたいのか一人で働きたいのか、ずっと同じ仕事がしたいのか変化し続けたいのか、などです。

■すべては主観から始まる

4象限のうち「個の主観」はもっとも重要な領域です。どんなにあなたの強みが客観的に発揮され、組織の業績があがり、組織が世の中への使命を果たしていたとしても、あなたが何も感じていなければ、何もなされなかったのと同じことです。

すべては個の主観から始まります。

では、絶対に夢や意志を持たねばならないのでしょうか? 次のツボ052で考えていきましょう。

図表051

個の主観

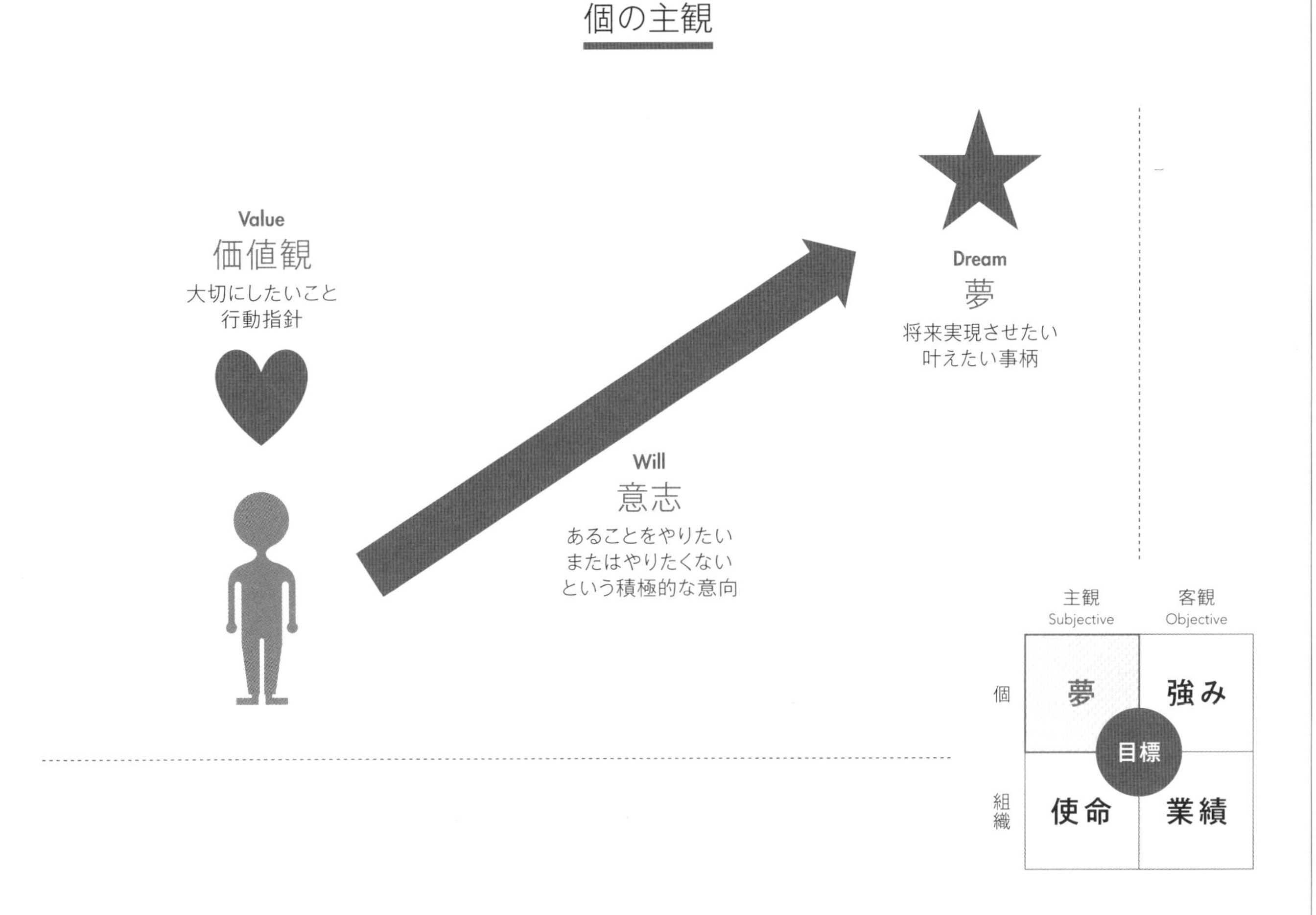

▶目標はあなたのもの。自分の人生のハンドルをしっかり握りましょう HINT

100のツボ
052

Q 絶対に夢を持たなければならないのか?

このツボ052では、目標に反映させる個の主観（夢・意志・価値観）を、絶対にもたなければならないのか、を考えます。

■日本人は夢を持ちにくい

「日本ドリーム白書」によれば、日本では夢を持っている人は半数です。残りの半数は夢を持っていません。※1

日本財団が行った「18歳意識調査」という6カ国の18歳1,000人ずつを対象に行った調査によれば、「将来の夢を持っている」と答えた数は上位から順にインド（93.3%）、中国（84.7%）、アメリカ（82.1%）、韓国（81.5%）、イギリス（78.3%）、日本（59.6%）でした。※2

その良し悪しや解釈は置いておくとして、どうやら日本人は夢を持ちにくい性質のようです。

■無理に持たなくてよい

持ちにくい夢や意志を聞かれることで、苦しくなる人は少なくありません。就職活動で「やりたいこと」を問われ続け、無理やり捻り出すことに疲れたという方も多いことでしょう。

元来、夢や意志というものは、「ワクワク」するもの、湧き上がってくるものです。無理やり「もたねばならない」と苦しむものではありません。

夢とは自分のためのものです。誰かに強要されて「ねばならない」と感じているのであれば、すぐに考えることをやめましょう。いまはそのタイミングではないのです。「ねばならない」と考えた時点でそれはWill（意志）ではなく、Mustです。Must化を続けていると、湧いてくるはずのWillも出てこなくなります。

■上昇の幸せ・充足の幸せ・中庸

哲学者の青山拓央は、幸せになる方法には「上昇の幸せ」と「充足の幸せ」の2つがあると言います。※3

目標や夢というのは「上昇の幸せ」に属するものです。それは人や社会が向上し成長するために必要なものですが、それだけを求めていくと疲弊してしまいます。一方で「充足の幸せ」は、いまここにあるものの価値を確認して味わうことで、満ち足りた気持ちになることです。しかし充足だけでは自分や社会を良くする原動力は失われてしまいます。

必要なのはその2つのバランスをとる力です。これを古代の哲学者アリストテレスは中庸と呼びました。もしあなたが「夢をもたねばならない」ことに苦しんでいるのであれば、今は上昇ではなく充足の幸せを求めるタイミングだというサインなのではないでしょうか。

次のツボ053では、夢の解像度をあげる方法を見ていきましょう。

A 無理に持たなくていい。タイミングはあなたが決める

図表052

上昇の幸せと充足の幸せ

上昇の幸せ

- いま、ここにあるものに満足せず何かの理想を達成する、課題を解決する
- 世界のあり方を変える方法
- 上昇だけでは、何かに追われ続けて疲弊してしまう

充足の幸せ

- いま、ここにあるものの価値を確認し味わうことで満ち足りた気持ちになる
- 世界の見方を変える方法
- 充足だけでは、社会を良くする原動力が失われてしまう

中庸

- 2つのちょうど良いバランスをとる
- 一人ひとり、そしてタイミングによって最適なバランスは異なるため理屈ではなく習慣で解決するしかない
- 日々の成功と失敗の中で実践的に習慣を洗練させていく

（青山拓央『幸福はなぜ哲学の問題になるのか』をもとに作成）

▶今の自分に必要なのは「上昇」か「充足」か、判断できるのはあなただけです

HINT

100のツボ
053

Q 夢の解像度をあげるには？

自分の「夢」を問われて、明確に答えられる日本人は半数※1です。このツボ053から057では、あなたの夢の解像度をあげる4つの視点を紹介します。

■1.「過去」を振り返る

あなたがこれまでどうやって人生を歩いてきたか、その道のりを振り返ります。

何があったときに、気持ちは上を向いたのか、何があったときに、気持ちは沈んだのか。様々な選択肢のありえた人生の中で、なぜあなたはこの道を選んで、今いる場所に辿り着いたのか。

過去の道のりを味わっていく中で、これから先の自分の進む道が少しずつ見えてきます（詳細はツボ054）。

■2.「現在」のやりたいことを探る

現在の自分を観察して「やりたいこと」を探る方法を紹介します。

まず、あなたが実際に「やっていること」を2週間分のスケジュールから洗い出して、何にどれくらい時間を費やしているかを把握します。次に、あなたがどうしても「やりたくないこと」が何なのかを明らかにします。最後に、あなた自身にも意識できていなかった「やりたいこと」が何なのかを探ります（詳細はツボ055）。

■3.「未来」を耕す

現在はまだ芽を出していない、もしくはまだ種もまかれていない、あなたの興味関心を育てます。心の土壌を耕すイメージです。

多くのアーティストに影響を与えたジュリア・キャメロンの『いくつになっても、「ずっとやりたかったこと」をやりなさい。』から、創造性を開発するプログラムを紹介します（詳細はツボ056）。

■4.「他者」とのわかちあい

自分一人で自分の夢を考えることには限界があります。他者（二人称）に照らすことで、自分ではたどり着けない枠外の気づきをえられます（詳細はツボ057）。

1.過去や2.現在で自分が振り返り、考えたことを、お互いに伝え、その感想を交換します。相手が「やりたい」「大切にしている」ことは何かを考えて、自分なりに言葉にしてフィードバックしましょう。

人間の脳には他者の経験に感情移入することで、その経験を自分のものと錯覚する作用があります（ミラーニューロン）。他者と経験をわかちあうことで、自己効力感が増幅されていくのです（代理経験）。

それでは次のツボ054では、まず「過去」から見て行きましょう。

A 過去・現在・未来・他者の4つの視点で考える

図表053

夢の解像度をあげる４つの視点

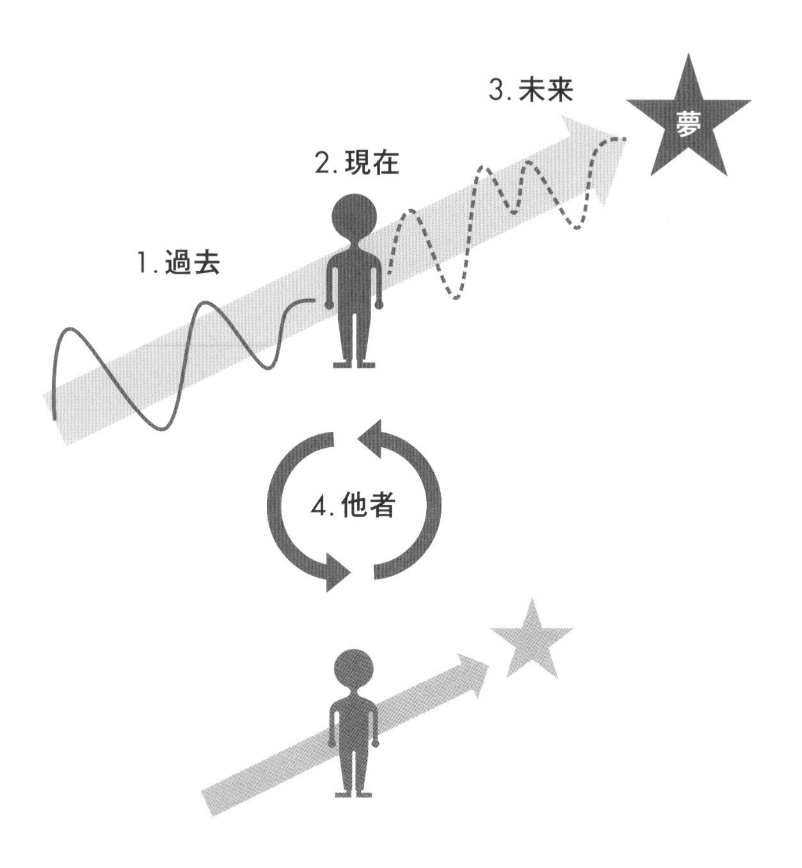

▶日常を離れて「内省」する習慣をもちましょう　HINT

100のツボ
054

Q 過去から自分の夢を探るには?

キャリアとは過去の自分の道のり

夢を描けないとき、まずは「過去」を振り返ってみましょう。あなたがこれまで歩いてきた道のりに、夢のヒントが隠されています。

「キャリア」の語源は馬車の「轍(わだち)」、車輪の跡のことです。長い旅の途中で、ふと後ろを振り返ったときに、続いている長い跡、それがキャリアです。その跡を辿り、特徴を掴むことで、この道はこの先どこへ続いているのか、一体自分はどこへ辿り着きたいのかが少しずつ見えてくるはずです。

自分史グラフ

手法として「自分史グラフ」を紹介します(**図表054**)。就職活動などでもよく使用されるツールでモチベーショングラフとも呼ばれています。

縦軸に感情の浮き沈み、横軸に時間をとり、生まれてから今までを曲線で表します。特に着目すべきは以下の4点です。

①**山のピーク**:人生において、あなたが嬉しい、楽しい、幸せだ、と感じていたのはどんなときでしょうか。印象的な出来事を書いていきましょう。山の中でも特に高い山はどれでしょうか。

②**谷のピーク**:人生において、あなたが悲しい、苦しい、不幸だ、と感じていたのはどんなときでしょうか。印象的な出来事を書いていきましょう。谷の中でも特に深い谷はどれでしょうか。

③**上昇中**:谷から山に状態が良くなっていくとき、あなたは何をしていたのでしょうか? そのときの行動にあなたの選択と努力があるはずです。そのときにあった環境変化は何でしょうか? そのときに助けてくれた人、一緒にいてくれた人は誰でしょうか?

④**下降中**:山から谷に状態が悪くなっていくとき、いったい何があったのでしょうか? あなたはどんな環境変化に弱いのでしょうか。あなたのどんな選択や、選択しなかったことが悪い事態を招いたのでしょうか?

何があったときに気持ちは上を向いたのか、何があったときに気持ちは沈んだのか。様々な選択肢のありえた人生の中で、なぜあなたはこの道を選んで、今いる場所に辿り着いたのか。じっくりと味わいながら作成しましょう。

また、この自分史を友人や仕事仲間と語りあうことをおすすめします。自分一人で気がつけなかった発見が、必ずあります(ツボ057参照)。

「過去」から夢の解像度をあげる方法を紹介しました。次のツボ055では「現在」に着目します。

A 過去の出来事を振り返り、感情のピークとそこに至るパターンを知る

図表054

自分史グラフの例

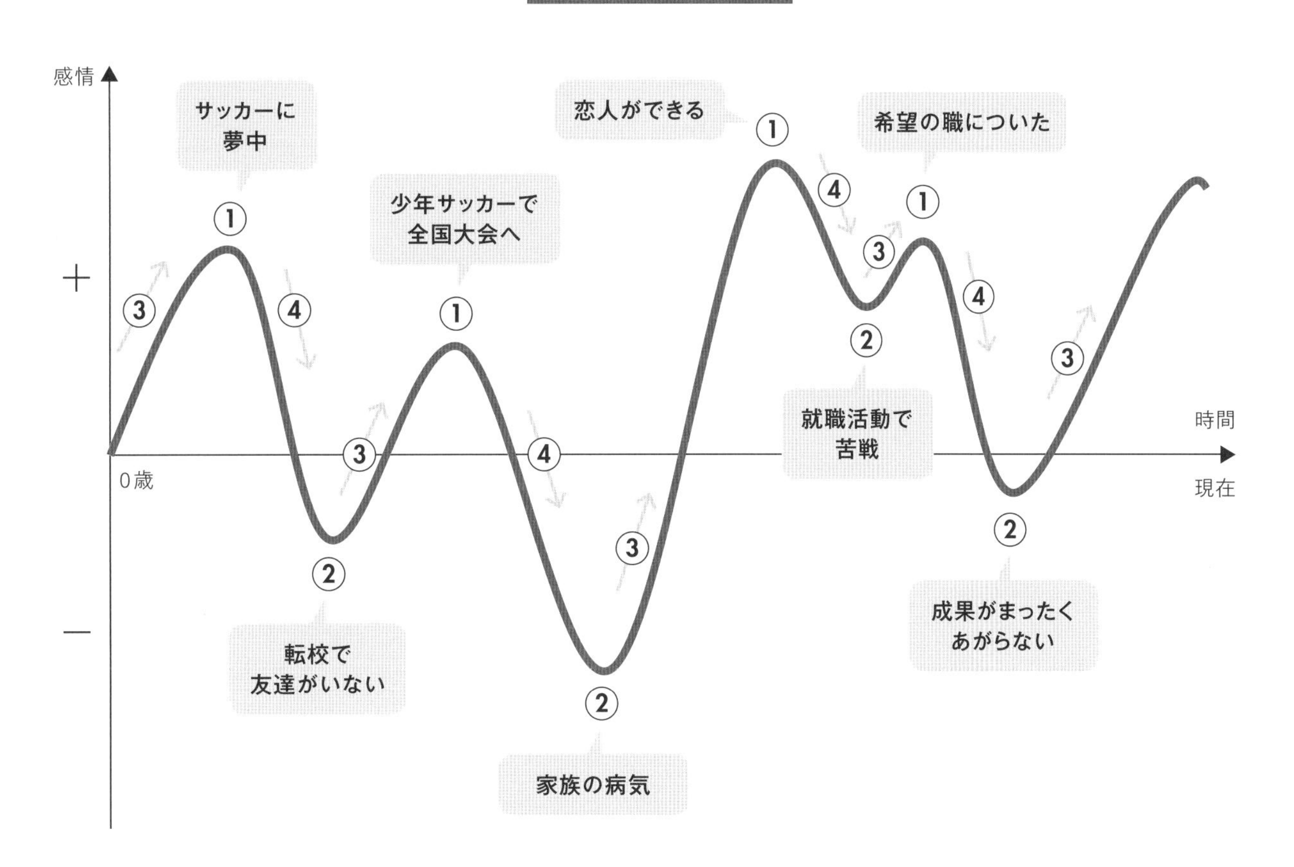

▶自分史グラフを定期的に更新すると、過去の「解釈」が進化していきます　HINT

100のツボ 055

Q 現在の自分のやりたいことを探るには？

夢を描こうとしても、そもそも何が「やりたいこと」なのか自分の「意志」がわからなくなるときがあります。「現在」の自分を観察して「やりたいこと」を探る方法を紹介します。

■ Step1.「やっていること」を洗い出す

まず、今のあなたが「やっていること」を把握しましょう。スケジュール管理をしている人は、直近2週間のスケジュールから、やっていることを抜き出して、何に何時間費やしているかを書き出してみてください。仕事だけではなく、プライベートのこともすべてです。

スケジュール管理をしていなくて何をしているかわからない人は、今日から2週間、自分が何をしているのかメモするようにしてください。

「やっていること」のリストができたら、それを「やりたいこと」「やりたくないこと」「どちらでもないこと」に分類してみましょう。

自分が何に時間を費やしているか、意外な結果がわかったのではないでしょうか。あなたは2週間のうち、どれくらいの時間を「やりたいこと」に当てられていますか？　そしてどれくらい「やりたくないこと」に時間を奪われていますか？

過ごした時間の総和が、すなわち人生です。見えてきたリストをじっくり眺めて、人生の時間配分はこれで良いか検討してみましょう。

■ Step2.「やりたくないこと」を洗い出す

次に、あなたが「やりたくないこと」を洗い出します。やりたくないことを明確にすることで、やりたいことを浮かび上がらせるためです。Step1.のリストを見ながら、A3用紙一枚に、あなたが「やりたくないこと」を書き出していきます。考えすぎずに手を動かして、今の人生ですぐに辞めたいことを、自分勝手に、可能か不可能かは別にして、たくさん書いてください。

洗い出した紙を眺めて、その中でどうしても「やりたくないこと」に印をつけてください。おそらくすぐに手放せないものも多いと思いますが、それをやらないためにはどうすれば良いか考えてみましょう。そこに「やりたいこと」のヒントがあります。

■ Step3.「やりたいこと」を洗い出す

最後に、あなたが「やりたいこと」を洗い出します。Step1.と2の結果を見ながら、A3用紙一枚に、あなたが「やりたいこと」を書き出してください。考えすぎずに手を動かして、可能か不可能かは関係なく、馬鹿げたことでも、できるだけたくさん書いてください。時間、資金、知識、能力、人脈、などは無制限にあると想定してください。

洗い出した紙を眺めて、どうしても「やりたい」と感じた「心がうずく」ものに印をつけましょう。

次のツボ056は「未来」に着目します。

A やっていること・やりたくないこと・やりたいことの順番に洗い出す

図表055

やりたいことの探り方

Step1.
やっていること

スケジュールから、2週間分の「やっていること」を洗い出す

やりたいこと・やりたくないこと・どちらでもないことに分類してリスト化

やりたいこと
- 新規の提案書の作成（10時間）
- 少年サッカーの監督（8時間）etc.

やりたくないこと
- 定例会議（18時間）
- 電車通勤（15時間）etc.

どちらでもないこと
- 睡眠（112時間）etc.

Step2.
やりたくないこと

A3用紙一枚に「やりたくないこと」を書き出す。考えすぎずに、自分勝手に

満員電車での通勤
接待
つきあい残業
不要な書類作成
無駄な会議
嫌な上司との1on1

じっくり眺めて、どうしても「やりたくない」ものに印をつける

仲間の大切な時間を無駄にしていることがどうしても嫌！

Step3.
やりたいこと

A3用紙一枚に「やりたいこと」を書き出す。考えすぎずに、馬鹿げたことでも

斬新な企画を立てる
大学院で学び直し
仲間とアイデアを出し合う
フルリモートで生産的な仕事
プロセスの全体最適

じっくり眺めて、「やりたい」と心がうずくものに印をつける

新企画を優秀な仲間達とアイデアを出し合って考えたい！

▶洗い出すときは、綺麗に書こうとせず「汚く書き殴る」ことがコツです　HINT

100のツボ
056

Q 未来へ向かう創造性を育むには？

夢が思いつかない、というのはあなたの創造性が弱っている状態です。数多くのアーティストを育ててきたジュリア・キャメロンの著作『いくつになっても、「ずっとやりたかったこと」をやりなさい。』から、あなたが未来に向かうための「創造性」を育む習慣を2つ紹介します※4。

■モーニング・ページ

モーニング・ページは、あなたの内側にある考えや思いを表出させる習慣です。目の前の仕事、たくさんの雑事、複雑な人間関係の中で、自分が何を想っているのかが見えない、整理がつかない時期におすすめです。私自身もモヤモヤして思考がまとまらないとき、新しい環境の中で何を考えたらいいかわからないときによく行っています。

やり方は簡単です。毎日、朝一番にノートに3ページ、思いついたことを書き出す、それだけです。毎日続けていると、少しずつ霧が晴れるように思考がクリアになっていくことを実感できると思います。

注意点が3つあります。

1つめは、パソコンやタブレットではなく紙のノートを使うこと。理由は思考スピードを落とすためです。

2つめは、ノートはA4サイズの大きなものを使うこと。A4サイズ3ページはかなりの分量がありますが、その量の多さに意味があります。論理的な思考を停止して、頭の中にあるものを吐き出すつもりで書きましょう。書くことが思い浮かばなければ「書くことがない」と書き続けても大丈夫です。必ず何か浮かんできます。

3つめは一番大切なことですが、誰にも見せないこと。誰かに見せることを前提にすると、自由な思考が阻害されてしまいます。

■アーティスト・デート

アーティスト・デートは、あなたのやりたいことを優先し、まだ知らない可能性を発見するための習慣です。

やり方は簡単です。週に1回、2時間程度、これまでやったことがないことをする、もしくは行ったことがない場所に行く、それだけです。

まず、やりたいことを12個リストアップして、12週間分のスケジュールに入れてしまいましょう。

注意点は、必ず一人で行くこと。これは、あなたの中のアーティストとのデート。他の誰かと一緒にいたのでは、その人に気持ちが向いてしまい、あなたの中のアーティストは機嫌を損ねてしまうでしょう。また、大切なデートですから、スケジュールを仕事などの他の予定より優先させてください。これは「やりたいこと（個の主観）」を何よりも大切にするための練習でもあるのです。

次のツボ057は他者に着目します。

A 自分の内なる声を聞き、優先する習慣を身につける

図表056

創造性を育む習慣

モーニング・ページ

あなたの内にある声を表出させる習慣。毎日、朝一番にノートに3ページ、思いついたことを書き出す。

注意点
1. パソコンではなく紙のノートを使う
2. A4サイズの大きなノートを使う
3. 誰にも見せない

アーティスト・デート

あなたのやりたいことを優先し、まだ知らない可能性を発見する習慣。週に1回2時間程度、これまでやったことがないことをする。12週間分やりたいことをリストアップして、スケジュールに入れる。

リストの例
- 行きたかったカフェに行ってみる
- 一人で映画館に行ってみる
- 降りたことのない駅で降りてみる
- 知らないバーに入ってみる
- 楽器の体験レッスンをうけてみる　など

（ジュリア・キャメロン『いくつになっても、「ずっとやりたかったこと」をやりなさい。』をもとに作成）

▶ あなたの中のアーティストの天敵は、あなたの中の完璧主義者です

100のツボ

057

Q 自分では気づけない自分を知るには？

自分の頭の中だけで、自分の主観（夢・意志・価値観）を捉えるには限界があります。ここでは、他者の力を借りて、自分の主観を知る方法を紹介します。

■「語る」効果

自分の夢を誰かに語ることは、それだけで自分の夢をより明確にしてくれます。相手からの感想や質問などのフィードバックがあれば、何が伝わり、何が伝わらないのかがわかります。

また、フィードバックはなく、ただ受け止めてもらえるだけでも、なんの反応も得られなくても、力を得られることがあります。これは他者に伝えようと言葉にしている時点で、その自分の言葉から気づきを得ているのです。この「自分が発した言葉を自分で聞くことで、自分の考えや感じていたことに気づくこと」をオートクライン効果と呼びます。

ツボ054と055で紹介した過去・現在の「やりたいこと」を探るプロセスを誰かとともに行うことは、とても効果的です。一人で実施するより何倍も速く、夢ややりたいことがクリアになっていくことでしょう。

■「聴く」効果

また、自分の夢を聴いてもらうだけでなく、相手の夢を聴きましょう。相手が「やりたい」「大切にしている」ことはどこかを考えて、自分なりに言葉にしてフィードバックします。

これは相手に前節で説明した効果を与えるだけではなく、実はあなたにも良い効果をもたらします。

人間の脳には他者に感情移入することで、その経験を自分のものと錯覚する作用があります（ミラーニューロン）。他者の夢を受け止め、経験をわかちあうことは代理経験となり、あなたの自己効力感が増幅されていきます（代理経験と自己効力感についてはツボ048参照）。つまり「自分にもできる」「自分もやってみよう」と感じるのです。

■相互主観を育む

「相互主観」とは現象学者フッサールの言葉で、他の誰かとつくりあげる「わたしたちの主観」のことです。お互いの主観を語り聴きあう間で、相互主観は育まれていきます。そしてこの相互主観から、組織の文化やイノベーションが生まれます（ツボ090参照）。

夢ややりたいことを相互主観によって見出す実践の例として、アカツキ社の「ジュニア研修」をツボ098でご紹介しています。

次のツボ058では、日本人の夢を見ていきましょう。

A 他者に夢を語り、他者の夢を聴く

図表057

相互主観

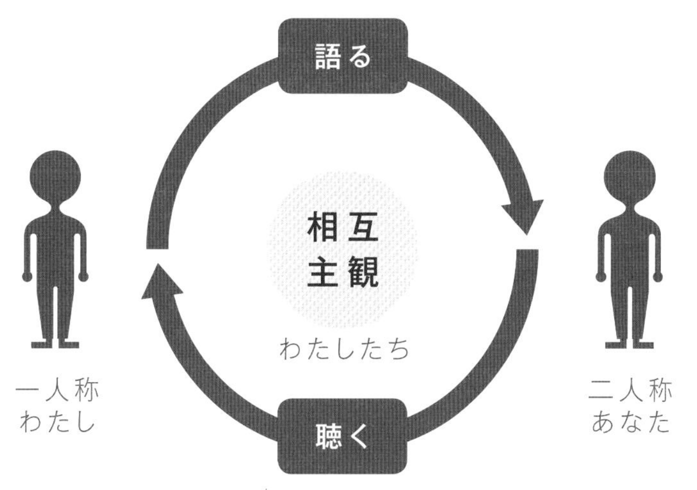

▶主観から客観は生まれますが、客観から主観は生まれません　HINT

Q 日本人はどんな夢を持っているのか？

100のツボ
058

他者の夢を知ることは、自分の夢のきっかけになることがあります。このツボ058では日本、そしてツボ059では世界各国の人々がどんな夢を持っているのか、見ていきましょう。

日本人の半数が夢を持っている

2018年20代以上の14,100人を対象に行われた調査「日本ドリーム白書」によれば、日本人で夢を持っている人は約半数の51.9%でした。※1そしてその夢の内容は「健康な生活を送りたい」「好きな趣味に打ち込みたい」「マイホーム（一戸建て）に住みたい」など、主に自分や家族が幸せに暮らすことのようです（図表058）。

日本人の夢は世代別に異なる

世代別に見ると、20代は夢を持っている人は61.8%と世代の中ではもっとも多く、その夢の内容の1位は「希望する職に就きたい」でした。社会に初めて出て、これから先の仕事に夢を持っているのでしょう。

30代の夢を持っている人も20代に次いで58.5%、夢の内容の1位は「一戸建てに住みたい」となっています。仕事も生活も一定以上安定し、さらに生活の水準を上げることに夢を持っていることが窺えます。

40代では夢を持っている人の数は減少して49.0%、夢の内容の1位は「独立・会社経営をしたい」です。

会社員の生活から、仕事面での次のステージを目指しているのでしょう。

50代の夢を持っている人は47.6%。夢の内容の1位は「好きな趣味に打ち込みたい」。生活や仕事での上昇から、プライベートの充実に興味が移っています。

60代と70代以上は同傾向です。夢を持っている人はそれぞれ48.4%と46.0%、夢の内容の1位は「健康な生活を送りたい」です。

いかがでしたか。あなたや、あなたの周囲の人たちの夢と照らしてみると、納得感のある結果だったのではないでしょうか。

さて次のツボ059では世界各国の人々はどんな夢を持っているか、見ていきましょう。

A 夢を持っている人は約半分、1位は「健康な生活」

図表058

日本人の夢

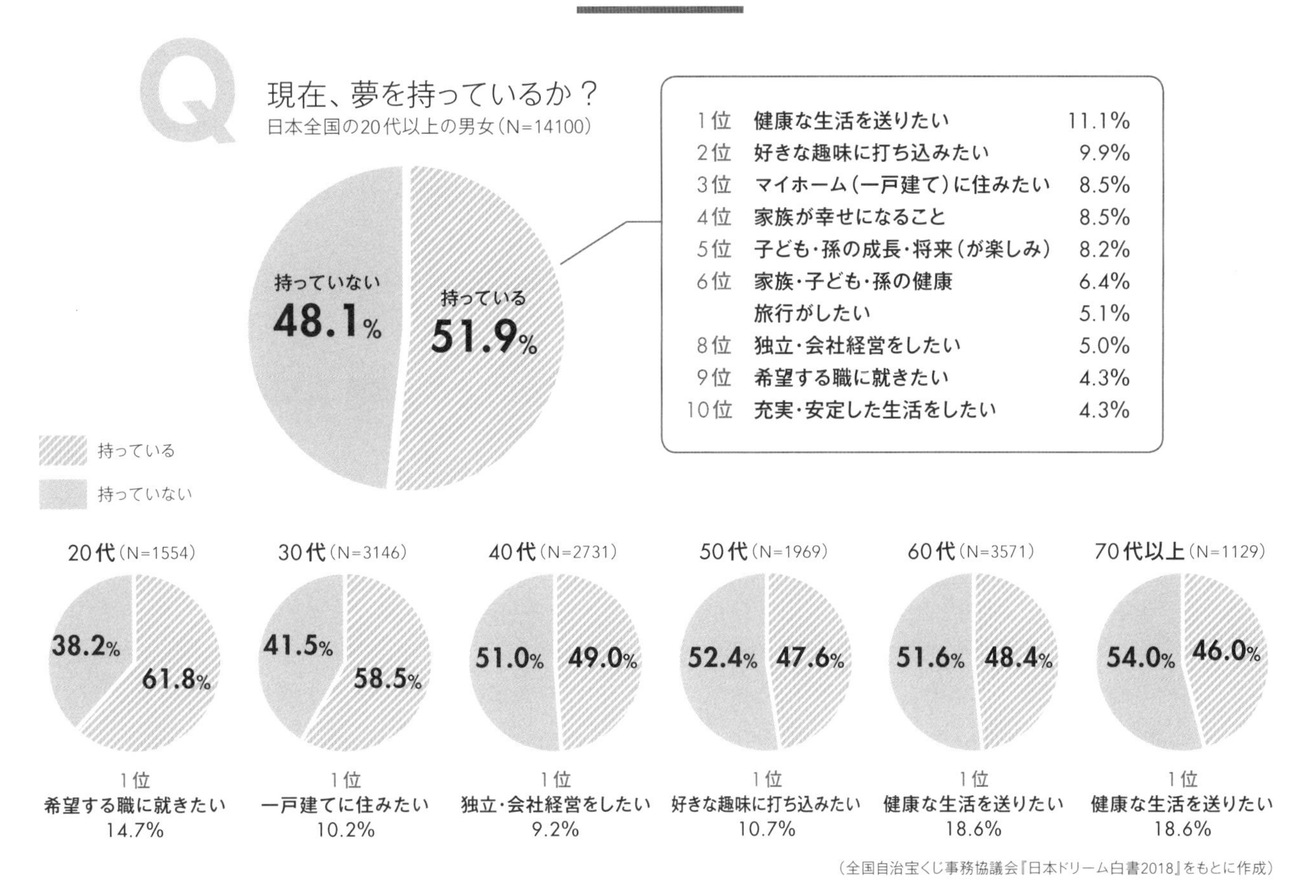

（全国自治宝くじ事務協議会『日本ドリーム白書2018』をもとに作成）

▶夢は、人生のフェーズによって変化していきます

100のツボ 059

Q 世界各国の人々はどんな夢を持っているのか？

■世界各国に生きる人たちのリアルな夢

世界の人々は、どんな夢を持っているのでしょうか？ WORLD DREAM PROJECT編『WE HAVE A DREAM 201カ国202人の夢×SDGs』には、世界各国に生きる人たちのリアルな「夢」が掲載されています。6名の夢をご紹介しましょう。

中央アフリカ共和国：中央アフリカ共和国のロスモン・ゾコウエさん（31歳）は、内戦が常態化し世界最貧困国の一つとなった自国を変えたいと考えています。「国民全員に、特に若者、若い女性に、職業訓練を通して平等な機会を提供することで、悪しき政治から脱却できる」と信じ「私の国の社会的分断に終止符を打つという夢に取りつかれている」と言います。

ベラルーシ：ヨーロッパはベラルーシのサイダ・イブラヒマバさん（36歳）は、自国の古い学校教育に問題意識を持っていましたが、バリ島の「グリーンスクール」を訪れたことが転機となり、誰もが学べる生涯教育の場をオンライン上に作りました。「選択肢を増やし、ユニバーサルな教育の機会を提供し、世界を誰もが未来を良くするために学べる場所にする」ことが彼女の夢です。

モンゴル：モンゴルのマラルマ・マンクー・アチットさん（27歳）はアメリカの大学で学び、テクノロジー企業に就職しましたが、小児がんを患う子供たちと一緒に活動したことからNGOへ。「すべての若者が輝かしいキャリアを築ける、もっと公平な世界をつくりたいと夢見ています」と言います。

カナダ：カナダのリサ・ウンさん（28歳）は、伝統的な家庭に育ち18歳で結婚、21歳で母親に。独学でプログラミングを学び、VRのプラットフォームを立ち上げました。技術分野の女性たちが互いに学び合うイベントを開催しています。彼女の夢は「社会規範に従って生きる小さな女の子のために、悪循環を断ち切り、自分自身や誰かのヒーローになること」です。

バヌアツ：南太平洋に浮かぶ80の小さな島々からなるバヌアツの出身であるファンシー・マーサ・ブラウンさん（30歳）は「私の夢と生涯の使命は、私の国の将来の世代が、私が今享受している贅沢な環境を同様に享受できるようにすること」と言います。そのために「自然資源の大切さや伝統的な知識を伝え、スキルの復活を図る」活動をしています。

ブラジル：ブラジルのフランシエール・マルケス・ド・ナシミエントさん（26歳）は、8歳のころからパソコンに興味を持ち、現在は博士号取得のためにバルセロナに留学し、AIの研究を行っています。「社会における善なる力としてテクノロジーを活用し、それによって変化を遂げた世界の姿を見るまで生き続けること」が彼の夢です。

次のツボ060は夢と目標の関係を考えます。

A 共通しているのは「誰かを幸せにする」こと

図表059

世界の人々の夢

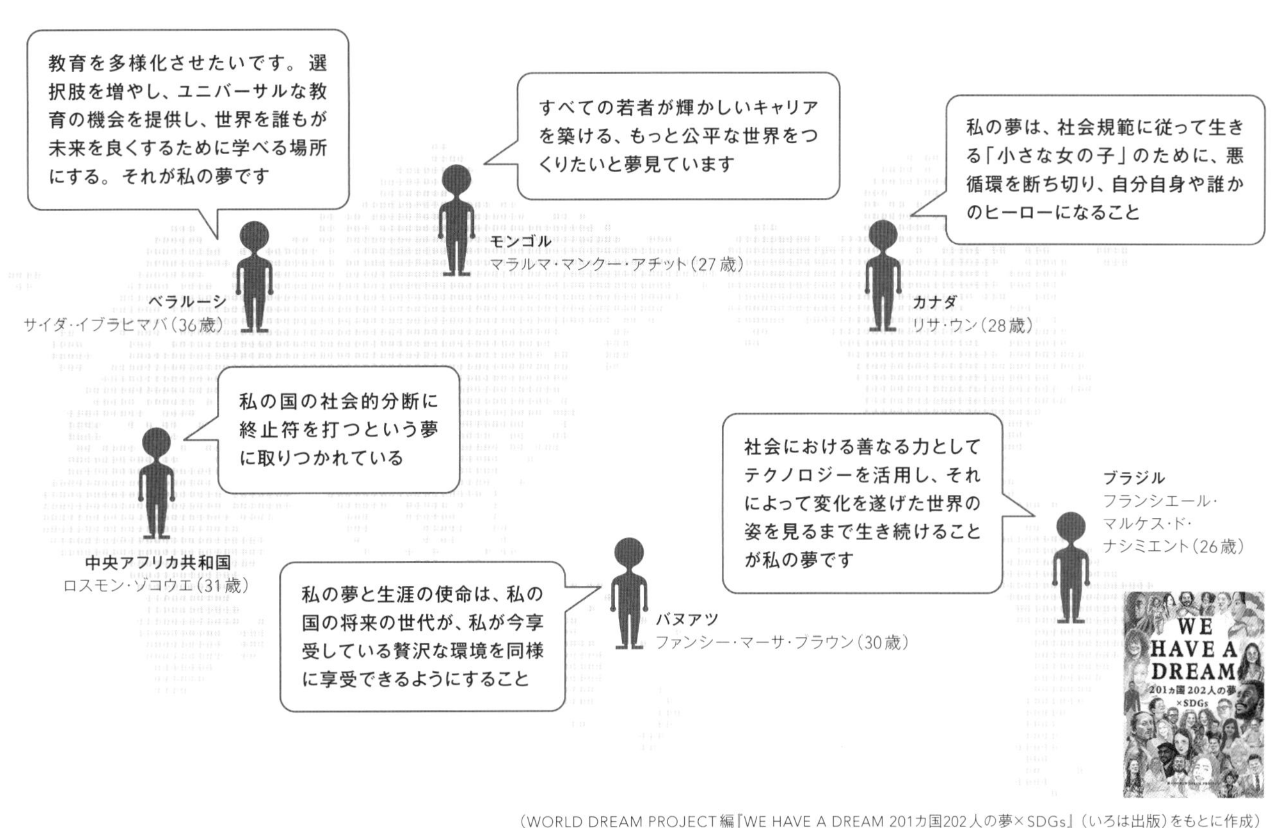

(WORLD DREAM PROJECT編『WE HAVE A DREAM 201カ国202人の夢×SDGs』(いろは出版)をもとに作成)

▶この書籍の目的は「他者の夢を知ることで、自分の夢に気づく[※5]」ことです

100のツボ 060

Q 夢(個の主観)を叶える目標とは?

Chapter6.の最後に、個の主観と目標の関係について考えます。

■レベル1.従順な目標

まず、個の主観をまったく度外視した「言われたことをしっかりやる」「ただ期待に応える」という目標を考えてみましょう。ここではレベル1.従順な目標と名付けます。

メリットは、単純作業が効率的に行えること、新入社員など知識がない状態でも安心して学べることです。人生には、従うことで学ぶべき時期があるのです。デメリットは、創意工夫ができないこと、一定水準で成長が止まることです。教育者パーカー・J・パルマーはこう忠告しています。

> **別の人の人生を生きようとしたり、あるいは抽象的な模範によって生きると、必ず失敗に終わる。**※6

■レベル2.反応的な目標

次に、自分の感情に従って「やりたいことをやる」「イヤなことはやらない」という目標を考えてみましょう。ここではレベル2.反応的な目標と名付けます。

メリットは、短期的なストレスが少ないこと、自律的な創意工夫が可能であることです。デメリットは、組織として必要な仕事がなされないため、組織が破綻する、または他の誰かに負担が偏ることです。

■レベル3.統合的な目標

目指したいのは、レベル3.統合的な目標です。

臨床心理学者マーシャル・B・ローゼンバーグは、「感情」のおおもとには「ニーズ(必要としているもの)」があると言いました。そしてニーズを明確にして率直に表現すること、相手のニーズに思いやりを持つことを「NVC(Nonviolent Communication)※7」と呼んで推奨しています。自分のニーズを知り、その本当の想いで他者と繋がること。前述のパーカー・J・パルマーは「何を求められているか」ではなく、まず「自分に聴く」ところから始めよと言います。

> **自分自身を大切にすることは、決して利己的な行為ではないということだ。それは私が持っている唯一の賜物であり、この世で他の人に与えることができる賜物をよりよく管理することにほかならない。私たちが常に真の自己に耳を傾けて必要なケアを与えることは、自分のためだけではなく、まわりの多くの人々のためでもある。**※6

さあ、あなたの立てた目標を見てみましょう。あなたが本当に必要とすることは、目標に反映されていますか? 心から湧き上がってくるような感覚、「ウズウズする」感じがあれば、成功です。

このChapter6.では個の主観について考えてきました。次のChapter7.は個の客観「強み」について見ていきましょう。

A あなたが心から必要としているものが反映されたウズウズする目標

図表060

目標と主観の関係

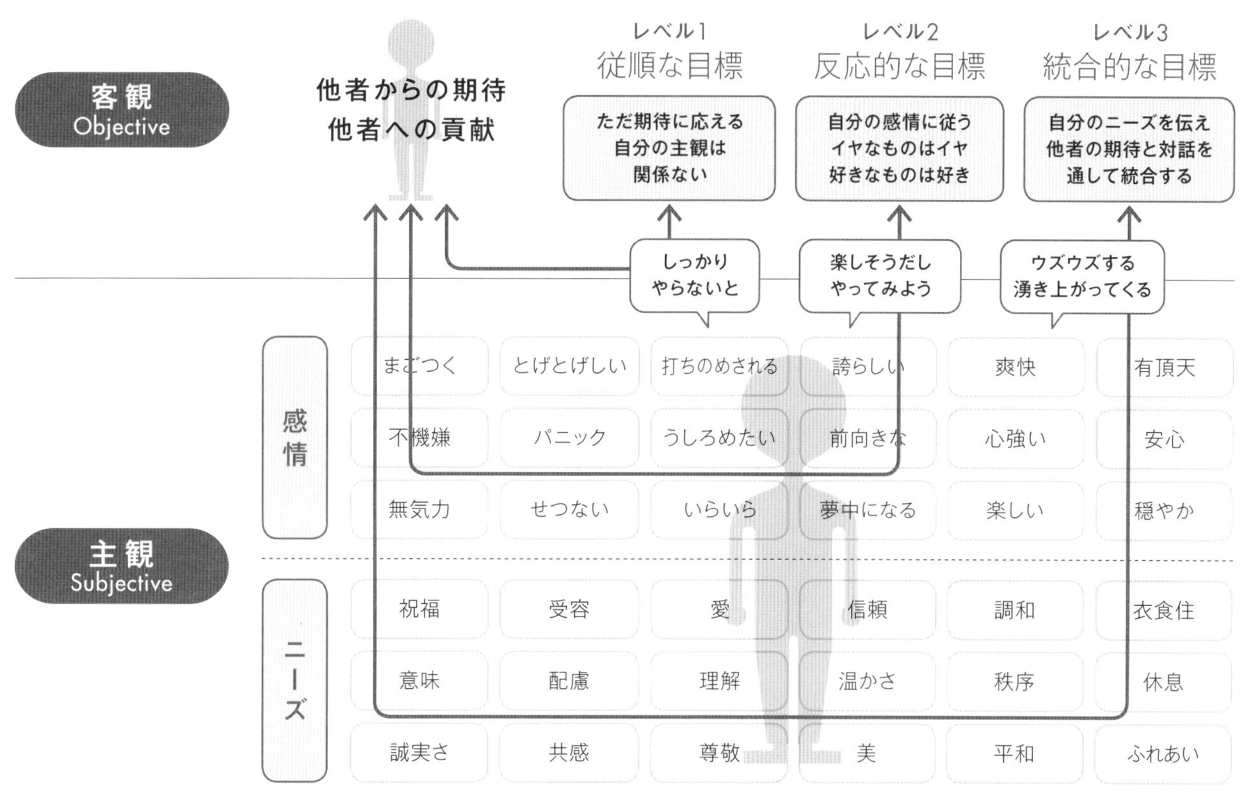

（感情とニーズについては、マーシャル・B・ローゼンバーグ『NVC 人と人との関係にいのちを吹き込む法』をもとに作成）

▶夢ややりたいことは「ない」のではなく「気がついていない」だけなのです　HINT

まとめ

Chapter6.のまとめとしてツボ051〜060のQ&Aを一覧としています（右表）。

また、マネジャー（管理職）、メンバー（すべての働く人）、経営者、人事担当者それぞれに向けて、個の主観「夢」でお伝えしたいメッセージを記載しています。

マネジャー（管理職）のあなたへ

マネジャーのあなたに知ってほしいのは、夢や意志や価値観というものは、他者に強制されて持つものではない、ということです（ツボ052）。メンバーの目標を立てるとき、メンバー本人の主観を反映させようと働きかけることは素晴らしいのですが、無理やり求めることは逆効果です。あなたにできることは、まず自分の主観をしっかりとチーム目標に反映させて、その前進する姿を見せること、そして語り合うことです（ツボ057）。

メンバーのあなた（すべての働く人）へ

メンバーのあなたに知ってほしいのは、夢の解像度をあげる方法です（ツボ053）。日本人の半数が夢を持っていないと言います。しかし、感情のない人はいません。そしてその感情の先には必ずニーズ（必要とすること）があります（ツボ060）。夢がないのではなく、自分の声に気がついていないだけなのです。過去・現在・未来・他者、どれかピンとくるものがあれば、そこから始めてください。

経営者のあなたへ

経営者のあなたが持つ、夢・意志・価値観こそ、あなたの組織の器の形そのものです。経営者とは、個の主観を、社内の誰よりも磨き、拡大する責任を持った役割であるといえます。あなたの器をバージョンアップすること（夢の解像度をあげること）がそのまま企業の未来に直結します（ツボ053）。

人事担当者のあなたへ

人事担当者のあなたにおすすめしたいのは、まず自分の夢・意志・価値観を語ることです。もしそれらを持つことができず苦しんでいるのであれば、その苦しみを語ることです。人事担当者は多くの場合、「機能」であることが求められ、かつ自分でもそう振舞うことが多いと思います。あなたが率先して「個の主観」を磨く姿勢を見せることには、勇気が必要でしょう。しかし、その勇気こそが他者に勇気を与えるはずです。

次のChapter7.では、個の客観「強み」について見ていきましょう。

100のツボ

	Q	A
051	なぜ夢(個の主観)が必要なのか?	自分の人生を生きるため
052	絶対に夢を持たなければならないのか?	無理に持たなくていい。タイミングはあなたが決める
053	夢の解像度をあげるには?	過去・現在・未来・他者の4つの視点で考える
054	過去から自分の夢を探るには?	過去の出来事を振り返り、感情のピークとそこに至るパターンを知る
055	現在の自分のやりたいことを探るには?	やっていること・やりたくないこと・やりたいことの順番に洗い出す
056	未来へ向かう創造性を育むには?	自分の内なる声を聞き、優先する習慣を身につける
057	自分では気づけない自分を知るには?	他者に夢を語り、他者の夢を聴く
058	日本人はどんな夢を持っているのか?	夢を持っている人は約半分、1位は「健康な生活」
059	世界各国の人々はどんな夢を持っているのか?	共通しているのは「誰かを幸せにする」こと
060	夢(個の主観)を叶える目標とは?	あなたが心から必要としているものが反映されたウズウズする目標

大層なWillじゃなくて「好奇心」からスタートする

対談

Conversation

堀川拓郎氏

株式会社リクルート 人材・組織開発室 室長

株式会社リクルートの人材・組織開発室 室長の堀川拓郎氏と、個の主観について語り合いました。

■ Will-Can-Mustはきっかけにすぎない

坪谷邦生（以下、坪谷）：よろしくお願いします。今回の対談のきっかけは、私がTwitterで発信した『目標管理入門』の図（**図表000**）が、リクルートで堀川さんが取り組まれていることに近いと、リツイートいただいたことでした。

堀川拓郎氏（以下、堀川）：そう。本当にほぼ一緒だなというぐらい、親和性を感じたんですよね。僕は、「Will-Can-Must」という1つのツールだけでリクルートのMBOを語るのは、けっこう難しいなと思ったんですよ。人材開発委員会などで人を多面的に見て、きちんと本人にフィードバックしていく。2021年に会社統合した後は、人材開発会議の中でどんな議論があったのかを、本人にフィードバックをすることを徹底してるんですよね。MBOや人材育成の根幹にフィードバックがあるのがリクルートなのかなと。

坪谷：堀川さんとMIMIGURIの安斎さんが対談されている記事の中でも「一般的な研修費などで測定すると、リクルートの真の人的投資が見えない」とおっしゃっていたことに感動しました。一人ひとりと真剣に向き合うとか、その人の強みを人材開発会議で徹底的に語り合うというのは、数字では見えないけど、その熱量こそリクルートだと私も思ったんです。

堀川：そうなんですよね。きっかけに過ぎないというか。Will-Can-Mustを設定したあとに、それを日々の1on1の中でも会話しているんですね。中間面談で「ここまでの状況の中でいくと、こういう見立てだよ」と、きちんと本人にフィードバックして、最終考課でもフィードバックする。「Will-Can-Must」シートは、この一連の人材開発のプロセスの最初のツールという感じなんですね。

坪谷：「Will-Can-Must」は、統合の概念ですので、バラバラに置くと機能しないのですが、Willの部分がまったく書けない人もけっこういるんですよ。気づくと「Can-Mustシート」になっている。そもそもWillをどうやって置くのか、そこからどうフィードバックして、対話の渦を起こしていくきっかけにするのか。

堀川：実はこの「Will-Can-Mustシート」、少し前までは、本人が記載する欄と上長が記載する欄があったんです。だけど、上長がメンバーに「こうあってほしい」というWillをお願いするのはちょっとおかしい。
上司がなってほしい姿に合わせることにもなりかねないので、本人がどう思うのかをフラットに書いてもらおうよ、というふうに一部微修正が入っています。
分社化時代には、各社がWillについていろんな捉え方をしていて。「Willがないとダメ」という話がまことしやかに言われたり、「別に俺はWillなんかない」という組織長や役員の人がたまにいたり。"Willの神格化"というか（笑）、「ちゃんとしたWillを書かなきゃいけない」と受け取られることがあったんですよね。
「短期で自分自身が取り組みたいこと」でも、「将来チャレンジをしたいこと」でもいい。「社長になりたい」でも、その先にある「こういうことを大事にした生き方がしたい」という、Beingみたいな話でもいい。

Willは日々アップデートされるもの

堀川：Willは自分が設定したいものを随時書けばいい。そして、書いたら終わりではなく、期中でも、日々変化があったらどんどんWillを書き直していこうよと。日々アップデートして育んでいくものなんだとアナウンスをし直しました。心理的安全性が高い場でWillを語れるように、軌道修正をかけている真っ最中ですね。
坪谷：いいですね。「きっかけとしてのWill-Can-Mustシート」くらいのおおらかさ、幅を持った捉え方をした上でWillを育んでいくものだというのは大賛成です。
堀川：リクルートが掲げるバリューズの1つの「個の尊重」にも、「すべての起点は好奇心から」という一文があるんですね。
だから、最初は大層なWillじゃなくて好奇心からスタートしてもいい。小さな好奇心や情熱を育んでいくことが、結果的にWillにつながっていくような感覚です。
自分は「何に向かってがんばっていきたいか」を棚卸しして、それを業務や上長やいろんな人との対応を通じて育んでいくと捉えている感じですね。
坪谷：経営学者の野中郁次郎さんは「相互主観」という言い方をされていますね。一人称の「俺はこうだ」と、二人称の「貴様はそうか」が場に出て初めて、三人称の世の中に伝わるイノベーションになっていく。
堀川：へぇー、おもしろい。
坪谷：スタートが一人称の主観であることは大きなヒントだと思います。「好奇心から始まる」そして、その主観を対話やフィードバックの中で育んでいく。

2022年8月23日

Profile

堀川拓郎／ほりかわ たくろう　慶應義塾大学環境情報学部卒業後、株式会社リクルートに入社。住宅領域を中心に営業、事業開発、商品企画、事業推進、人事、経営管理室等を経て現職。内発的動機に基づいたマネジメント、強みの解放と強みを活かし合うマネジメントを日々、実践しながら"心理学的経営"のアップデートを探索している。

以上、logmiBiz『図解 目標管理入門』対談「リクルートでも「Will」が書けずに悩む人もいる取り組みたいことに縛られる"Willの神格化"からの脱却」より一部抜粋して掲載 <https://logmi.jp/business/articles/327467>

全文はこちらです ▶▶

Column 06
両立するための修行

私は30歳で転職しました。そのきっかけは「いずれ管理本部長を任せたい」という、上司である管理本部長の一言でした。それは期待と信頼からくる言葉だと理解しましたが、喜びよりも「あれっ？　自分は管理本部長になりたいんだっけ」という違和感を強く感じてしまったのです。

当時の私は100名のIT企業の人事マネジャー。日々忙しく自分のキャリアなんて考える暇はありませんでした。しかし冷静になって組織図を見ると自分の上のポジションは管理本部長。これは組織として当然の期待かもしれません。「この組織図の中には、自分の未来が見えないぞ…」自分探しを始めた私は、こんな言葉たちが気になってきました。

「人生はキミ自身が決意し、貫くしかないんだよ」（芸術家 岡本太郎）

「やりたいこと、やってない奴の顔は歪んでいる」（ジャズピアニスト 山下洋輔）

自分の人生のハンドルを自分で握る。確かにそうでしょう。しかし「やりたいことをやりたい」「嫌なものは嫌だ」というのは、ただのワガママのようにも感じます。そんな姿勢で他者と一緒に働いていけるのでしょうか。悩んでいたある日、天啓のように、この言葉に出会いました。

「自分のしたいことが、知らず知らずの内に人の役にたっている形になるまで、修行を積む必要があります」（ダライ・ラマ14世）

私は「やりたいこと」か「人の役に立つこと」か、どちらかを選ばなければならないと思い込んでいたのですが、どちらも「両立」することを目指せばよかったのです。パッと世界がひらいたように感じました。両立は簡単ではないかもしれません。しかし、それを目指して「修行」し続けることは可能ですし、面白いのではないかと感じました。そしてその修行は「自分のやりたいこと」から始まるのだ、と腹を括ったのでした。

強み

個の客観

Chapter. 7

100のツボ
061

Q なぜ強み(個の客観)が必要なのか?

Chapter7.では個の客観について見ていきましょう。

強みの上に築け

客観(Objective)とは測ることができるもの、誰が見ても同じもの、つまり外から見てわかるものです。個の客観には、身長・体重・学歴・職歴・保有資格・家族構成・受賞歴などが含まれます。

そして目標を設定し、達成する上でもっとも重要な個の客観は「強み(Strength)」です。P.F.ドラッカーは「Build on your own strength(強みの上に築け)」という有名な言葉を残しています。

何ごとかをなし遂げるのは、強みによってである。弱みによって何かを行うことはできない。できないことによって何かを行うことなど、とうていできない。※1

自分の強みを知ること、その強みをどうやってさらに伸ばしていくかを知ること、そして自分にはできない弱み、つまり何をしてはならないかを知ること、が目標を達成するために求められます。

強みを生かし、弱みを補い合う

日本の義務教育においては、満遍なくすべての教科で良い成績をあげること(いわゆる「オール5」)が推奨されてきました。

そのため社会人になってからも「弱みを鍛えなければならない」という考えが抜けきらず、弱みに集中している方も多いようです。しかしMBOにおいては、強みへの集中が求められます。

組織で働くメリットは、一人ひとりが自分の強みを生かして、お互いの弱みを補い合うことができるという点です。自分の強みを自覚し、仲間に貢献し、活用してもらう必要があります。

強みは思い込みであることも多い

あなたが「自分はここが強い」と感じていることは、残念ながら思い込みかもしれません。

誰でも、自らの強みについてはよくわかっていると思っている。だが、たいていは間違っている。わかっているのはせいぜい弱みである。それさえ間違っていることが多い。※1

特に謙遜が美徳とされ、率直な指摘よりも忖度が重視される環境においては、強みを冷静に客観視できる機会は少ないことでしょう。

強みは、本人からすれば「ごく当たり前」にやっていることの中に潜んでいます。そして「努力している」こと(弱みへの着目)を強みだと誤解してしまうことも多いため、強みを自覚するには方法論が必要です。

次のツボ062から、自分の強みを知る方法を学んでいきましょう。

A 弱みで何かを成し遂げることはできないから

図表061

個の客観

強み

自分の強みを知る

➡ 強みに集中する
➡ さらに強化する
➡ 組織へ貢献する

弱み

自分の弱みを知る

➡ できないことは行ってはならない
➡ 組織で補い合う

▶弱みを人並みにする努力より、強みをより伸ばす努力の方が効果的かつ簡単です

HINT

100のツボ
062

Q どうやって自分の強みを知るのか？

「自分はここが強い」と感じていることは、多くの場合、思い込み（主観）です。このツボ062から065では、あなたの強みを客観的に知る方法を紹介します。

1. 自己診断ツール

まずは、強みを探るための自己診断ツールを3つご紹介します。ストレングス・ファインダー、FFS、SPI3です（詳細はツボ063参照）。

これらの診断ツールによって、強みのもとになる「資質」を把握することができます。ただし、あくまでも自分が回答した内容をもとに診断されるもの、つまりあなたの主観を、何かの枠組みに当てはめたものなのです。強みを伸ばすための「きっかけ」となる自己理解のツールだと言えます。

2. 仲間からのフィードバック

協働している仲間からのフィードバックは、あなたの気づかなかった強みに気づくことができる、非常に有効な方法です（詳細はツボ064参照）。

これらのフィードバックは仲間たち一人ひとりの主観です。お互いの主観を交換すること（相互主観）によって、客観性を高めることができます。ただし、その人のものの見方や考え方によって、そしてあなたの受け止め方によっては、的外れと感じたり、攻撃されたと感じたりして、逆効果となることもあります。

3. 目標結果の分析

強みを知る方法としてもっともおすすめしたいのが、目標の結果を上司と分析することです。目標を立ててから一定期間（半年間など）実行した後、目標を承認してくれた上司とともに、何ができて何ができなかったのかを分析します。できていたことが「強み」です（詳細はツボ065参照）。

目標と結果の分析を何周か回すことでしか、客観的な強みは見えてきません。多くの場合、思い込んでいたことと実際とが、大きく違っていて驚くことになるはずです。

上司が誠実に向き合ってくれること、あなたが評価や賃金決定を気にせず、冷静に、自ら学びを得るために分析に取り組むことが前提条件となります。

順番にこれらの方法をご紹介します。次のツボ063では「診断ツール」について見ていきましょう。

A 自己診断ツール、仲間からのフィードバック、目標結果の分析、の3つの方法がある

図表062

強みを知る方法

3. 目標結果の分析
目標を立て、一定期間実行した後に、目標を承認した上司とともに分析し、何ができたのかを知る。

2. 仲間からのフィードバック
協働している仲間からの率直なフィードバックによって、自分の知らなかった強みに気づく。

1. 自己診断ツール
自己診断ツールを使って、強みのもとになる資質を捉える。強みに気づくヒントを得る。

0. 思い込み
「自分はここが強い」と、なんとなく思っている。

▶どの方法も万能ではありません。効能と限界を知って組み合わせて使用しましょう　HINT

100のツボ
063

Q 自己診断ツールでわかることは?

強みを知る方法の1つ目は「自己診断ツール」です。3つご紹介します。

ストレングス・ファインダー

ストレングス・ファインダーは、オンライン上で簡単に診断できるツールです。20年以上、計2千8百万人以上が使用しています。

34種類の資質を測定します(資質とは、無意識に繰り返し現れる思考、感情、行動のパターンと定義されています)。自分の中で上位にある資質を知ることで、才能に目覚めることができるという思想で設計されました。

このツールを開発した心理学者ドナルド・O・クリフトンは「才能×投資=強み」だと言っています。強みを獲得するためには、資質を知り、その資質に対して適切に投資(訓練・スキル開発・知識構築)することで強みは築かれます。クリフトンはアメリカ心理学会から「強みの心理学の父」と呼ばれ2003年に大統領表彰をうけました。

FFS

FFSは企業向けの診断サービスですが、書籍を介して個人でも利用できます。※2組織心理学者の小林惠智が行ったアメリカの政府機関「最適組織編成プロジェクト」におけるストレス理論の実証研究をもとに設計されました。

環境や刺激に対する感じ方や捉え方(ストレッサー)の特徴を5つの因子として計量化することで、自分の潜在的な強みを把握することができます。

ストレングス・ファインダーは自己理解が中心であることに比べて、FFSは他者理解と関係性構築に重点が置かれていることが特徴です。シンプルな5つの因子をもとに自分の強みを生かし、弱みを仲間と補完するために活用することができます。

SPI3

SPI3は日本でもっとも多く利用されてきた企業向けの適性検査です。入社時の採用テストとして受けた方も多いのではないでしょうか。性格と基礎能力を検査し、その結果が世の中の一般水準のどのあたりに位置するか、そして自分がどのような仕事に向いているか(職務適性)、どのような組織に向いているのか(組織適性)を予測することができます。

40年以上積み上げられた膨大なデータをもとに、信頼性、妥当性、標準性の品質を磨く実証研究が続けられています。おそらく手に入る中ではもっとも詳細で信頼できる診断データですが、企業向けに提供されており、個人での申し込みができません。あなたがマネジャーや経営者であれば、ぜひ会社から申し込んで受けてみてください。あなたがメンバーであればそれらの方々にお願いして受けてみてください。1名から受検可能です。

次のツボ064は「仲間からのフィードバック」です。

A 強みのもととなる「資質」がわかる

図表063

自己診断ツール比較

	ストレングス・ファインダー	FFS	SPI3
特徴	簡易なオンラインでの診断が可能。20年以上、計2千8百万人以上が使用しており、強みの元となる「資質」の共通言語となっている	自己理解・他者理解による関係性構築が重点的に研究されているため「強みを活かし、弱みは仲間と補完」することに活用できる	日本でもっとも多く利用されてきた企業向けの適性検査。自分がどのような仕事や組織に向いているのかを予測することができる
概要	34の資質（無意識に繰り返し現れる思考、感情、行動のパターン）を測定し、上位にある資質を知ることで自分の才能を発見する	環境や刺激に対する感じ方や捉え方（ストレッサー）の特徴を5つの因子として計量化することで、自分の潜在的な強みを把握する	性格と基礎能力を検査し、その結果が世の中の一般水準のどのあたりに位置するか、そして職務適性と組織適性がわかる
測定内容	**34の資質の順番** • **実行力**：達成欲／アレンジ／信念／公平性／慎重さ／規律性／目標志向／責任感／回復志向 • **影響力**：活発性／指令性／コミュニケーション／競争性／最上志向／自己確信／自我／社交性 • **人間関係構築力**：適応性／運命思考／成長促進／共感性／調和性／包含／個別化／ポジティブ／親密性 • **戦略的思考力**：学習欲／原点思考／収集心／戦略性／着想／内省／分析思考／未来志向	**5つの因子の多寡と順番** • A. **凝縮性** • B. **受容性** • C. **弁別性** • D. **拡散性** • E. **保全性**	**総合的な「人となり」** • **性格**：4側面18種類の性格特性 • **基礎能力**：どのような仕事にも共通して求められるスキルや知識を獲得する際のベースとなる能力 • **職務適性**：どのような仕事に向いているのか14項目・5段階 • **組織適性**：どのような組織風土に向いているのか4項目・5段階
背景にある理論・実践	クリフトンストレングス・ファインダー： 強みの心理学の父と呼ばれる心理学者ドナルド・O・クリフトンによってストレングス・ファインダーは開発され、ギャラップ社によって提供されている。 ※「ストレングス・ファインダー」は「クリフトンストレングス」に改名	FFS（Five Factors and Stress）理論： 組織心理学者の小林惠智が、ハンス・セリエ博士のストレス理論をもとに、アメリカの政府機関「最適組織編成プロジェクト」における実証研究において提唱した。	Synthetic Personality Inventory（総合適性検査）： 40年以上の歴史の中で蓄積された膨大なデータと、年間14,400社、約215万人が受検する偏りの少ないデータサンプルによって、信頼性、妥当性、標準性の品質を磨き続けている。
測定方法	トム・ラス『さあ、才能（じぶん）に目覚めよう 新版 ストレングス・ファインダー2.0』（日本経済新聞出版社）書籍に診断アクセスコードあり/WEBおよびアプリにて診断可能（単休2,650円）〈https://www.gallup.com/cliftonstrengths/ja/〉	古野俊幸『宇宙兄弟とFFS理論が教えてくれる　あなたの知らないあなたの強み』（日経BP）紙書籍に診断アクセスコードあり／正規診断はWEBにて実施可能（単体3,500円）〈https://www.ffs-uchukyodai.com/〉	申し込みはWEBサイトから。企業向けのため個人では受検できない（1名4,000円）〈https://www.spi.recruit.co.jp/〉

※実績数字はそれぞれのWEBサイトに2022年11月14日時点で掲載されていた内容に基づく

▶診断ツールは、自己理解の助けとなるもの。結果は「強み」そのものではありません

100のツボ
064

Q 仲間からのフィードバックでわかることは？

強みを知る方法の2つ目は「協働している仲間からのフィードバック」です。

フィードバックを得る方法

強みは自覚できていないケースがほとんどです。自分でも知らない自分の強みに気づくために、周囲の仲間からフィードバックを得ることは、非常に有効な方法です。実施の方法は以下のとおりです。

仕組み：会社の仕組みとして360度フィードバックなどがある場合は活用しましょう。しかし仕組みがなかったり、タイミングが合わなかったり、必要な対象者に聞けなかったりする場合には、自ら直接お願いしてフィードバックをもらうことをおすすめします。メールやチャットで依頼して返信してもらい、特に気になるコメントはお会いして詳細を聞きましょう。

対象：共通の目的・目標に向かっている協働している組織の仲間を対象とします。それ以外の方に聞いても、ただの印象になってしまいます。

人数：多すぎる情報は処理できず、判断を迷わせるノイズになります。とくに接点が深い5名前後に絞りましょう。

タイミング：あなたが自分の強みを知りたいと思ったときを起点としましょう。つまり「今すぐ」でもかまいません。2回目以降は、半年間などの期間をあけて定期的に実施すると、新たな気づきを得られます。

質問内容

仲間に質問する内容は図表064のとおり「1.共通の目的・目標に向けて私がとっている行動」「2.あなたが共通の目的・目標に向かうために私ができている貢献」この2つです。

共通の目的・目標とは、組織のビジョン、ミッション、チーム目標など、その仲間と一緒に目指しているものです。そこに向かうために、お互いの強みを生かし、弱みを補いあうことが組織である意味です。組織の仲間とは協働関係者であって仲良しクラブの友達ではないのです（もちろん両立することはできます）。

私がとっている行動①のうち、良い・効果的な行動、改善すべき行動、不足している行動を聞きます。可能な限り具体的なシーンを教えてもらいます。自分では気づいていない強みが、そしてより強みを伸ばす方法がわかる可能性があります。

そして仲間に貢献できていること②、さらに貢献できること、邪魔していて止めてほしいことを聞きます。相手の強みを生かすために自分にできることがわかる可能性があります。

最後に「必要であれば、あなたにも同じ内容でフィードバックをさしあげます」と付け加えましょう。率直で愛のあるフィードバックが行き交う風土が、組織を強くしていきます。

次のツボ065は「目標結果の分析」です。

A 共通の目的・目標に向かう「行動」と「貢献」の質

図表064

仲間からフィードバックを得る

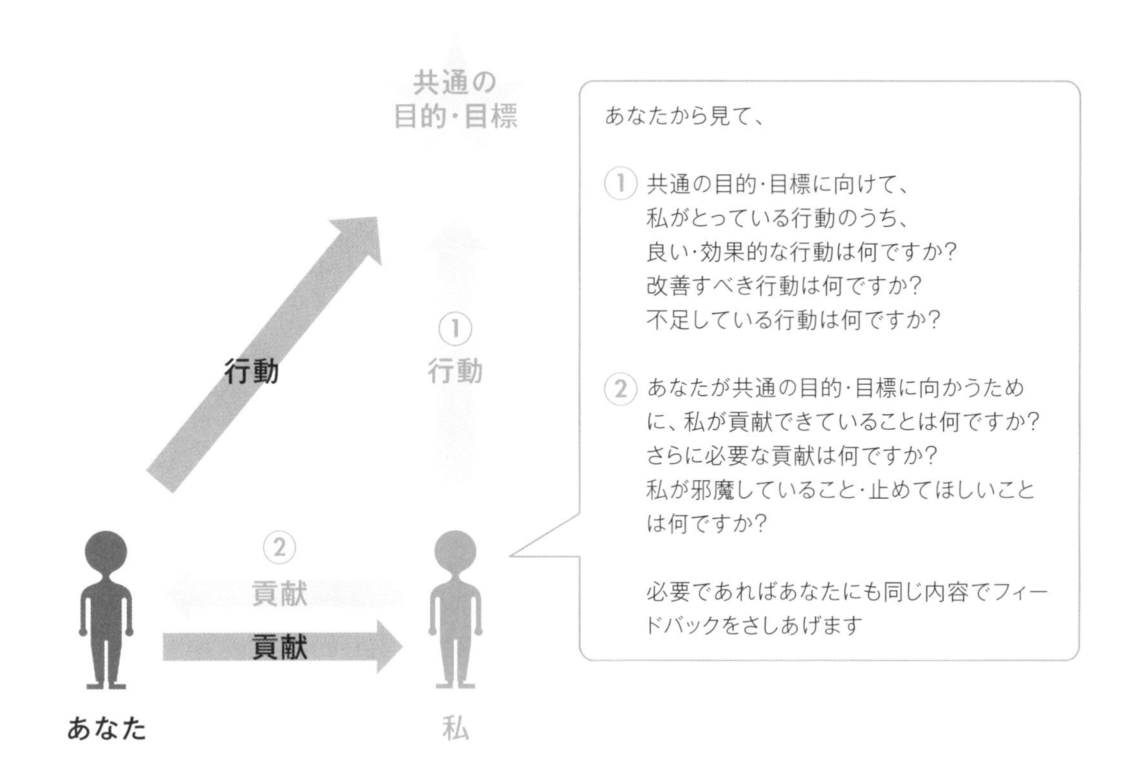

▶お互いの主観を交換すること(相互主観)によって、客観性を高めることができます

Q 目標結果の分析からわかることは？

100のツボ
065

強みを知る方法の3つ目は「目標結果の分析」です。

■ドラッカーが50年実施してきた目標分析

目標を立ててから一定期間（半年間など）実行した後に、何ができたのかを分析します。P.F.ドラッカーはこの分析方法を16世紀のヨーロッパで力を持っていた2つの社会機関、イエズス会とカルヴァン派から学んだと言います。

何かをすることに決めたならば、何を期待するかをただちに書きとめておく。九ヶ月後、一年後に、その期待と実際の結果を照合する。

私自身、これを五〇年続けている。そのたびに驚かされている。これを行うならば、誰もが同じように驚かされる。こうして二、三年のうちに、自らの強みが明らかになる。自らについて知りうることのうち、強みこそもっとも重要である。※1

■上司とともに振り返る

目標結果の分析は、目標を承認してくれた上司とともに行うことができれば、とても効果的です。上司が誠実に向き合ってくれること、本人が評価や賃金決定を気にせず、冷静に自ら学びを得るために分析に取り組むことが前提条件となります。

ドラッカーは、20歳の頃に勤めていた新聞社の編集長に向き合ってもらった経験が、MBO哲学の根幹となっています。時は1930年前後、世界大戦によって働き盛りの30歳代は兵役のため不在。年配の編集長は未熟な若手を育てようと苦心していました。

当時五十歳くらいだったその編集長は、大変な苦労をして私たち若いスタッフを訓練し、指導した。毎週末、私たちの一人ひとりと差し向かいで、一週間の仕事ぶりについて話し合った。加えて半年ごとに、一年に一度は新年に、一度は六月の夏休みに入る直前に、土曜の午後と日曜を使って、半年間の仕事ぶりについて話し合った。編集長はいつも、優れた仕事から取り上げた。次に、一生懸命やった仕事を取り上げた。その次に、一生懸命やらなかった仕事を取り上げた。最後に、お粗末な仕事や失敗した仕事を痛烈に批判した。

この一年に二度の話し合いの中で、いつも私たちは、最後の二時間を使ってこれから半年間の仕事について話し合った。それは「集中すべきことは何か」「改善すべきことは何か」「勉強すべきことは何か」だった。私にとって、年に二度のこの話し合いは大きな楽しみになった。※3

強みに集中するとは、逆に言えば弱みの分野を捨てることです。「無能を並の水準にするには、一流を超一流にするよりも、はるかに多くのエネルギーを必要とする※3」ためです。

次のツボ066は、強みを発揮できない理由を考えます。

A 強み・改善すべきこと・勉強すべきこと・弱み

図表065

目標結果の分析

目標の結果をともに振り返り、強みを理解し次の行動を決める

1. 強み
- 成果を生み出していること、つまり強みが明らかになる

➡強みに集中する

2. 改善すべきこと
- 成果を生み出す上で、強みを邪魔にしていることがなにか明らかになる

➡悪癖を認めて改善する（例：人への対応が悪くてみすみす成果を逃している、など）

3. 勉強すべきこと
- 強みをさらに伸ばすために、身につけるべき技能と知識が明らかになる

➡知的な怠慢を正して、学ぶべきことを学ぶ（例：専門以外の知識を軽視する、など）

4. 弱み
- 行っても成果があがらないこと、つまり弱みが明らかになる

➡行っても成果のあがらないことは行わない。その分野で仕事を引き受けてはならない

私

期初に書かれた
目標

目標を承認した
上司

（P.F.ドラッカー『プロフェッショナルの条件』をもとに作成）

▶上司が支援してくれることで、強みはより客観的なものとなります　HINT

100のツボ
066

Q なぜ強みが発揮できないのか？

人は、なぜ強みを発揮できないのでしょうか？

それは組織に属していると「自分ではコントロールできない4つの現実[※4]」があるからだとP.F.ドラッカーは言います。順に見ていきましょう。

1. 時間がすべて他人にとられる

誰もがあなたの時間を奪うことができ、そして実際に奪いにきます。

これは役職があがることでは解決されません。むしろメンバーだったとき以上に時間は奪われていきます。メンバーからのさまざまなトラブルや雑事の相談、顧客や上司との付き合いなどが増加するためです。

この現実に対応し、強みを発揮するためには、自分で時間を管理しなければなりません（ツボ067参照）。

2. 日常業務に追われ続ける

手を打たない限り、日常の仕事に追われ続けることになります。日常の仕事の流れに自分を埋没させていては、「たとえ有能であっても、いたずらに自らの知識と能力を浪費し、達成できたはずの成果を捨てることになる[※4]」のです。

この現実に対応し、強みを発揮するためには、自分で仕事の優先順位をつけ、自分を律して行動しなければなりません（ツボ068参照）。

3. 組織で働いている

組織で働いているということは、ほかの人が自分の貢献を利用してくれなければ、成果をあげることができないということです。お互いに仲間の強みを利用する能力がなければ、組織はどんな成果もあげることはできません。

この現実に対応し、強みを発揮するためには、まず自分の強みを発信し、仲間に知ってもらわなければなりません（ツボ069参照）。

4. 組織の内なる世界にいる

組織の中に成果は存在しません。すべての成果は外の世界にあります。顧客が製品やサービスを購入し、企業の努力とコストを収入と利益に変えてくれるからこそ、組織としての成果となります。しかし、組織に所属していると、誰もが自分の組織の内側を自分の現実だと感じ、組織の外を「厚くゆがんだレンズ」を通して見ることになります。

この現実に対応し、強みを発揮するためには、意識的に外の世界を「知覚」し、組織を客観的にとらえる努力が必要です（Chapter8. 業績 参照）。

次のツボ067から069では、これらの現実に適応するための方法を学んでいきましょう。まず067は時間管理について見ていきます。

A 自分ではコントロールできない4つの現実があるため

図表066

強みの発揮を邪魔する４つの現実

（P.F.ドラッカー『経営者の条件』をもとに作成）

▶現実はコントロールできませんが、自分を律して適切に対応することはできます

HINT

100のツボ 067

Q 強みを発揮する時間管理とは?

強みを発揮するために、時間管理を学びましょう。

P.F.ドラッカーは「時間」こそ、普遍的な制約条件であり代替できない必要不可欠な資源だと言います。しかし、多くの人は時間を管理できていません。

> 成果をあげる者は、時間が制約要因であることを知っている。あらゆるプロセスにおいて、成果の限界を規定するものは、もっとも欠乏した資源である。それが時間である。※4

3ステップで時間管理を説明します(図表067)。

◢ Step1.時間を記録する

時間を管理するためには、まず自分が時間をどのように使っているかを記録し、事実を知るところから始めます。可能な限りリアルタイムで記録します(記憶に頼ると事実から離れていきます)。

1ヶ月間、毎日時間の記録をとります。その記録を見て、日々のスケジュール日程を見直し組み替えます。

◢ Step2.時間を整理する

次に行うことは時間の整理です。時間を浪費している行動を見つけて、取り除いていきます。3つあります。

①成果を生まない仕事:時間の記録に現れたすべての仕事について「まったくしなかったら、何が起こるか」を考えます。「何も起こらない」が答えならば、取り除きましょう(ツボ065参照)。

②他の人に任せるべきこと:組織における仕事は協働で成り立っています(ツボ015参照)。自分の強みに集中するために、仲間を頼り、任せることが必要です。

③他の人の時間を浪費していること:良かれと思っていることが相手の時間を奪っていることがあります。協働者に「あなたの仕事に貢献せず時間を浪費させるようなことを、私は何かしているか」と定期的に聞くことで判明します。

時間の整理には恐れがつきものです。しかし取り除いて大丈夫だろうかという心配は不要です。整理しすぎたときは必ずわかりますし、すぐに修正できます。

◢ Step3.時間をまとめる

浪費している時間を取り除いても、自由になる時間は実はそう多くありません。最後のステップはその自由になる時間をまとめることです。

成果をあげるためには、大きくまとまった時間が必要です。小さな時間は役に立たないのです。1日にまとまった3時間があれば重要な仕事が進められます。しかしその3時間が細切れであれば、まったく役に立ちません。

半年後、ふたたびStep1.に戻ります。日々の雑事に流されて、また時間が浪費されているはずです。

次のツボ068は優先順位づけについて学びます。

A 時間を記録し、整理し、まとめる

図表067

強みに集中する時間管理

Step1. 時間を記録する

自分が時間をどのように使っているか可能な限りリアルタイムで記録する

- 1ヶ月間、毎日記録する
- スケジュールを見直し組み換える

月 火 水 木 金

9:00

18:00

Step2. 時間を整理する

時間を浪費している行動を見つけ、取り除く

①成果を生まない仕事
②他の人に任せるべきこと
③他の人の時間を浪費していること

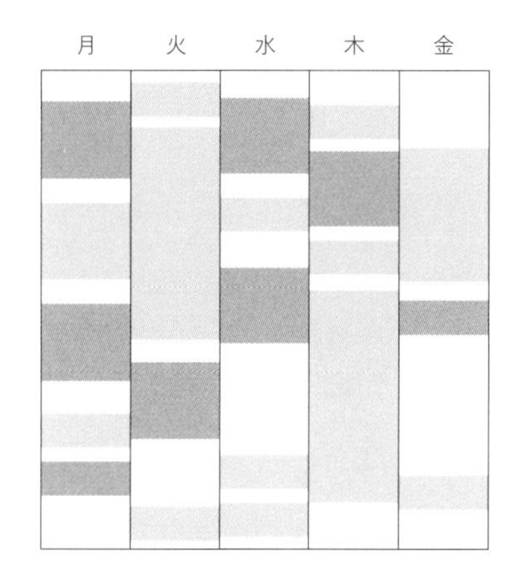

Step3. 時間をまとめる

自由になる時間を大きくまとめる。細切れの時間は役に立たない

- 半年後、ふたたびStep1に戻る

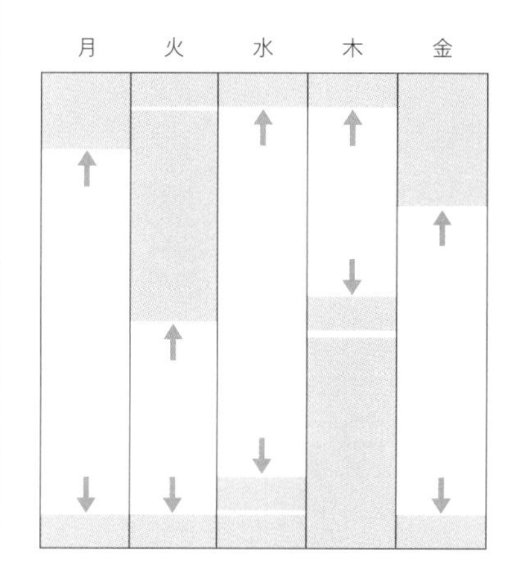

（P.F.ドラッカー『経営者の条件』をもとに作成）

▶時間は常に不足します。他のもので代替できない、もっとも重要な資源です

HINT

100のツボ
068

Q 強みを発揮する優先順位づけとは?

強みを発揮するために優先順位づけについて学びます。

最優先事項を実際に優先する

世界で3,000万部を超えるベストセラーとなった、スティーブン・R・コヴィー『7つの習慣』は、アメリカ建国以来200年間の文献を調査して発見された「成功の原則」を提示した書籍です。

その中で「自ら最優先事項を決め、その最優先事項を、実際に優先すること（Put First Things First)」が、私的成功の原則としてあげられています。

重要・重要でない×緊急・緊急でないのマトリクス（4象限）のうち、「重要かつ緊急でない」第Ⅱ領域が、もっとも優先するべき領域です（図表068)。

①重要でないものを減らす

はじめに行うべきことは、重要でない第Ⅲ領域と第Ⅳ領域を減らすことです。自分が実際に何に時間を使っているかを記録し、そして重要でないものを取り除いていきます（ツボ067参照)。

特に、行っても成果につながらない「弱み」の分野の仕事を引き受けないことが重要です（ツボ066参照)。「NO」と言う勇気、他者に任せる判断と引き受けてもらえる関係性が求められます。

②重要かつ緊急でないものを増やす

はじめは、第Ⅰ領域（重要かつ緊急なこと）が多くを占めているはずです。しかし目の前の緊急事項に対応しているだけでは、自転車操業のような状況は一向に改善されません。

コヴィーは木こりの寓話を紹介しています。

「何をしているんです?」とあなたは聞く。すると男は投げやりに答える。「見ればわかるだろう。この木を切っているんだ」

「疲れているみたいですね。いつからやっているんですか?」あなたは大声で尋ねる。

「もう五時間だ。くたくただよ。大変な仕事だ」

「それなら、少し休んで、ノコギリの刃を研いだらどうです？　そうすれば、もっとはかどりますよ」とあなたは助言する。すると男ははき出すように言う。

「切るのに忙しくて、刃を研ぐ時間なんかあるもんか!」[※7]

木こりのジレンマに陥らないために、第Ⅱ領域（重要かつ緊急でないこと）を増やして行きましょう。それによって第Ⅰ領域が減少していきます。特に、目標管理の分析によって明らかになった「強みをさらに伸ばすために、身につけるべき技能と知識」を学ぶ時間を確保することが重要です（ツボ066参照)。

次のツボ069では、強みの発信について考えます。

A 重要かつ緊急でないことに注力する

図表068

最優先事項を優先する

	緊急	緊急でない
重要	第Ⅰ領域 ・危機への対応 ・差し迫った問題 ・期限のある仕事	第Ⅱ領域 ・予防 ・能力を高める活動 ・人間関係づくり ・新しい機会を見つけること ・準備や計画 ・心身をリラックスさせること
重要でない	第Ⅲ領域 ・飛び込みの用事 ・多くの電話 ・報告書 ・多くの会議 ・無意味な接待や付き合い ・期限のある催し物	第Ⅳ領域 ・取るに足らない仕事 ・雑用 ・多くのメール ・暇つぶし ・快楽だけを追求する遊び

緊急でないものを増やす

重要でないものを減らす

（スティーブン・R・コヴィー『7つの習慣』をもとに作成）

▶自分の優先順位を守って行動することを「自律」と呼びます

100のツボ 069

Q 強みを仲間に利用してもらうには？

組織で強みを発揮するためには、自分の強みを仲間に知ってもらい、利用してもらう必要があります。

◪知の祭典「ナレッジ・グランプリ」

ここでは強みを発信する施策の事例として、私の所属していたリクルートマネジメントソリューションズ社（RMS）の「ナレッジ・グランプリ」を紹介します。

リクルートグループは社内のコンテストや表彰が盛んですが、中でもマネジメントの専門家集団であるRMSにとっては「ナレッジ」こそが最高の価値であり、2004年の会社設立以降、自分の仕事のナレッジの質を全社員の前でプレゼンして競い合う知の祭典「ナレッジ・グランプリ」が毎年行われてきました。

社員は誰でもエントリーが可能で、2021年度は187名の社員がエントリーしました[※8]。地区予選大会を勝ち抜いた10名が全国大会に出場し、最終的にゴールデングランプリを選出します。

◪ナレッジを共有する効果

仕事のナレッジを共有することで、次の効果を狙うことができます。

発表者にとっては、自分の成し遂げた仕事、つまり強みを仲間に知ってもらうことができます。どのように利用してもらえるかが伝わることで、組織で協働し成果をあげられるようになります（協働促進）。

また、発表者自身が自分の仕事の価値を内省し学習する機会となります（継続学習）。ドラッカーはこう言っています。

> 知識労働者は自らが教えるときにもっともよく学ぶという事実がある。花形セールスマンの生産性をさらに向上させる最善の道は、セールスマン大会で成功の秘訣を語らせることである。外科医の成果を向上させる最善の道は、地域の医者の集まりで自らの仕事について語らせることである。看護師の成果を向上させる最善の道は、新人の看護師に教えさせることである。[※3]

そして、仲間たちからの大量のフィードバック、賞賛をもらうことで自分の仕事に自信を持ち、仕事をする意義を強く感じるようになります（自己効力感）。

聞き手にとっても、誰と協力することで成果があげられるかがわかる機会となり（協働促進）、仲間の活躍を聞いて自分にもできると感じ、自己効力感があがる効果があります（代理経験）。

組織からすれば、自組織にとって賞賛されることが何かを示す機会となります（文化醸成）。誰が何を知っているのかが認知されることで組織学習を促進することができます（トランザクティブ・メモリー・システム、略してTMSと呼ばれます）。

次のツボ070では、強みを生かした目標について考えます。

A 自分の強みを発信する

図表069

ナレッジを発信する効果

発信者

組織

協働促進：強みを仲間に知ってもらうことができる
継続学習：教えるときにもっとも学ぶ。自分の仕事の価値を内省する
自己効力感：仲間たちからの賞賛

文化醸成：自組織にとって賞賛されることが何かを示す
TMS：誰が何を知っているのかが認知される

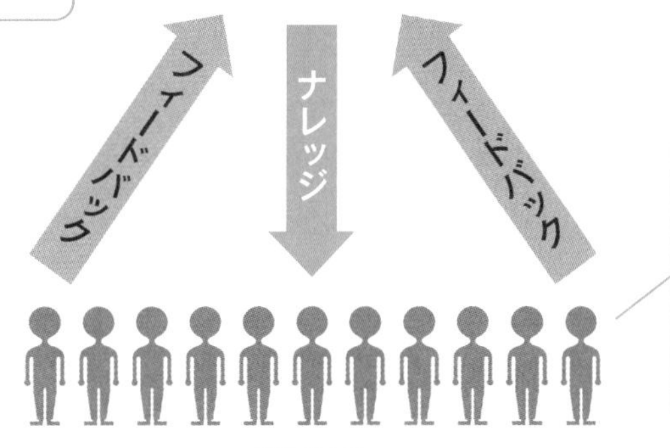

協働促進：誰と協力することで成果があげられるかがわかる
代理経験：自分にもできると感じられて自己効力感があがる

聞き手

実施内容
1. エントリー：申し込み開始、プレゼン資料の提出
2. 地方予選：7分間のプレゼン実施、聞き手からのフィードバック、審査員からの講評
3. 全国選出：10名前後が選出、全国大会向けプレゼン資料の提出
4. 全国大会：10分間のプレゼン実施、聞き手からのフィードバック、審査員からの講評、表彰

▶ もし組織に仕組みがなくても、自分の強みを伝える機会を意図的に作っていきましょう

100のツボ 070

Q 強み(個の客観)が生きる目標とは?

Chapter7.の最後に、個の客観と目標の理想的な関係について考えます。

強みは3周でわかる

まず、強みは多くの場合は「思い込み(主観)」から始まります。本当の客観的な強みは、目標を書いて実際に何ができたのかを分析することでしか分かりません(ツボ065)。

はじめは「思い込み」の強みや「ただ与えられた」仕事からスタートする、それが普通です。そして半年間など一定期間の実践を経て、結果を振り返って分析することで、自分の強みが明らかになっていきます。これを3周繰り返すと、自分が「実際にできたこと」を強みとして捉え、次の目標に反映できるようになります。

上司の支援が促進してくれる

この強みと成果のサイクルの速度をあげて、より客観性を増すために必要なのは、直属の上司、つまり目標を承認するポジションにいて日々の仕事をもっともよく見ているマネジャーからの支援です。

上司が誠実に向き合ってくれること、そして本人が真摯に、処遇などの恐れなく冷静に受け止めることができれば、強みはより効果的に目標を達成するものとなっていきます。

強みは生かされてこそ価値となる

組織において、強みは一人で発揮されるものではありません。その貢献を誰かに利用してもらう必要があります。強みを生かし、弱みを補いあうことが組織に属する理由だからです。

あなたの強みが反映されている目標とは、つまりあなたの強みを仲間が理解し、それを生かそうと思える目標のことです。自分の強みを発信すること(ツボ069)、そして目標が公開されていること(ツボ039)がそれらを促進してくれます。

あなたの仕事の成果が積み重なることで、あなたの強みが自他ともに明確になると、そこには信用が生じます。あなたが何かを成し遂げようと目標をかかげたとき、周囲から「一緒にやろう」と協働の声がかかるようであれば、あなたの目標には強みが反映されていると言えるでしょう。

このChapter7.では個の客観について考えてきました。次のChapter8.は組織の客観「業績」について見ていきましょう。

A 仲間が「一緒にやろう」と声をかけたくなる目標

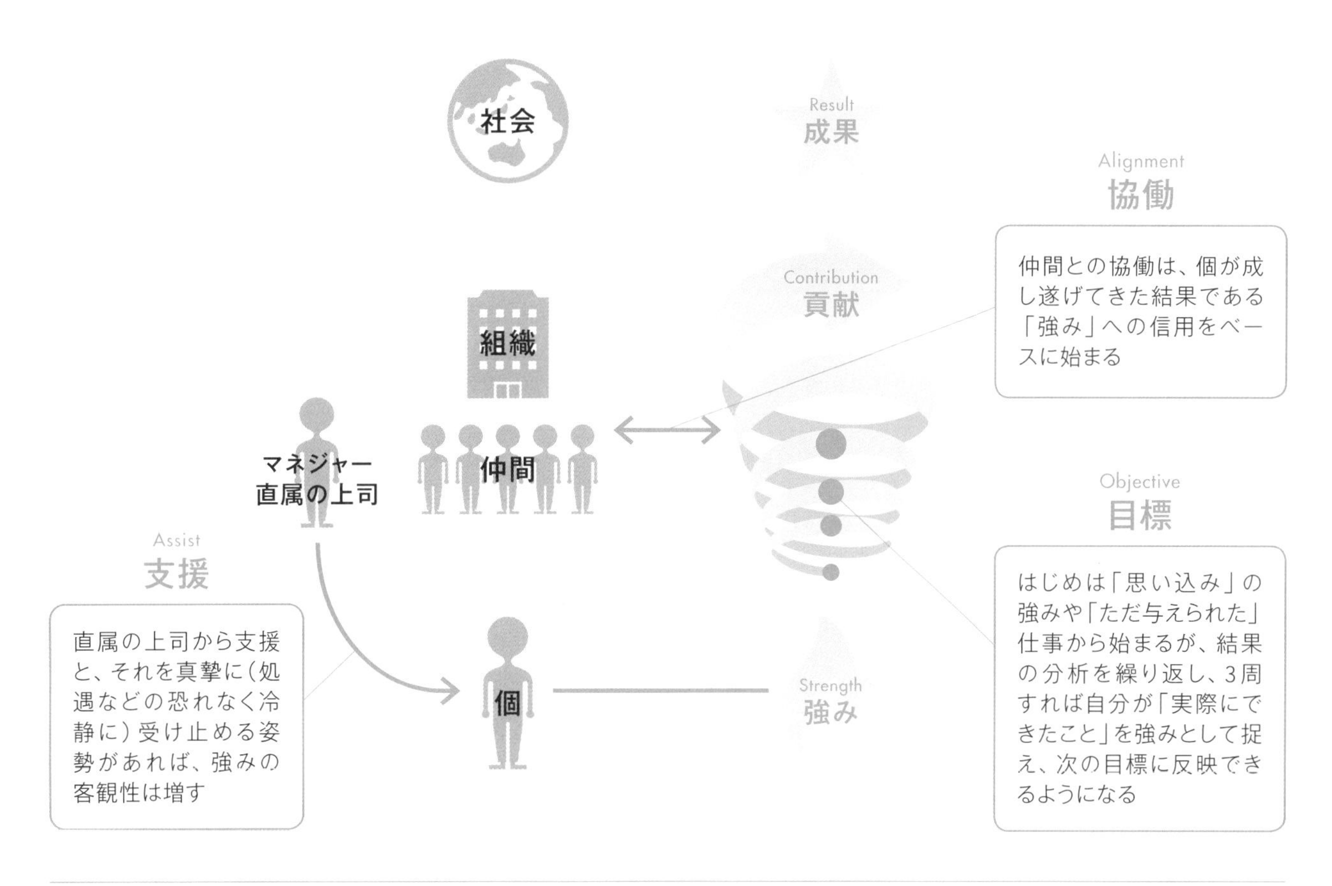

▶信用は過去の客観的な成果の上に積み上がるものです

まとめ

Chapter7.のまとめとしてツボ061〜070のQ&Aを一覧としています（右表）。

また、マネジャー（管理職）、メンバー（すべての働く人）、経営者、人事担当者それぞれに向けて、個の客観「強み」でお伝えしたいメッセージを記載しています。

マネジャー（管理職）のあなたへ

マネジャーのあなたに行ってほしいのは、メンバーの目標結果の分析です（ツボ065）。あなたが承認したメンバーの目標を、半年後などの実践期間ののち、一緒に分析してメンバーの強みと弱みを捉えましょう。あなたの向き合い方次第で、メンバーの成長は大きく促進されます。コツは目標・仕事それ自体に集中させることです（ツボ035）、評価や処遇に集中している間はうまくいきません（ツボ036）。

メンバーのあなた（すべての働く人）へ

メンバーのあなたに知ってほしいのは、強みの発揮を邪魔する現実です（ツボ066）。日常に流されて、ただ与えられた仕事をこなしているだけでは、あなたの強みは発揮されません。自分で自分の仕事の舵をしっかり握り、コントロールする必要があります。特に多くの方は時間管理が苦手です（ツボ067）。まずは自分が何に時間を使っているのか、記録するところから始めましょう。

経営者のあなたへ

経営者のあなたには、社員一人ひとりが自分の強みを知り、お互いの強みを生かしあい、弱みを補い合う文化を作っていただきたいと思います。そのためにはまず、あなた自身が自分の強みと弱みを知り（ツボ062）、社内に開示するところから始めてください。特に、あなたが弱みを伝え助けを求めることは、誰かの強みを生かすことになります。そして社内に強みを生かし合う文化が生まれるきっかけとなるはずです。

人事担当者のあなたへ

人事担当者のあなたに知ってほしいのは、自己診断ツール（ツボ063）や360度フィードバック（ツボ064）などの手法の効能と限界です。強みを生かし合う組織づくりは一朝一夕にはできません。そして魔法の杖のように一つの手法で突然、すべてが叶えられるものではありません。そのように謳っている手法はすべて過大広告であると疑ったほうが良いでしょう。人事のプロとして現状を掴み、目的に照らして、組み合わせて使用しましょう。

次のChapter8.では、組織の客観「業績」について見ていきます。

100のツボ	Q	A
061	なぜ強み(個の客観)が必要なのか?	弱みで何かを成し遂げることはできないから
062	どうやって自分の強みを知るのか?	自己診断ツール、仲間からのフィードバック、目標結果の分析、の3つの方法がある
063	自己診断ツールでわかることは?	強みのもととなる「資質」がわかる
064	仲間からのフィードバックでわかることは?	共通の目的・目標に向かう「行動」と「貢献」の質
065	目標結果の分析からわかることは?	強み・改善すべきこと・勉強すべきこと・弱み
066	なぜ強みが発揮できないのか?	自分ではコントロールできない4つの現実があるため
067	強みを発揮する時間管理とは?	時間を記録し、整理し、まとめる
068	強みを発揮する優先順位づけとは?	重要かつ緊急でないことに注力する
069	強みを仲間に利用してもらうには?	自分の強みを発信する
070	強み(個の客観)が生きる目標とは?	仲間が「一緒にやろう」と声をかけたくなる目標

対談

Conversation

誰にでも必ず「才」があり、それを引き出すのが「能」

安藤昭子氏

株式会社編集工学研究所 代表取締役社長

編集工学研究所の安藤昭子氏と、目標・編集・才能について語り合いました。

■生命に学ぶ・歴史に展く・文化と遊ぶ

坪谷邦生（以下、坪谷）：安藤さんの著書『才能をひらく編集工学』の「才能」と目標をひもづけたお話ができたらおもしろいなと思って、お伺いしました。

安藤昭子氏（以下、安藤）：本題に入る前に、「目標」というものについて少しすり合わせをする必要がありそうです。「目標管理」はドラッカーから来ているものだと思いますが、どう定義されているのでしょうか?

坪谷：ドラッカーは、1950年代の社会の変化の中で、GEなどの大企業と出会います。そこで大勢の人がうまく働く方法「マネジメント」を発明し、働く人を方向づける哲学MBO（目標管理）を提唱したのです。

安藤：編集工学の観点からすると、おそらくそこを一度アンラーンしないと先に進めないかなと思います。まず最初に、私たち編集工学研究所には「生命に学ぶ・歴史を展く・文化と遊ぶ」という、創業以来のスローガンがあるんですね。この宇宙に情報としての生命が誕生して以来、さまざまな編集の営みの果てに、今こうしてたまたま人間が存在している。そういう私たちは常に情報に囲まれていて、情報を編集しながら生きている。自分の可能性や才能を内発的に引き出すにも、必ず編集という営みが介在しているというのが、基本的な編集工学の考え方です。

編集工学の世界観から見ると、大企業におけるマネジメントといった手段は、人間にとってはあくまで後発的に生じたものです。

近代以降、企業の目的を達成するために人々が動き、企業はそれを管理する、という世界観が、先進国社会の大部分の風景になってきたと思います。でも、人類や生命の歴史から見れば、たかだかここ100年程度のごく最近の世界観にすぎません。ユルゲン・ハーバーマスというドイツの哲学者は、「システムによる生活世界の植民地化」という問題を指摘しています。市場や資本主義というシステムが作られたことで、人間が労働機能になり、本来人が持っている文化的生活がシステムの植民地状態になっているという話です。

組織は何のために存続する必要があって、個人は何のためにそこに参加するのか。「目標」というのは個人の問題でもあるけど、その個人を抱えている組織の問題でもあるように見えます。個々人の思いを抱えられる組織でいられるのか。少なくとも、企業が大勢を効率よく動かして利潤を上げることを主な目的にしている間は、本来的には個人を抱えられないんだと思います。企業が存在している意味や願いや志が従業員とすり合ってなければ、従業員だけが個々人のレベルで目標管理が上手になっても、握手はできないですよね。

坪谷：個の主観と組織の客観が、握手できてないんですよ。ティール組織の元になった『インテグラル理論』は、「主観と客観×個と組織」の4象限で世の中のあらゆるものを捉えようとしています。私はこの理論を援用して、目標管理を考えようとしているのですね（図表010）。夢（個人の主観）の話だけしてもだめだし、業績（組織の客観）の話だけしてもだめなんです。

◪能によって才をひらく方法が必ずある

坪谷：「才能をひらく」というときに、組織や企業の人事の観点で、ヒントをいただけたらうれしいです。

安藤：まず「才能って何だろう」と考えると、もともと「才」は素材に宿っているもので、能というのが人の技能・職能なんです。どちらかだけでは足りなくて。能はこのマトリックスで言うと右側のスキルで、才はその人・その場所にしかないもの。才という言葉自体が、もともと「世界にそれしかない」というものを表しているので、あとから勉強して身につける類のものとは違うというのがまず大前提なんですね。

誰にでも必ず才があって、それを引き出すための能をどう持つかというところなんですが、才能に関しては、どうもバラバラに考えてるんじゃないかと思います。能は能で、当然みんな後天的なトレーニングで鍛えようとしていますと。才はそれこそ「あなたらしさは何ですか」とか「みんな違ってみんないい」とか言われて、「何かあるでしょう」と詰め寄られると「いえ、私なんか何もありません」となってしまったり。

だけど、この才と能は2つでセットだと考えると、今の自分がわかっていなくても、能によって自分の才をひらく方法が必ずあるということに気が付きます。この自分の才を引き出す力が、ほかでもない「編集力」でもあるんですね。

坪谷：ビジョナリー・カンパニーで言う「誰をバスに乗せるか」とは「才」が見合った人たちがバスに乗ることかもしれません。そしてドラッカーはマネジャーの素質は「後から身に付くものではない」と言っていました。これはまさに「才」による登用ですね。

2022年9月20日

Profile

安藤昭子／あんどう あきこ　企業の人材開発や理念・ヴィジョン設計、教育プログラム開発や大学図書館改編など、多領域にわたる課題解決や価値創造の方法を「編集工学」を用いて開発・支援している。主な著作『才能をひらく編集工学 世界の見方を変える10の思考法』（ディスカヴァー，2020）。

以上、logmiBiz『図解 目標管理入門』対談「自分の夢すらも"正解っぽいもの"を探そうとする人々 組織と働く人の間で起きている、すれ違いの要因」より一部抜粋して掲載 <https://logmi.jp/business/articles/327578>

全文はこちらです ▶▶

Column 07
魔法がとけるまで

私はリクルートマネジメントソリューションズ（RMS）に所属していた頃、年に1回開催される知の祭典、ナレッジ・グランプリ（ツボ069参照）が大好きでした。クライアント企業における人組織の葛藤、そこに全力で並走するRMSの仲間たちのリアルな実践と活躍を知ることができる。いつも大きな感動があり、自分たちの仕事の誇りを思い出せる1日なのでした。

7年間このグランプリにエントリーし続けてきました。何が日本企業の課題なのか、RMSが存在している意義は、その中で人事コンサルタントとしてできる最高の価値貢献とはなんだ？

考えて、考えて、考えて、磨いて、磨いて、磨いて……。

予選落ちから全国大会進出、3位、2位と年々順位はあがり、とうとう「あるべき人材像を実現する人事制度」というテーマでプレゼンしたときに優勝することができました。500名の賞賛。花束。仲間たちは涙を流して喜んでくれました。一番厳しかった師匠から「いまのリクルートのNo.1コンサルは坪谷だ」とお墨付きをもらいました。

しかし、壇上で表彰状を受け取りながら、私の頭の中に響いたのは「ちがう！」という声でした。これはあくまでも社内イベント。まだ世の中には何も届いていない、まだ自分は何もお役に立っていないではないか。

魔法が、とけました。

私はいったい何をやっていたのだろう。人事として悩みながらも戦ってきたのは、メンバーにイキイキと働いて欲しかったからではないのか。頑張っている仲間が倒れる姿を、もう見たくないからではなかったのか。RMSには人材マネジメントの知がある、それを世の中のお役に立てるために、ここにきたのではなかったのか。もっと、世の中に発信しなければ。

それから6年後の今、私がこの本を書いているのは、そのためです。

Chapter. 8

業績

組織の客観

100のツボ
071

Q なぜ業績（組織の客観）が必要なのか？

Chapter8. では組織の客観である業績について見ていきましょう。

企業の本質は経済的な成果

P.F. ドラッカーは企業の本質は「あくまで経済的な成果[※1]」だと言いました。

> 企業の活動には、従業員の幸福、コミュニティの福祉、文化への貢献などの非経済的な成果がある。しかし経済的な成果をあげられなければ、マネジメントは失敗である。消費者が進んで支払う価格で望む財やサービスを提供できなければ、失敗である。自らに託された経済的資源を使って、その富の創出能力を増大させることができなければ、あるいは少なくとも維持することができなければ、失敗である。[※1]

どのような企業であっても、製品・サービスを通じて、誰かに価値を届けています。その経済的な成果を積み重ねることで組織は存続を許されているのです。

業績は前提条件

事業（ビジネス）全体における成果を「業績」と呼びます。仕事一つひとつで成し遂げられた成果が事業全体として足し合わされて業績となるのです。

業績をあげられなかったとき（そして支払不能になったとき）企業は倒産します。

倒産は特に珍しいことではありません。東京商エリサーチによると、2021年に倒産した企業は6,015件、企業の平均寿命は23.8年です。社会人が生涯働く時間を22才から65才までの43年間だとすれば、2社の倒産に立ち合う可能性が高いという計算になります。

個と組織がともに生きる目標を考える上で、業績をあげ続けることは前提条件となります。業績があがっていなければ、組織は存続できず、どんな崇高な目的も遂行することができません。そして個人の活躍の場もなくなり、給与未払い、キャリアが中断されるなど、大きな負担がかかることとなります。

業績は貢献の集合体

業績は、一人ひとりの貢献によって作られます。

全体として、事業の構造はどうなっているのか、その中で自分はどこを担っているのか、どのようなレベルの貢献が必要であるのかを、組織で働く一人ひとりが認識して、自分の目標に反映する必要があります。

それぞれが自分がやりたいこと、自分の成長につながると思えることだけを進めていたのでは、全体として業績はあがらず組織は存続できないからです。

次のツボ072から、業績をあげる組織について学んでいきましょう。

A 業績がなければ企業は存続できないため

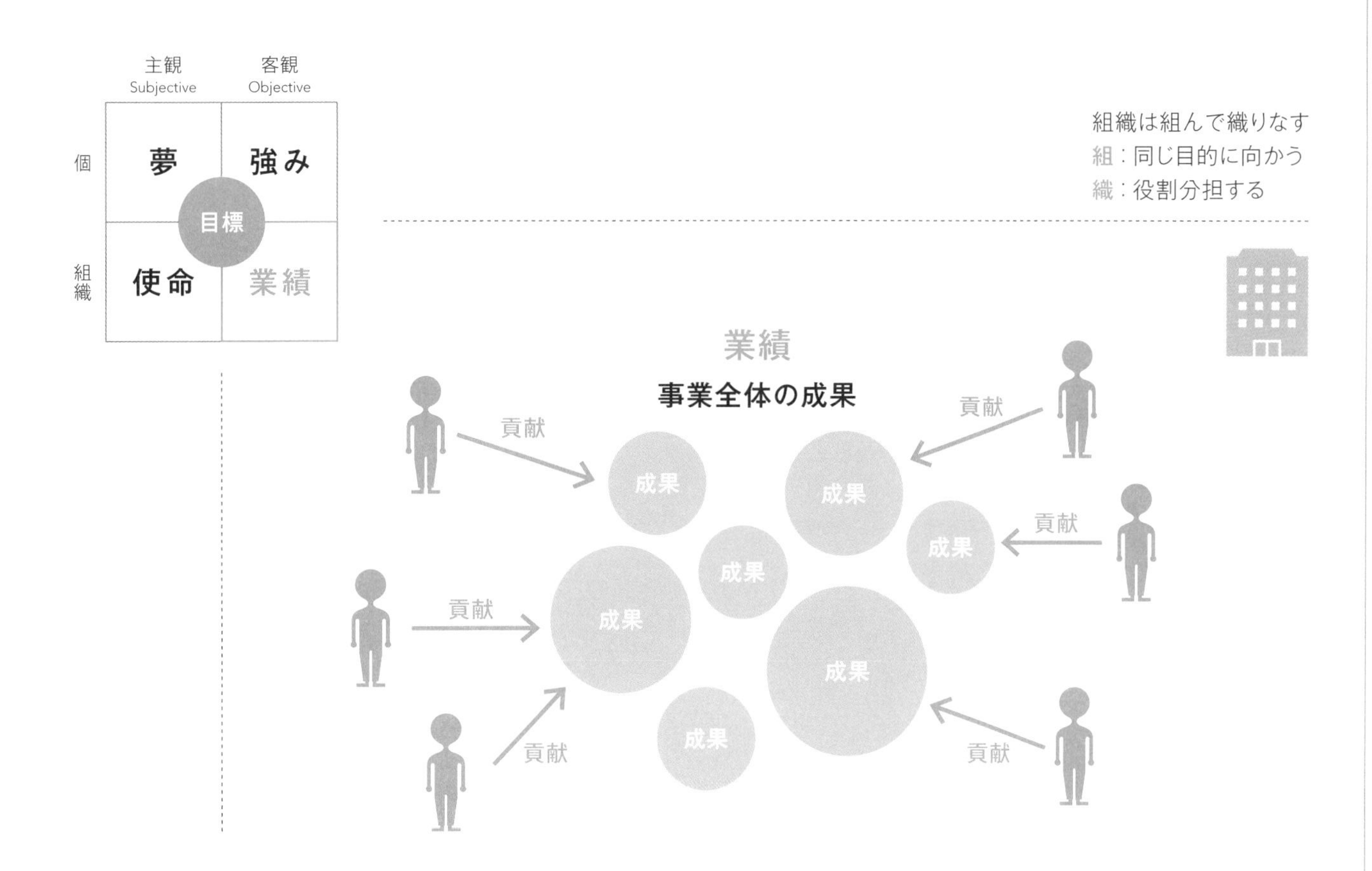

▶業績に貢献せず組織にぶら下がることを「フリーライド（ただ乗り）」と呼びます

100のツボ 072

Q 偉大な業績を残す企業の特徴は？

業績を残す企業には、どのような特徴があるのでしょうか？

『ビジョナリーカンパニー』から学ぶ

ジム・コリンズは偉大な企業について調査研究し、その結果を書籍『ビジョナリーカンパニー』として出版しました。研究対象となっている企業は以下のとおり。

業界で卓越した企業である、見識ある経営者や企業幹部の間で広く尊敬されている、社会に消えることのない足跡を残している、最高経営責任者が世代交代している、当初の主力商品のライフサイクルを超えて繁栄している、1950年以前に設立されている。※2

まさに客観的な「業績」を残した企業と言えます。

著者のジム・コリンズは、P.F.ドラッカーから強い影響を受けています。ビジョナリーカンパニーのタイトルを考えているとき「『ドラッカーは正しかった』という書名でどうだろう?」と言ってしまうほどで、ドラッカーの思想を実証研究したものが『ビジョナリーカンパニー』だとも言えるでしょう。

時を告げるのではなく、時計を作る

コリンズの調査から導き出された、偉大な企業の特徴は「時を告げるのではなく、時計を作る」ことでした。「時を告げる」とは素晴らしい商品や優れた戦略を作ること、「時計を作る」とは、卓越した組織を作ることです。

偉大な企業の経営者は「時を告げる人」として、素晴らしいアイデアやビジョンのもとに力強く人々を導いていったのではないか、と私たちは想像してしまいますが、その思い込みは否定されます。実際には彼らは「時計を作る人」として、卓越した組織を作ることに最大限の情熱を注いでいました。

株式市場平均の15倍以上の利回り

ビジョナリーカンパニーの業績を示すデータとして、株式総合利回りが示されています。1926年1月1日から1ドルずつ、調査対象企業のファンドに投資したとすれば1990年12月31日（ビジョナリーカンパニー執筆時点）で6,356ドルになります。これは株式市場平均の15倍以上の結果でした。

ただし、これらの企業も永遠に偉大であり続けるわけではなく、ここから衰退をした企業も多くあります。ジム・コリンズはその衰退の要因も、書籍『ビジョナリーカンパニー③衰退の五段階』で解明しています。

次のツボ073では、業績を残す企業の組織の作り方を見ていきましょう。

A 優れた商品や戦略を作ること以上に、卓越した組織を作ることを重視する

図表072

ビジョナリーカンパニーの特徴

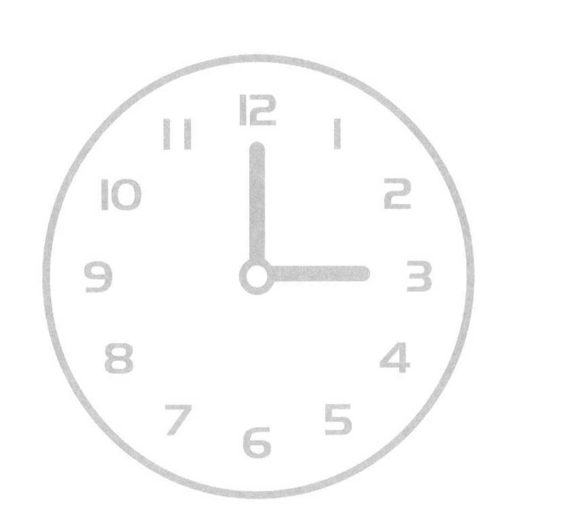

株式の累計総合利回り

（元本1ドル、投資期間1926年1月1日～1990年12月31日）

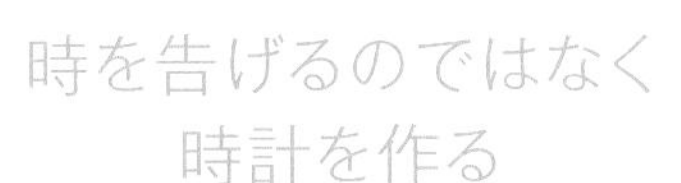

素晴らしい商品や優れた戦略を作る（時を告げる）こと以上に、卓越した組織（時計）を作ることを重視する

長期的に
業績を残し続ける

1926年1月1日から1ドルずつ投資したとすれば1990年12月31日で6,356ドル、株式市場平均の15倍以上となった

（ジム・コリンズ，ジェリー・ポラス『ビジョナリーカンパニー』をもとに作成）

▶ビジョナリーカンパニーシリーズは累計1,000万部を超える世界的ベストセラーです　HINT

100のツボ
073

Q 卓越した組織の作り方は？

偉大な業績を残す企業の特徴である「卓越した組織」は、どうやって作られるのでしょうか？

「誰をバスに乗せるか」を徹底する

ジム・コリンズ『ビジョナリーカンパニー』によれば、偉大な業績を残した企業たちは、素晴らしい商品や優れた戦略を作る（時を告げる）こと以上に、卓越した組織（時計）を作ることを重視していました（ツボ072参照）。その続編『ビジョナリーカンパニー②飛躍の法則』によれば、卓越した組織を作るために必要なことは「誰をバスに乗せるか」（通称「誰バス」）の徹底です。

まず最初に適切な人をバスを乗せ（採用）、不適切な人をバスから降ろし（代謝）、適切な人がふさわしい席に座って（配属）から、どこに向かうか（戦略）を決めるのです。まず誰がいるか（人）、そして何をやるか（事）という順番が重要です。つまり戦略よりも採用を重視しているのです。冷酷ではなく超厳格に、少しでも疑問があったら採用せずに、適切な人材を探し続けます。

そうして「規律の文化（A Culture of Discipline）」が形成されます。自ら規律を守る人をバスに乗せ、その人たちが自分たちの規律を作り、規律ある行動をとるのです。規律を守らせなければならない状況とは、誰バスに失敗した結果にほかなりません。「管理とは無能の証明※3」だとコリンズは言い切っています。

不適切な人材が衰退を招く

さらに『ビジョナリーカンパニー③衰退の五段階』によれば「不適切な人材が主要ポストにつく※4」ことは、企業が衰退する原因であることもわかりました。適切な人材を集める速さよりも速いペースで企業を成長させようとして、不適切な人材を主要ポストにつけてしまうと、その欠陥を補うために官僚的な手続きが横行してしまいます。そして規律が破壊されていくのです。

もっとも重要な指標は「適切な人材」率

コリンズは最新作の『ビジョナリーカンパニーZERO』において「最高の人材がいなければ最高のビジョンに意味はない※5」と言っています。

> 企業が追求すべきもっとも重要な指標は、売上高や利益、資本収益率やキャッシュフローではない。バスの重要な座席のうち、そこにふさわしい人材で埋まっている割合だ。適切な人材を確保できるかにすべてがかかっている。※5

長く業績を残し続ける偉大な企業を分析した結果、大切なのは方法という「事」ではなく、まず「人」だったのです。

次のツボ074では、偉大な業績を残す企業の戦略について見ていきましょう。

A 適切な人材がバスに乗り、適切な席に座る

図表073

誰をバスに乗せるか

1 適切な人をバスに乗せる

- 採用・異動が決定的に大切
- 冷酷ではなく超厳格

3 適切な人が席に座る

- 席に座った人たちでどこに行くか（戦略）を考える

2 不適切な人をバスから降ろす

- 不適切な人が主要なポストについていると偉大な企業であっても衰退する

企業が追求すべきもっとも重要な指標

バスの重要な座席のうち、そこにふさわしい人材で埋まっている割合

（ジム・コリンズ『ビジョナリーカンパニー②飛躍の法則』をもとに作成）

▶不適切な人材がバスに乗っていることは、お互いにとって不幸なことです HINT

100のツボ
074

Q 偉大な企業はどうやって戦略を立てる？

偉大な業績を残す組織は、どうやって戦略を立てているのでしょうか？

ハリネズミの概念

ジム・コリンズ『ビジョナリーカンパニー②飛躍の法則』によれば、偉大な業績を残した企業たちの戦略は、驚くほどシンプルでした。

彼らの思考法をコリンズは「ハリネズミの概念」と名付けました。この命名は「キツネはたくさんのことを知っているが、ハリネズミはたったひとつ、肝心要の点を知っている」という古代ギリシャの寓話から来ています。キツネは賢くて俊敏です。あれこれ考えて様々な手法を仕掛けるのですが、冷静にたった1つの戦い方「丸まって針を立てる」を実行するハリネズミにどうしても勝てないのです。

哲学者アイザイア・バーニンは、人間をキツネ型とハリネズミ型に分けました。キツネ型の人は、多くの目標を同時に追求し、複雑な世界を複雑なものとして理解し、力を分散させ、いくつもの動きを起こします。対してハリネズミ型の人は、世界がどれほど複雑であっても、あらゆる課題や難題を単純な概念として捉えます。1つの系統だった考え、基本原理、基本概念によって、すべての行動を決定しています。

コリンズの調査によれば、偉大な業績を残した企業の経営者は、程度の差はあれ、全員がハリネズミ型で、方針に一貫性を持っていたのです。

3つの円の重なりを深く理解する

彼らのシンプルな戦略は、次の3つの円が重なる部分を探求し、深く理解することから導き出されていました（図表074）。

世界一になれる：自社が世界一になれる分野はどこか、逆になれない分野はどこか。得意な分野や中核的能力（コア・コンピタンス）のことではありません。世界一に「なりたい」分野でもありません。実際に、世界一に「なれる」分野を見極めるのです。

経済的原動力になる：「X当たり利益」をたった1つの財務指標とするなら、Xに何を選ぶべきか（例：社員一人当たり利益など）。この問いへの答えが、産業がどのような状態にあっても、自社に経済的原動力を与えてくれます。

情熱を持って取り組める：事業に情熱を持てるように、社員に「呼びかける」のではありません。情熱を燃やせること「だけ」に取り組むのです。

この3つの重なりの1点は、一朝一夕で理解できることではありません。どの企業も霧の中を手探りで歩き続けて、平均4年間かかって、重なりの1点を手に入れています。そして、そこから飛躍的な成長を遂げているのです。

次のツボ075は、不確実な状況で業績を残す方法を考えます。

A 世界一になれる、経済的原動力になる、情熱を持って取り組める、単純明快な1点を探求する

図表074

ハリネズミの概念

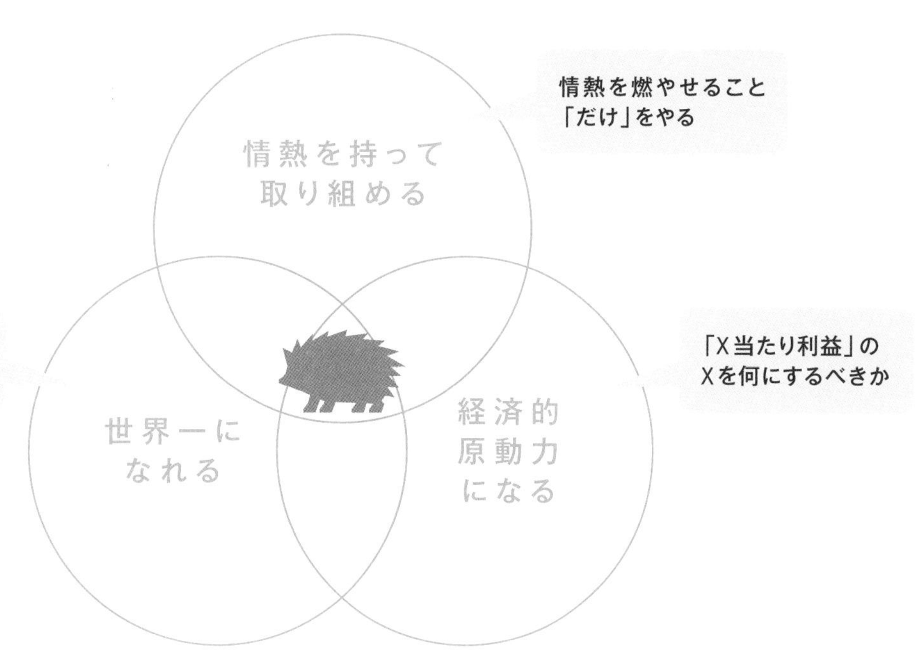

キツネはあらゆる手法を駆使して襲いかかるが、ハリネズミの「丸まって針を立てる」というたった1つのシンプルな戦い方にどうしても勝てない

（ジム・コリンズ『ビジョナリーカンパニー②飛躍の法則』をもとに作成）

▶本当に1点を理解できたときは「静かな感動」が生まれるため、必ずわかります

100のツボ 075

Q 不確実な状況で業績をあげるには?

不確実な状況で業績をあげる企業は、どんな特徴を持っているのでしょうか。

実証的創造力

業績を残す偉大な企業は、シンプルな1点に絞った一貫性ある戦略をとっていました(ツボ074参照)。何かを選択することは、何かを選択しないことでもあり、大きな賭けとなります。大切なのは「正しい」賭けに出ることです。「誤った」賭けに出ると、大きなダメージを受けてしまいます。不確実な状況において、経営者は正しい賭けをどうやって見分ければ良いのでしょうか。

ジム・コリンズ『ビジョナリーカンパニー④自分の意志で偉大になる』によれば、偉大な業績を残す企業の経営者は「実証できる根拠」を頼りにしています。何かに書いてあったこと、誰かに言われたことではなく、自分で直接観察し実験を重ね、具体的な事実をとりにいきます。そして、その実証されたデータをもとに大きな投資を行っていたのです。

銃のあとに大砲発射

コリンズはこれを海の戦闘に喩えています。

海戦で敵戦から威圧されている状況を思い描いてほしい。砲撃しようにも火薬の在庫はあまりない。あなたはすべての火薬を集めて巨大な大砲を一発放つ。

砲弾は洋上を飛んでいく……。目標を40度も外れた。あなたは火薬庫に戻ってみるが、中は空っぽ。あとは死を待つだけだ。

違う展開を思い描いてみよう。敵戦から威圧されると、火薬の一部だけ使って銃弾を撃つ。やはり目標から40度外れた。再び銃弾を込めて撃つ。今度は30度外れた。再び銃弾を込めて撃つ。今度は10度外れた。四回目の銃弾は見事に船体に命中した。さて、今度は大砲の出番だ。あなたは残りの火薬をすべて集めて巨大な大砲に詰め、四回目の銃弾と同じ方角に向けて発射する。この砲撃によって敵戦は沈み、あなたは生き残る。[※6]

ここで言う「銃」とは、低コスト・低リスクで影響の少ない実証実験のことです。そして「大砲」を発射する、とは経営資源を集中させて戦略的投資を行うことです。

実証データなしに突然撃った大砲は、大惨事を引き起こす「誤った」賭け、そして実際に何が有効なのか実証実験してから、方角を合わせた大砲は、業績をもたらす「正しい」賭けなのです。

次のツボ076では偉大な企業がどうやって飛躍したのかを見ていきましょう。

A 自分で実証したデータをもとに投資する

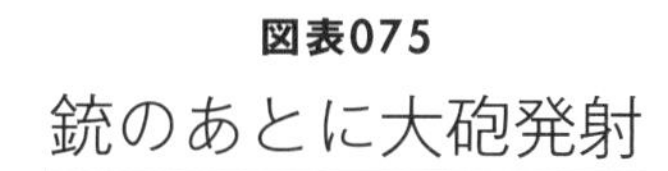

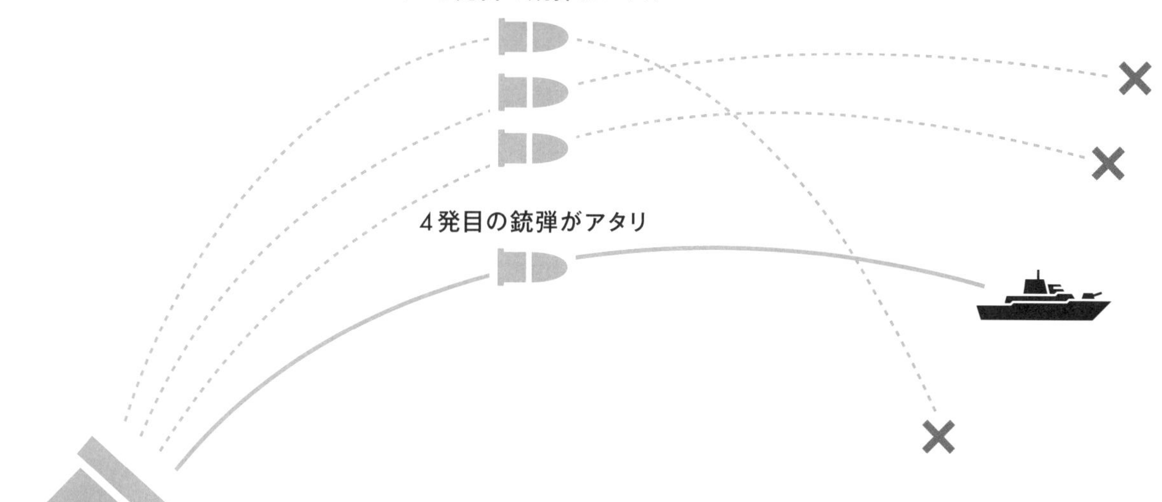

4発目の銃弾の方角に
大砲を打つ

いきなり大砲を撃つのではなく、
小さな銃弾を何度か撃って、
命中した方角に大砲を撃つ

銃：実証実験

- コスト低
- リスク低
- 影響が少ない

大砲：戦略的投資

- コスト高
- リスク高
- 影響が大きい

（ジム・コリンズ『ビジョナリーカンパニー④自分の意志で偉大になる』をもとに作成）

▶一発逆転を狙った施策を行う組織は、衰退の道を進んでいます※4　HINT

100のツボ
076

Q 偉大な企業はどうやって飛躍したのか？

偉大な業績を残す企業は、どうやって飛躍したのでしょうか？

飛躍は「弾み車」のように

ジム・コリンズ『ビジョナリーカンパニー②飛躍の法則』によれば、偉大な企業への飛躍は、結果を見ればどれほど劇的なものであっても「一挙に達成される」ことはありませんでした。特別で決定的なやり方もなければ、奇跡の瞬間もありません。それは巨大で重い「弾み車」に似ています。はじめは重くてほとんど回らないのですが、ひたすら押し続けていると、次第に勢いがついていき、いつしか手が出せないほど回転が速くなっているのです。

飛躍した企業は、その転換となった取り組みに特別な名前をつけていませんでした。開始の式典や標語のようなものもなく、特別なことをやっているという認識すらありません。そっと静かに弾み車を回し始めています。派手な宣伝や、従業員を動機付けるような試みは行っていないのです。

対象企業の1社、クローガーの経営者ジム・ヘリングはインタビューでこう答えています。「みなが確認できるような形で、実績を示していった。ひとつの段階を成功させてからつぎの段階に移るように計画をたてた。こうして、従業員の大多数が言葉によってではなく、成功ぶりをみて計画の正しさを確認できるようにした※3」掛け声ではなく、地道な成果によって弾み車を回していったことがわかります。

行動の一貫性「20マイル行進」

ジム・コリンズ『ビジョナリーカンパニー④自分の意志で偉大になる』によれば、不確実な状況で業績を残している企業は徹底した「行動の一貫性」を持っていました。長期間を経ても行動がブレず「工程表に準拠して」好調なときも不調なときも、必ず一定のペースで、目標に向かって進み続けます。集団心理や社会的圧力に左右されず、自ら設定した目標に向けて一貫して進んでいくのです。

この特徴は、毎日20マイル（約32km）を着実に歩いてアメリカ横断3,000マイル（約4,800km）を達成するという逸話から「20マイル行進」と呼ばれています。

「一発逆転」は衰退の兆候

その逆に、一発逆転できる博打のような「特効薬」を追求した企業は衰退していきました。ジム・コリンズ『ビジョナリーカンパニー③衰退の五段階』によれば、カリスマ経営者への期待、新技術、大型買収などで業績回復を狙うことは衰退の兆候です。一時的に業績は回復したとしても長くは続きません。

ハリネズミの概念を深く理解した、地道で一貫性ある前進でなければ、業績は残せないのです。

次のツボ077では業績への貢献について見ていきましょう。

A 地道な一貫した行動によって成果を積み上げる

図表076

弾み車の法則と20マイル行進

20マイル行進

一定のペースを徹底する

目に見える成果が
あらわれる

成果をみて
参加者が増える

弾み車が
勢いをます

原則に従って
地道に前進する

弾み車の法則

（ジム・コリンズ『ビジョナリーカンパニー②飛躍の法則』をもとに作成）

▶20マイル行進は、規律ある人材がバスに乗っていること（ツボ073参照）が前提です

100のツボ
077

Q 業績をあげるため、あなたがなすべきことは?

業績をあげるために、あなたは何をなすべきでしょうか?

貢献に焦点を合わせる

まず必要なことは、目の前の仕事から顔を上げて「組織全体に影響を与える貢献は何か」を自分に問うことだ、とP.F.ドラッカーは言います。

> 肩書きや地位がいかに高くとも、権限に焦点を合わせる者は、自らが単に誰かの部下であることを告白しているにすぎない。これに対し、いかに若い新入りであろうと、貢献に焦点を合わせ、結果に責任をもつ者は、もっとも厳格な意味においてトップマネジメントである。組織全体の業績に責任をもとうとしているからである。※7

貢献に焦点を合わせることによって、自分の専門分野や自チームと組織全体との関係について徹底的に考えられるようになります。そしてそれは自分の強み(Chapter7.参照)を追求し、自分の仕事の可能性を広げることにつながります。

逆に「どんな貢献ができるのか」を考えなければ、自分の仕事を狭く捉えるようになり、目標を低く設定するだけでなく、間違った目標を設定してしまいます。「やがて自らをごまかし、組織を壊し、ともに働く人たちを欺くことになる※7」のです。

3つの貢献

貢献の種類は大きく3つあります。直接の成果、人を育てること、組織文化を作ること、です。

1.直接の成果:直接の成果とは、顧客に届いた価値そのもののことです。自分の仕事が直接の成果にどう貢献しているのか、事業の中での位置づけを明確に捉える必要があります(ツボ078参照)。

2.人を育てる:今の業績をあげるだけではなく、未来の業績を作る人を育てていく必要があります。直接の成果に貢献する人を育てること、そしてさらに事業自体を作る人を育てなければ、組織は存続できません。

3.組織文化を作る:組織の目的や価値基準を明確にすること、つまり組織文化を醸成することも、重要な貢献です(組織の主観についてはChapter9.参照)。

次のツボ078では、直接の成果に貢献する方法を考えましょう。

A 貢献に焦点を合わせる

図表077

貢献の種類

1
直接の成果

顧客に届いた価値そのもの

2
人を育てる

未来の業績を担う人を育てる

3
文化を作る

組織の目的を持つ価値基準を明確にする

貢献への問い

貢献に焦点を合わせなければ、やがて自らをごまかし、組織を壊し、ともに働く人たちを欺くことになる

組織全体に影響を与える貢献は？

（P.F.ドラッカー『経営者の条件』をもとに作成）

▶高度な専門知識を持ったプロも、貢献しなければ成果をあげることはできません　HINT

100のツボ
078

Q 直接の成果に貢献する方法は？

直接の成果に貢献するには、どのような方法があるのでしょうか。

直接の成果に貢献する

直接の成果に貢献するには次の段階があります。

0.覚える：入社・異動の直後は、業務を覚えるところから始まります。まだ直接の成果に貢献することはできません（前向きな姿勢で、組織文化に貢献しましょう）。

1.実行する：業務を覚えたら、定まった業務を正しく実行する段階に入ります。期待された成果をしっかりあげることで貢献します。

2.改善する：業務を実行できるようになったら、任されている領域の業務を、改善して効果・効率をあげる段階に入ります。

3.事業を作る：事業全体の仕組み（ビジネスモデル）を作り、業務を組み立てます。

上の段階の人は、1人で下の段階も担うことができますが、下の段階の人は一段ずつ成長する必要があります。

また、どの段階であっても事業の仕組みを理解している必要があります。自分が実行している業務が全体のどこに位置していて、どこに影響するのかを理解していなければ、正しい貢献とはならないためです（ビジネスモデルについてはツボ079参照）。

人を育てることで貢献する

成果をあげる人を育てることも大切な貢献です。経営者、マネジャー、そして先輩社員には後進を育てることが求められます。

「0.覚える」段階の人には業務の内容や進め方を教える必要があります。「1.実行する」段階の人には、期待する成果の基準を伝え、実際の結果に対してフィードバックを行う必要があります。「2.改善する」段階の人に対しては、業務の目的をすり合わせた上で、効果・効率をあげるための支援を行う必要があります。「3.事業を作る」段階の人に対しては、事業の目的をすり合わせた上で、事業の有用性・実現可能性・持続可能性をあげるための支援を行う必要があります。

そして、どの段階の人に対しても、新たな成長機会となる仕事をアサイン（付与）することが、人を育てる上ではもっとも重要です。

間接支援による貢献

経理、人事、法務などを担当する管理部門などのスタッフも、直接の成果に貢献しています。それは「直接の成果をあげる人たちを自分の仕事に集中させる」ことによる支援です。そのためには、事業の仕組みを正しく理解している必要があります。

次のツボ079では、事業の仕組み、ビジネスモデルについて見ていきましょう。

A 実行する・改善する・事業を作る・人を育てる・間接支援

図表078

業績への貢献

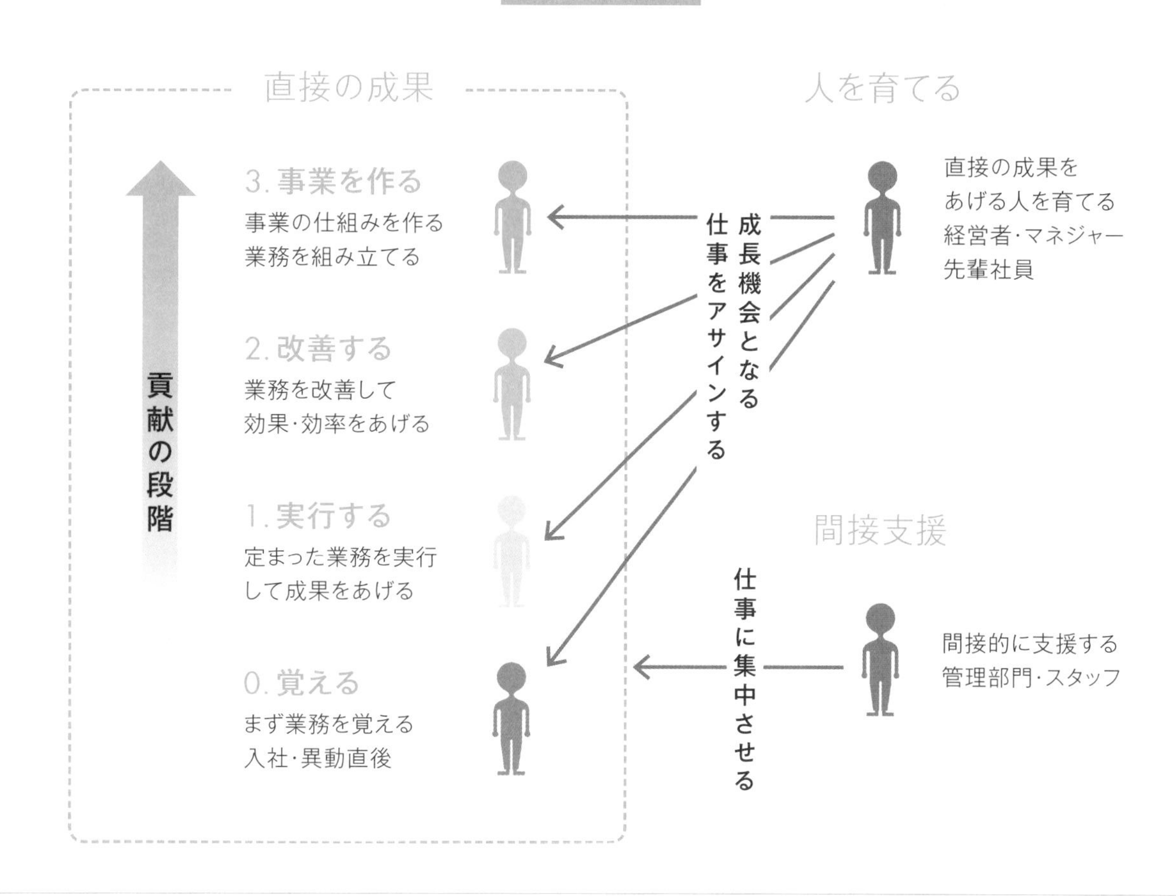

▶事業の仕組みを理解していないスタッフは、間接支援ではなく阻害要因になります HINT

100のツボ 079

Q ビジネスモデルとは何か？

業績に貢献するために、ここではビジネスモデルについて学びましょう。

ビジネスモデルとはなにか？

ビジネスモデルとは、その事業（ビジネス）において、「誰に、なにを、誰が、どのように価値提供してお金を得るか」という仕組みのことです。

1990年代、インターネットの急激な普及とともに、広く使われるようになった言葉です。よく似た言葉にビジネスプラン（事業計画）がありますが、こちらはビジネスモデルを実際にどう進めていくのか、資金調達なども含めた計画のことです。

なぜビジネスモデルが必要なのか？

顧客に価値を届ける、つまり直接の成果をあげるためには、自分の携わっている事業の仕組みを知っている必要があります。

そのモデルの中のどこに自分は貢献しているのでしょうか。営業や開発など直接的に貢献が見える職種であれば簡単にわかりますが、品質管理や人事や経理などの貢献は、日々の仕事からはわかりにくいはずです。

ビジネスモデルを理解できると、事業の注力ポイントがわかり、自分たちが何をすることで直接の成果につながるのかを考えられるようになります。

ビジネスモデルを書いてみよう

図表079は近藤哲朗『ビジネスの仕組みがわかる 図解のつくりかた』で紹介されているビジネスモデルのフォーマットです。一定のルールに従って3×3マスでビジネスモデルを表現することができる、とても秀逸なツールです（全文とツールキットも無料で公開されています※8）。

ぜひ一度、自分の携わっている事業がどんな仕組みになっているのかを書いてみてください。できれば上司や職場の仲間と一緒に書いて認識をすり合わせて見ましょう。わかっていなかったシンプルな構造が浮かび上がるはずです。

また、同じ著者の『ビジネスモデル2.0図鑑』にはスタートアップから大企業まで100のビジネスモデルが解説されています。あなたの事業をモデル化する参考になると思います（こちらも全文が無料公開されています※9）。

次のツボ080では、業績をあげる目標について考えます。

A 誰に、なにを、誰が、どのように価値提供して お金を得るかという仕組み

図表079
ビジネスモデル

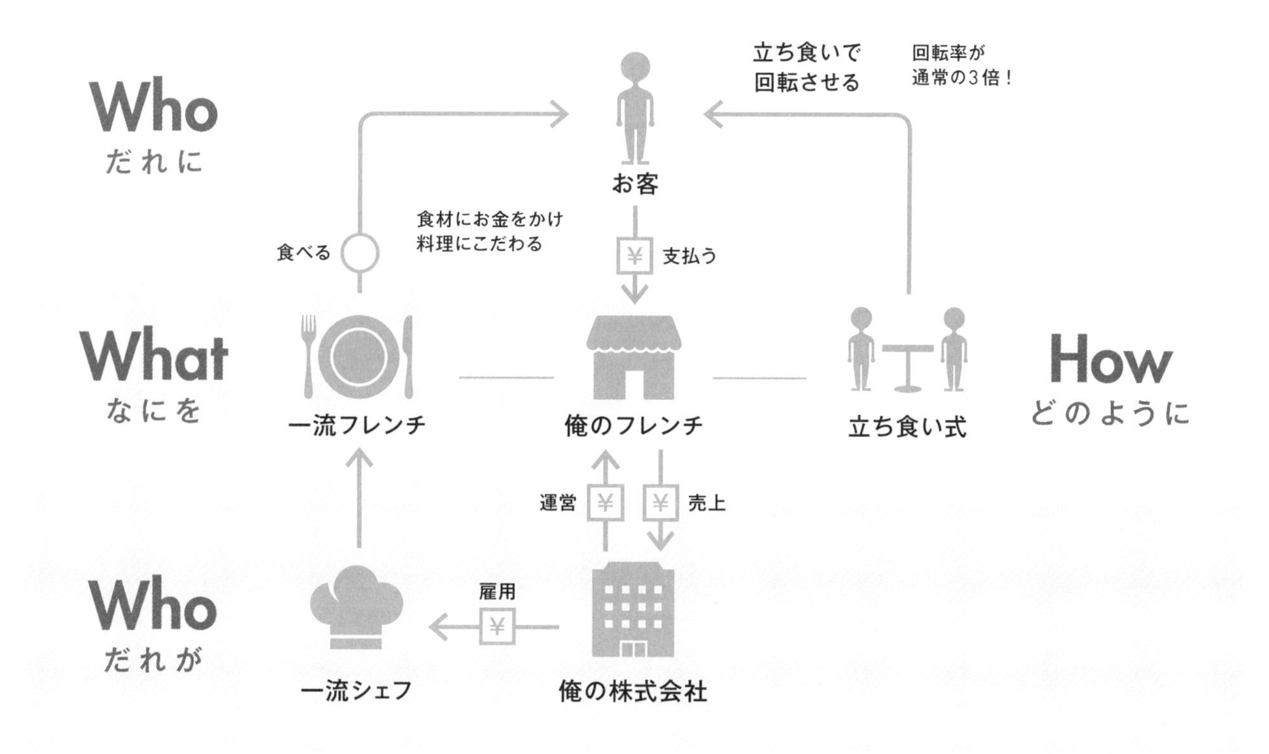

（近藤哲朗『ビジネスの仕組みがわかる 図解のつくりかた』より）

▶自社の事業は特別に複雑だという認識は、ただ理解できていないだけかもしれません HINT

100のツボ 080

Q 業績(組織の客観)をあげる目標とは?

Chapter8.の最後に、組織の客観「業績」と目標の理想的な関係について考えます。

事業の「見立て」を持つ

あなたの属している組織は、いまどんな状態でしょうか?

ハリネズミの概念(ツボ074参照)を深く理解し、「世界一になれる」「経済的原動力になる」「情熱を持って取り組める」単純明快な戦略をとっている状況でしょうか? それともまだ、どこに敵船がいるかわからずに「銃弾」を撃って実証実験(ツボ075参照)をしているところでしょうか? いや、それどころかそもそも「誰をバスに乗せるか」(ツボ073参照)がうまく行っておらず、不適切な人材が不適切なポストについてしまい、衰退の危機にあるのでしょうか?

このような自組織の「見立て」を、自分の言葉で明確に語ることができる社会人は(経営者を除けば)非常に少ないのではないかと思います。上司や職場の仲間と、見立てを語り合ってみましょう。異なる見解が飛び交い、あなたの「客観性」が鍛えられることになるでしょう。

そして、ぜひビジネスモデル(ツボ079参照)を一緒に書いてみてください。成果は、組織の中には存在しません。顧客にその価値が届いたとき、顧客の中に存在するのです。P.F.ドラッカーは事業の目的は「顧客の創造(create a customer)」だと言いました。

どのような組織であっても、製品/サービスを通じて、誰かに価値を届けています。その結果、組織は存続が許されているのです。

自分が貢献すべきところはどこか

あなたが接客や営業など顧客と接点のある職種であれば、その貢献は明確にわかるでしょう。また製品の開発者など直接的にその価値を実感しやすい職種であれば、自分の貢献を感じやすいでしょう。

しかし、品質管理、経理、人事などの職種であれば、直接、貢献の実感を得ることが難しいかもしれません。どのように業績に貢献しているのかを、自ら定義する必要があります。組織の中の誰を通じて、どのようにあなたの貢献は顧客に届くのでしょうか。直接的であれ、間接的であれ、顧客の感じる価値につながってこそ貢献です。

自分なりの事業の「見立て」を持ち、その中のどこに貢献しているのかがわかる目標を立てて行きましょう。

このChapter8.では組織の客観について考えてきました。次のChapter9.は組織の主観「使命」について見ていきます。

A 事業の「見立て」があり、そこへの貢献がわかる目標

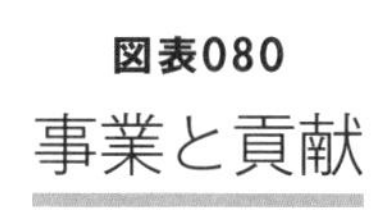
図表080
事業と貢献

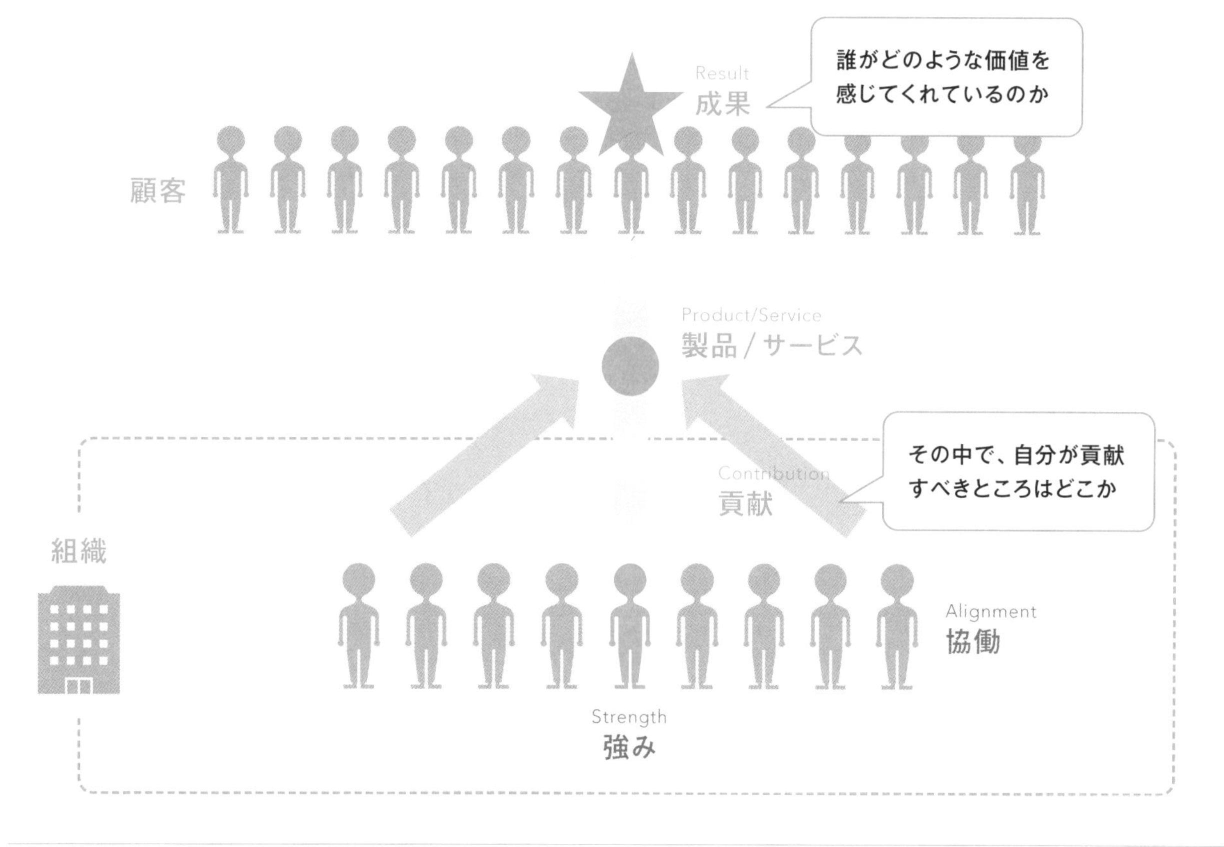

▶リクルート社では「我々は何屋か？」という問いが新入社員の間で議論されてきました

まとめ

Chapter8.のまとめとしてツボ071〜080のQ&Aを一覧としています（右表）。
また、マネジャー（管理職）、メンバー（すべての働く人）、経営者、人事担当者それぞれに向けて、組織の客観「業績」でお伝えしたいメッセージを記載しています。

マネジャー（管理職）のあなたへ

マネジャーのあなたに取り組んでほしいのは、自分の携わる事業（ビジネス）を見立てることです（ツボ080）。自社の事業を作っているのは、経営企画部門だけではありません。誰よりも現場と顧客を知っているマネジャーのあなたこそ、事業の中心です。「世界一になれる」「経済的原動力になる」「情熱を持って取り組める」の重なりを見出すハリネズミの概念を身につけて（ツボ074）、20マイル行進によって弾み車を回していきましょう（ツボ076）。

メンバーのあなた（すべての働く人）へ

メンバーのあなたに行ってほしいのは、自分の貢献に集中すること（ツボ078）です。目の前の与えられた仕事も大切ですが、成果は組織の中には存在しません。あなたの仕事の先に、必ず価値を感じて対価を払ってくれている顧客がいます。自分の事業の仕組み（ツボ079）を知り、どのように貢献するべきか、自分なりに組み立てていきましょう。

経営者のあなたへ

経営者のあなたに知ってほしいのは、何よりも「誰をバスに乗せるか」の重要性です（ツボ073）。偉大な業績を残す企業は、まず誰と行うか（人）を重視し、それから何を行うか（事）に向かいます。冷酷ではなく超厳格に、採用と異動を行いましょう。規律のない人を採用してしまい、あとから管理に力を入れるのは「無能の証明」であるとジム・コリンズは言い切っています。

人事担当者のあなたへ

人事担当者のあなたに知ってほしいのは、直接の成果に貢献する方法（ツボ078）です。直接の成果をあげる人をどうやって育て、そして支援すれば良いのでしょうか。この根本問題に取り組むために、あなたには誰よりも自社の事業を見立てる力が求められます。ビジネスモデル（ツボ079）を描くところから始めていきましょう。

次のChapter9.では、組織の主観「使命」について見ていきます。

100のツボ	Q	A
071	なぜ業績(組織の客観)が必要なのか?	業績がなければ企業は存続できないため
072	偉大な業績を残す企業の特徴は?	優れた商品や戦略を作ること以上に、卓越した組織を作ることを重視する
073	卓越した組織の作り方は?	適切な人材がバスに乗り、適切な席に座る
074	偉大な企業はどうやって戦略を立てる?	世界一になれる、経済的原動力になる、情熱を持って取り組める、単純明快な1点を探求する
075	不確実な状況で業績をあげるには?	自分で実証したデータをもとに投資する
076	偉大な企業はどうやって飛躍したのか?	地道な一貫した行動によって成果を積み上げる
077	業績をあげるため、あなたがなすべきことは?	貢献に焦点を合わせる
078	直接の成果に貢献する方法は?	実行する・改善する・事業を作る・人を育てる・間接支援
079	ビジネスモデルとは何か?	誰に、なにを、誰が、どのように価値提供してお金を得るかという仕組み
080	業績(組織の客観)をあげる目標とは?	事業の「見立て」があり、そこへの貢献がわかる目標

対談 Conversation

アメとムチのやり方には限界を感じた

山田理氏
サイボウズ株式会社 組織戦略室長

サイボウズ社で100人100通りの人事制度を作った山田理氏と、業績と目標について語り合いました。

ドラッカーとサイボウズの共通点

山田理氏（以下、山田）：『図解目標管理入門』はすごいですね。おもしろい本ですね。いろいろな事例を調査して、それをうまく分類しながら、わかりやすくまとめられていますよね。

坪谷邦生（以下、坪谷）：ありがとうございます。私のやっていることはサイボウズさんと通じるところがあるなと勝手に思っていまして。サイボウズさんは、「公明正大」や「説明責任・質問責任」などの原理原則をわかりやすい言葉で定義されています。それによって社員の方は判断がしやすく、迷わず進めると思うのです。私は原理原則の定義を人事領域でやりたいんです。

山田：なるほど。僕らも実際にやってきたことについては、そもそものところから言葉を定義しながら、自分たちなりにいろいろなロジックを作ってやってきて。「自分たちが過去はこうで、これからこう在りたい」という、1本の線で定義してきたつもりなので、わかりやすいと言えばわかりやすいです。

坪谷：拝見していて、いつも素晴らしいと感じています。MBOを学ぶ中で気づいて驚いたのですが、ドラッカーの言葉と山田さんの言葉はとても重なるんですよ。今日はそのあたりをお話ししたいです。

山田：恥ずかしい（笑）。

坪谷：本当に感動したのですけど、「主役は働く人」というところが完全に同じなんです。そしてそのためには、上司が情報を握るんじゃなく、働く人にいち早く情報を届ける必要があると。この情報をオープンにするというのも、サイボウズさんと同じです。

山田：僕自身は実際に今、会社を経営してきて、自分たちがインターネット的な情報共有の仕方や、グループウェアに軸足を置きながらビジネスをしていますし、テクノロジーはすごく便利だなと思っています。インターネットの本来の価値をどうやったら活かせるのかと思って、ここに来ているところがあるんですけど。まだインターネットがない時代に、そうした最軽量のマネジメントや、当時はコストがかかったはずの情報共有を前提として、「主役が働く人である」と唱えているのは、あらためて本当にすごいなと思いますね。

「関係の質」はやろうと思ったらやれる

坪谷：サイボウズさんとドラッカーのMBOの本質が非常に近いと思ったんですが、サイボウズさんからは目標を中心にマネジメントしている感じがあまりしませんでした。それで今回、目標をどう考えているか、目標と業績や評価の関係がどうなっているのかをお聞きしたいなと思って。

山田：アメとムチじゃないですけど、無理やりインセンティブを出して「うまく走れ」って尻を叩くようなところに限界を感じたというか。それでいける会社もあるんだろうけど、僕らには無理だなと思ったんです。
離職率が28パーセントで業績も下方修正していた頃に、少なくとも自分が働いている会社が暗かったり、みんながおもしろくなさそうにしていたら自分もおもしろくないし、「なんでみんなが楽しめない会社を作っちゃっているんだろう」と思ったんですね。
僕も楽しいほうがいいし、もちろん業績もあがるほうがいい。業績をあげるためには、いろんなビジネスモデルを考えたり、他のビジネスモデルを見つけてきて磨いたり。事業自体は、当たるも八卦当たらぬも八卦のところがあるけど「関係の質」を良くすることは、やろうと思ったらやれると思ったんですよ。
事業に関連する「結果の質」と、組織に関連する「関係の質」という両輪を回すと考えたときに、「関係の質」のほうが早期に改善しやすいところがあって。
組織にいてほしいと思う人に「どうしたらいてくれる?」とか、入ってほしいなと思う人に「どうしたら入ってくれる?」と聞きながら、それを実現していくと働きやすくなっていって、主体性が出てきたり。
いろいろな人の話を聞いて議論するようなフレームワークを作っていくと、話が噛み合うようになるし、炎上するような会話も少なくなっていって。みんながなんとなくアイデアを出してくるし、いろんなことにチャレンジしやすくなってくるんですよね。
みんなが主体的にがんばってくれて、「チャレンジしました。でも予算未達でした。目標の設定が高かったかもしれないし、工夫が足りなかったかもしれないので、次はこういうふうにして目標達成するように、課題設定します」というのが、最終的には「結果の質」だったり。ひょっとしたら、目標管理において、経営者や意思決定者と現場の人の「関係の質」が一番大きいかもしれないですよね。

2022年10月5日

Profile

山田理／やまだ おさむ　サイボウズ組織戦略室。大阪外国語大学卒業後、1992年日本興業銀行入行。2000年、経営者の人柄･考え方に惹かれ社員約15名のサイボウズへ転職。取締役として財務、人事および法務部門を担当。「100人100通りの人事制度」づくりの発起人。主な著作『最軽量のマネジメント』『カイシャインの心得』。

以上、logmiBiz『図解 目標管理入門』対談「目標や数字を個人に落としていく必要はないサイボウズが、離職率28%の悪循環から抜け出せた「成功循環モデル」」より一部抜粋して掲載 <https://logmi.jp/business/articles/327645>

全文はこちらです ▶▶

Column 08
他力本願

目標管理で大切なことは、自分の力だけではなく他者の力を借りることです。五十嵐英憲さんは対談の中で「自力と他力による、よい目標設定の努力」と表現されていました。

「他力」という言葉は「他力本願」という四字熟語に登場します。これは自分の努力なく他人の力をあてにする、無責任に他人任せにするという意味で解釈されることが多いのですが、実は大変な誤解です。「他力」はもともと仏教の言葉で、浄土真宗の開祖である親鸞聖人の『教行信証』には、こう記されています。

> 他力といふは如来の本願力なり

他力とは、阿弥陀如来が生きとしいけるものを救わずにはいられないという慈悲（本願）のこと、つまり「利他の心」だったのです。親鸞聖人は、自分だけの力で生きていけると考えるのではなく、他者の力を必要とし、また他者の力となることを推奨しているのでした。

そして親鸞聖人は「他力本願」と対になる「自力作善」という言葉も残しています。『歎異抄』にこうあります。

> そのゆえは、自力作善の人は、ひとえに他力をたのむ心欠けたる間、弥陀の本願にあらず

これは、自分の力だけで善が行えるとうぬぼれている人は、他力を頼むことができないので本願とはならない、という内容です。自助努力は現代の私たちの感覚からすると正しいことのようにも思えるのですが、親鸞聖人は強く戒めています。

自分の強みを生かすだけでは、到達できない世界がある。

「弱みを補い合う」関係性があってこそ、理想の世界に近づくことができる。私は、親鸞聖人の言葉を、そして五十嵐先生の言葉を、そう理解しました。

使命

Chapter. 9

組織の主観

100のツボ 081

Q なぜ使命（組織の主観）が必要なのか？

Chapter9.では組織の主観である使命について見ていきましょう。

■組織とは組んで織りなす

組織とは、組んで織りなすと書きます。同じ目的に向かって（組んで）、役割分担をする（織りなす）ことこそが組織であるための条件です。

ここでいう「同じ目的」が組織の主観です。客観的に正しいかどうか、業績があげられるかどうかではなく、その組織に属する人たちが、そうありたいと「思う」こと、「願う」こと、心から「信じている」こと。それは外部からすると見えないし測れません。つまり科学ではない領域です。それは時に「宗教」に喩えられます。

ジム・コリンズ、ジェリー・ポラス『ビジョナリーカンパニー』の調査によれば、偉大な企業は「カルトのような文化」を持っていました。社員に対して、自社独自の基本理念に基づいた一貫したメッセージを送り続け、社員の自社への高い帰属意識を育み、一体感のある組織活動を推進していたのです。

カルトとはあくまでも「そのくらい強く想い、一貫する」という喩えです。当たり前ですが犯罪行為や社会悪を行えということではありません。むしろ逆です。その共通の目的は、社会を良くする方向（共通善・社会善）を指し示していなければなりません。

■企業は社会の機関

P.F.ドラッカーが「企業をはじめとするあらゆる組織が社会の機関である※1」と言い、松下幸之助が「企業は社会の公器」と言ったとおり、共通の目的は、社会に貢献するもの、多くの人が「善である」と感じられるものでなければ、組織は周囲からの支援を得られず、存続できないのです。

社会の役に立つために、自分たちが心から願っていること（主観）を、当書では「使命」と呼びます。

使命を持った（優れた主観を持った）会社のことを「まるで宗教みたいだ」と揶揄する人がいます。私はこういった発言は、不勉強で本質が見えていない上に、大変失礼だと感じます。

文章表現・コミュニケーションインストラクターの山田ズーニーさんはこう言います。

> 「宗教みたい」というのは、相手をこきおろし、自分を正当化したいとき良く持ち出されるもの言いだ。宗教ではない方法でちゃんとやっている人にも、宗教をちゃんとやっている人にも、両方に失礼なもの言い、だれも幸せにしないし、私は言わないようにしている。※2

次のツボ082では、使命とはなにかを考えます。

A 世の中にどう貢献するかを方向づけるため

図表081

使命

	主観 Subjective	客観 Objective
個	夢	強み
組織	使命	業績

目標

組織は組んで織りなす
組：同じ目的に向かう
織：役割分担する

使命

**世の中に
どう貢献するか**

▶持続的に成長する企業は社会的使命と経済的価値と両立させる価値観を持っています※1 HINT

Q 使命(Mission)とは何か？

100のツボ
082

ミッションは神から与えられた使命

組織の主観である「使命」とは何でしょうか？

使命は英語でミッション（Mission）ですが、ミッションスクールが伝導学校であることからもわかるとおり、キリスト教の言葉です。もともとは「神の言葉を送り届ける」という役割を表していました。つまり（神から与えられた）とても大切な役割・任務を指します。

企業はどんな使命を持っているのでしょうか。3つの事例をご紹介します。

エーザイ定款「本会社の使命は、患者様満足の増大であり、その結果として売上げ、利益がもたらされ、この使命と結果の順序を重要と考える」

キヤノン賀来龍三郎元名誉会長「グローバル企業が平和と繁栄の増進を図りつつ利益を確保する、という義務（中略）『共生』、すなわち個人と組織がコモン・グッド（共通善）のためにともに生き、働くという『協力の精神』にある」

ヤマトHDS小倉元会長「利益は、手段であり、また企業活動の結果である。企業は社会的な存在である。土地や機械といった資本を有効に稼動させ、在やサービスを地域社会に提供して、国民の生活を保持する役目を担っている」

それぞれ、社会・世の中に対してどのような貢献をするか、その方向が指し示されています。

価値観(Value)・理念(Purpose)との違い

使命（Mission）に近い言葉に、価値観（Value）や理念（Purpose）があります。これらは使命とどう異なるのでしょうか。

「価値観」は使命と同じく主観に含まれます。大切にしたいことや行動の指針のこと。多くの場合、使命には価値観が含まれています。先ほどの3つの企業の使命にも価値観が反映されています。

「理念」は主観と客観の全体を束ねた概念です。理（客観）と念（主観）とを統合することで理念となります。近年では英語でパーパスと呼ぶことが流行していますが、これは客観を重視しがちな西洋で、主観を統合することの重要性が認識されてきたことの証左ではないかと私は考えています。先ほどの3つの事例を見ても客観的な業績（利益）が統合されていることがわかるとおり、使命を語る際には、理念にまで話が広がってきます。

使命・価値観・理念・パーパスなど、組織の主観に関わる概念は、定義や区別にこだわる必要はありません。むしろ厳密な定義にこだわっていては本質を見失うことになります。定義に振り回されて正解を探すのではなく、本当に「ある」か（心から思っているか）どうかが何よりも重要な領域だからです。

では組織の使命が心から「ある」というのは、いったいどういうことでしょうか。次のツボ083では、使命を始めたのは「誰」かを考えます。

A 果たすべき大切な役割・任務

図表082

使命と理念

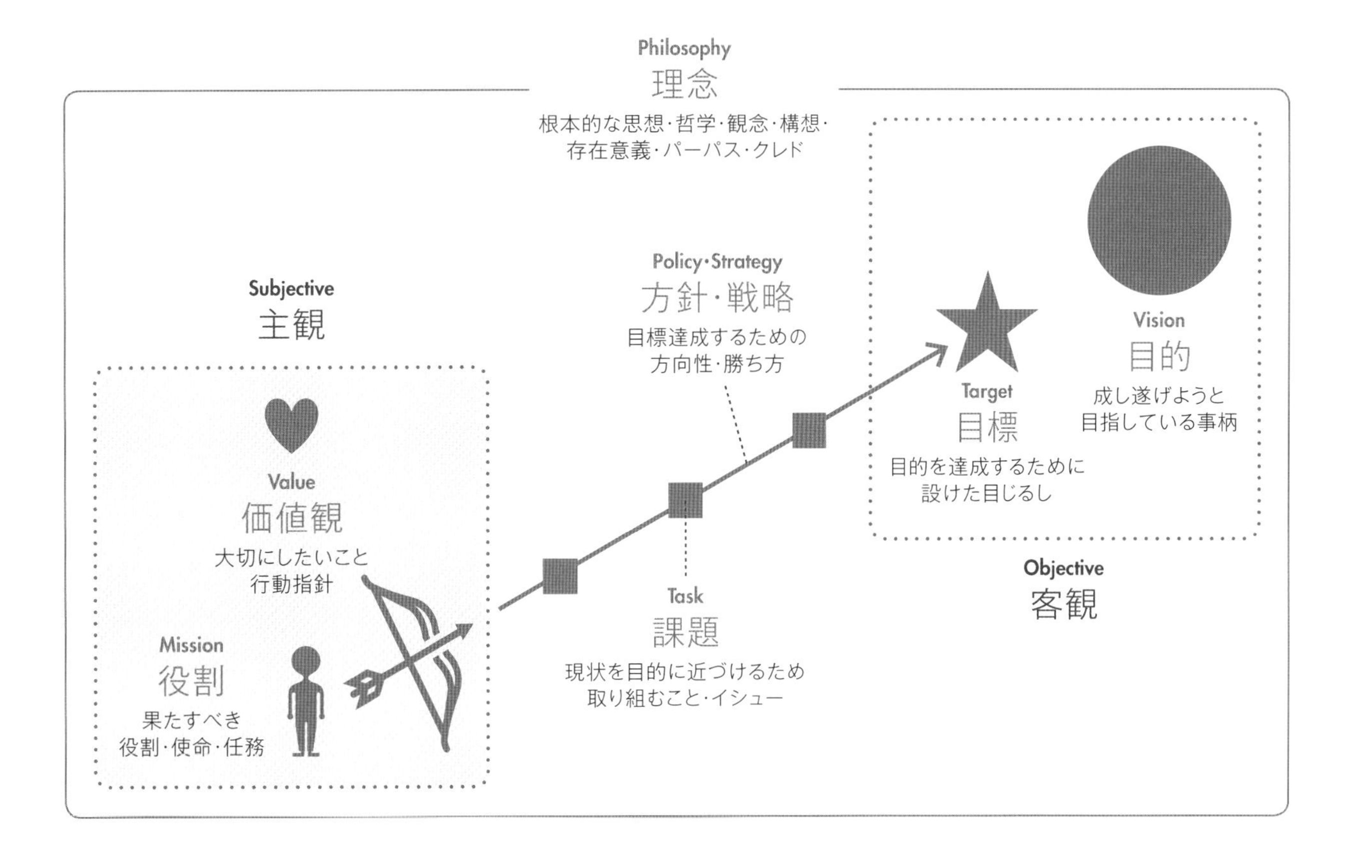

▶日本企業は古くから主観と客観を統合した理念(Purpose)を持っていました

HINT

100のツボ
083

Q 自社の使命は誰が始めたのか？

組織の主観である使命は、誰が始めたのでしょうか？

「特別な役割を担う1人」ソース原理

ここでは「ソース原理」をご紹介します。ソース原理は2022年に翻訳出版されたトム・ニクソン『すべては1人から始まる』によって初めて日本に持ち込まれた考え方ですので、まだご存じない方も多いはずです。

これまで私（坪谷）は、人事コンサルタントとして50社以上の企業を支援してきましたが、うまくいく組織と、うまくいかない組織には、明らかに違いがあると感じてきました。私はその違いを「主体者がいるか」「オーナーが明確か」「創業者の精神が引き継がれているか」などと表現して区別してきました。

しかし、このソース原理を知って驚きました。これまで実践の中で掴んでいた感覚が、とてもクリアに表現されており、この原理を用いればよりシンプルに理解し、説明することができたからです。

ソース原理とは、人のあらゆる活動において「特別な役割を担う1人」がいるという考え方です。

> ソース原理の提唱者であるピーター・カーニックが、30年以上におよぶ経験と何百人ものソースである人物との対話を通じて得た大きな発見のひとつは、社会的なムーブメントから企業、舞台芸術の創作に至るまで、人間のあらゆる営みを検証すると、1人の個人が重要な役割を担っていることだった。[※3]

ソース原理の基本概念

ソース原理に使われる基本概念を説明します。

ソース：ソースとは、傷つくかもしれないリスクを負いながら最初の一歩を踏み出し、アイデアの実現へ身を投じた個人、つまり「創業者」のことです。ソースは「未来を思い描き、現実化していく」存在です。

> 毎日、ソースは自問している。次のステップは何だろう？　少しでも実現に近づくために、いま自分は何ができるだろう？　ソースとなる人たちは、どんな状況でも常に次のステップが存在することを知っている。[※3]

イニシアチブ：イニシアチブとは、アイデアが具現化に向けて進む、一連のプロセスのことです。ソースによって最初の一歩が踏み出されることで、はじめてイニシアチブが始まります。

クリエイティブ・フィールド：イニシアチブが始まると、そこにクリエイティブ・フィールドが発生します。協力者やリソースを引き寄せ、各自の貢献を束ねて一貫性を生み出す電磁場のようなものであり、実際に様々なことを具現化していく物理空間でもあります。トム・ニクソンは「組織」の固定化された概念を避け、「個人を起点とした活動」というニュアンスを、クリエイティブ・フィールドという言葉で表しています。

次のツボ084では理念浸透について見ていきます。

A リスクを負いながら最初の一歩を踏み出した、1人の個人（創業者＝ソース）

図表083

ソース原理

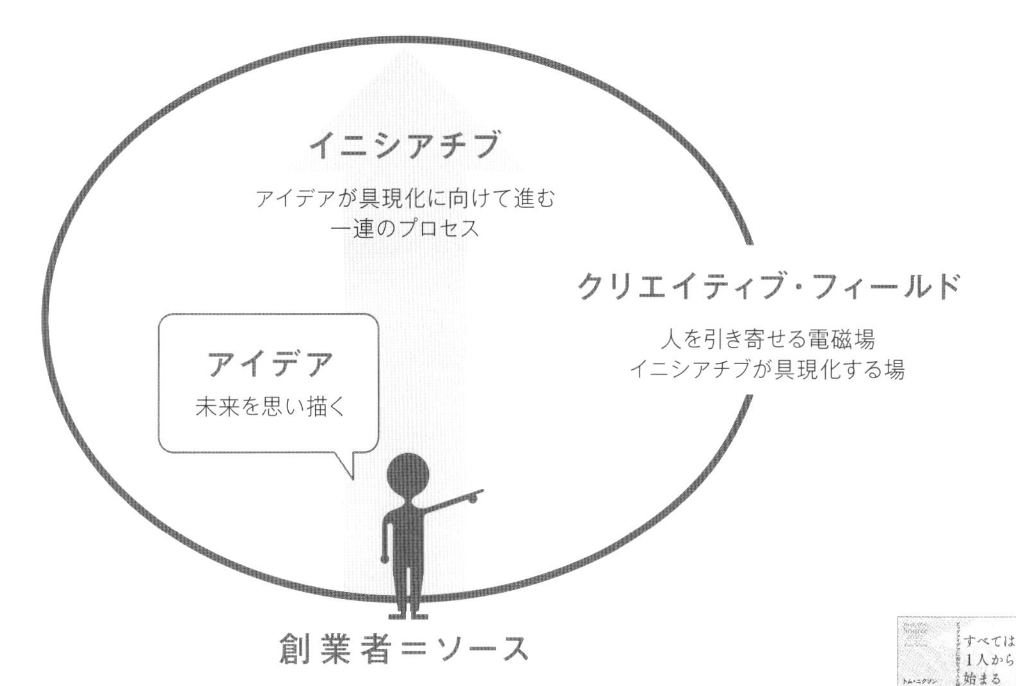

傷つくかもしれないリスクを負いながら
最初の一歩を踏み出し、
アイデアの実現へ身を投じた個人

（トム・ニクソン 著，山田裕嗣・青野英明・嘉村賢州 翻訳・監修『すべては1人から始まる』（英治出版）をもとに作成）

▶「創造性とは個人の歴史や思いの表れである※3」（トム・ニクソン）　HINT

100のツボ
084

Q 理念を浸透させるには？

創業者から始まった使命、それを引き継ぎ浸透させていくためにはどうすれば良いのでしょうか？

■デンソー・スピリットの浸透

リクルートHCソリューショングループ『感じるマネジメント』をご紹介します。株式会社デンソーの人事部長から「歴史的・経験的に実証された、理念浸透の基本となる考え方」をつくり理念であるデンソー・スピリットを浸透させたい、という依頼を受けた株式会社リクルートの高津尚志ら（HCソリューショングループ・当時）が、2004年から4年間かけて世界30カ国10万人の社員を対象に行った試行錯誤と、そこから見出された知見を書いた本です。

> 理念の浸透。旅の中で私たちは、理念とは「浸透」するものではなく「共有」するものである、という見解に至りました。※4

この「理念とは浸透するものではない」という見解に私は深く感動しました。ここに理念という「組織の主観」を扱うことの真実があると感じたためです。理念は、すでに社員の中にあるもの（主観）であり、誰か偉い人が正解を持っていて押し付けるものではなく、信頼して共感しあうものだからです。

「理念浸透」という言葉が一般的に使用されるため、この先もわかりやすさを優先してそう記載しますが「浸透ではなく信頼であり共感である」という前提を含んでいるとご理解ください。

■理念浸透モデル

高津らが見出した理念浸透モデルを、5つの要素として坪谷が再構築しました（図表084）。

1.経営者の意志：創業者の主観、または創業者から引き継いだ経営者の主観、つまり「理念を実現したい」と強く思っているソースの存在（ツボ083参照）が、すべての前提です（詳細はツボ085参照）。

2.物語伝承：物語には人を動かす力があります。創業者の物語、そして現場で日々起こる物語を掘り起こし、語り継いでいきます（詳細はツボ086参照）。

3.職場実践：職場における日常業務の中で実践されることが理念浸透の目的でもあり、そして促進する手段でもあります（詳細はツボ087参照）。

4.全社施策：理念冊子やポスターなどの社内プロモーションや、ワークショップなどの全社施策は職場実践を後押ししてくれます（詳細はツボ088参照）。

5.仕組み：人事評価制度などの仕組みは、使い方を誤ると凶器となりますが、考え抜かれた仕組みは理念を根付かせるツールとなります（詳細はツボ089参照）。

浸透の目的：浸透の目的は“組織のすべての人々が、理念と自分自身との「つながり」を見出し、行動を通じて表現している状態”です。

ここから5つの要素を順番に見ていきましょう。次のツボ085は経営者の意志についてです。

A 経営者の意志、物語伝承、職場実践、全社施策、仕組み、の5つが必要

図表084

理念浸透モデル

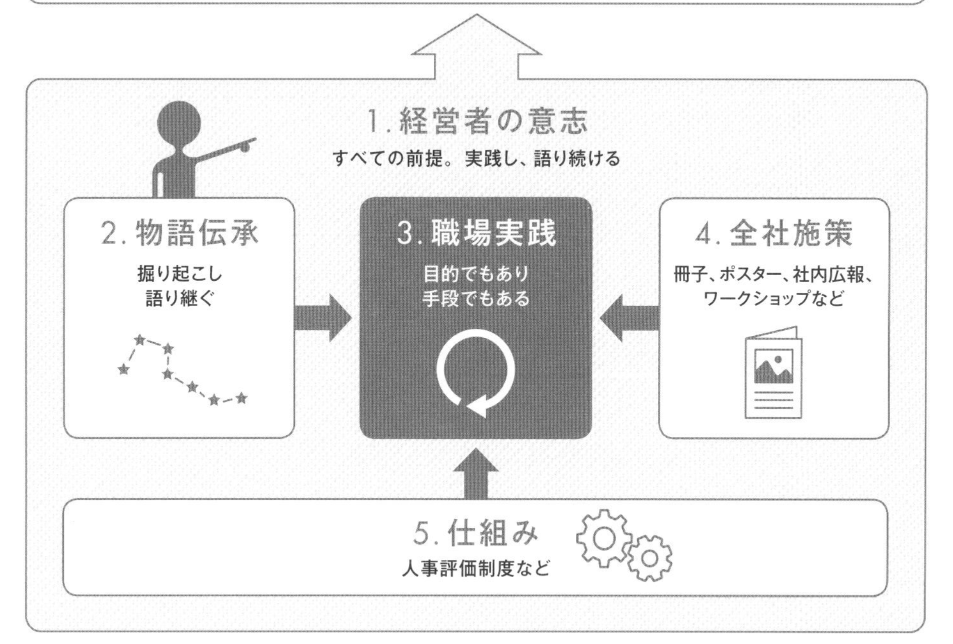

（リクルートHCソリューショングループ『感じるマネジメント』（英治出版）をもとに作成）

▶理念とは上から「浸透」させるものではなく、信頼し「共感」するものです

Q 経営者の役割は？

100のツボ
085

理念浸透モデルの1つ目の要素は「経営者の意志」です。ここでは経営者の役割を考えていきましょう。

■意思決定こそ経営者の究極の役割

リクルート社の大沢武志は、創業者・江副浩正を人と組織の側面から支えた女房役であり、自身も教育事業・テスト事業を起こした経営者でもあります。著作『経営者の条件』においては、その実体験をもとに「経営者とは何かをする人なのか」を探っています。そしていくつもの学説（図表085）や調査結果を紹介した上で、こう結論づけました。

> 経営者機能（executive function）をつきつめれば、「意思決定」機能に集約できると言ってよい。つまり、「意思決定」こそが他のだれでもなく、経営者自身が自らの責任において毅然と行うべき究極の役割に他ならない。※5

経営者とは、「会社の進むべき方向を定める」意思決定者なのです。

■戦略的意思決定とは判断ではなく決断

A.D.チャンドラーは意思決定を「戦術的・意思決定（tactical decision）」と「戦略的・意思決定（strategic decision）」に分類し、経営者に求められるのは戦略的・意思決定であるとしました。

戦術的・意思決定：戦術的・意思決定は、与えられた問題に対して正しい答えを出し、問題を解決する「問題解決志向」の意思決定です。

戦略的・意思決定：戦略的・意思決定は、問題は与えられておらず、問題そのものを自ら作り出す「問題形成志向」の意思決定です。

戦略的な意思決定においては「当事者のみに意識された危機意識」が重要だと大沢武志は言います。

> 戦略的意思決定は、現状に安住しない現状否定的な不安定さのなかで行われることが多い。そのなかで変化を自らつくり出すことによって、結果として変化を先取りし、イノベーションを可能にするのである。それは決して生易しいことではなく、自らの全存在と経営者生命を賭けた闘いというべきであろう。そこには意思決定者自身の哲学や信念、あるいは人生観が反映されるものである。※5

それは客観的で合理性のある「判断」などという綺麗なものではなく、主観的な執念につき動かされた「決断」であり、問われるのは「覚悟」や「胆力」です。この生々しい持論はリクルート事件（1988年・未公開株の贈収賄事件）によって創業者と世間の信用を同時に失い、1兆8千万円もの有利子負債を抱えた中で、リクルート第二世代、第三世代の経営者たちを育てた大沢武志だからこそ出てくる言葉なのでしょう。

次のツボ086は、2つ目の要素「物語伝承」です。

A 会社の進むべき方向を指し示すこと

図表085

経営学者の提示する「経営者の役割」

清水龍瑩
経営者の基本的役割

1. 将来ビジョンの構築と経営理念の明確化
2. 戦略的意思決定
3. 執行管理

C.I.バーナード
経営者の役割

1. 多数の構成員の活動を方向づけるために、共通の目的を明確にすること
2. 各構成員の共同意欲(willingness to cooperate)を高めること
3. 各構成員の活動を相互に調整するために情報を伝達すること

P.F.ドラッカー
効果的な経営者の5つの条件

1. 時間の有効活用
2. 究極目的に貢献するよう自らの行動を律する
3. 自社のなかの強みを見据えて実行可能なことを考える
4. 重要な領域に力を入れる
5. 決定は基本的な少数の対象に絞る

J.P.コッター
経営者の役割

1. 不確実性のもとで基本目標、方針、戦略を設定する
2. 長期的視点に立って各種資源を配分する
3. 多数の込み入った諸活動から問題点を出す
4. 多くの関係者の協力を得る
5. 多様な人々を動機づけ、コントロールする

戦略的意思決定

(大沢武志『経営者の条件』(岩波書店)をもとに作成)

▶大沢武志「何人も人間の真実を避けては通れないのである※6」 HINT

100のツボ
086

Q なぜ組織には物語が必要なのか？

理念浸透モデルの2つ目の要素は「物語伝承」です。

頭で理解するのではなく「腑に落ちる」

人間は意味を求める生き物です。星座（図表086）は、もともと何の意味も持たない星の配置ですが、5千年前の人類は、星と星の間に意味を持たせて「物語」を生み出しました。

物語論の研究者であるデイヴィッド・カーは、物語の中の過去・現在・未来という構造が、人が何かを見たり、感じたり、行動したりするときの主観的体験そのものに近いため、人は物語を通して登場人物の体験を自分のもののように感じるのだと説明しています。

物語には、強く人を惹きつけ、論理では伝わらない大切なものを伝える力があります。頭で理解するのではなく、腑に落ちる感覚を持つことができるのです。そのため物語は理念浸透に大きな効果を発揮します。

組織の物語を語り伝えることの効果

世界でもっとも読まれている物語は「聖書」です（推定50～60億部）。これは物語を用いて理念浸透を行ってきた最大の成功事例でしょう。

野中郁次郎・山口一郎『直観の経営』によれば、組織における「創業」時の物語、そして「現場」で日々起きている物語を語り伝えること（物語り）は、組織に参加している人々に内発的な動機を与えてくれます。

物語りは、歴史や伝記に基づく規範や価値観を判断や行動の基礎として、将来のビジョン実現に向け、自らが対峙する具体的な文脈や状況においてどのように行動すべきかを示唆します。人々がその物語りにコミットすれば、自発的にそれに合う行動をとるようになります。※7

自分が登場人物になる

物語は未来に向けて人々を動かします。

楠木健『ストーリーとしての競争戦略』によれば「優れた戦略は思わず人に話したくなるような面白いストーリー」であり、物語（ストーリー）として戦略を伝えることで、人々を動かし1つにまとめることができるとしています。

ストーリーを全員で共有していれば、自分の一挙手一投足が戦略の成否にどのようにかかわっているのか、一人ひとりが根拠を持って日々の仕事に取り組めます。戦略がどこか上のほうで漂っている「お題目」ではなく、「自分の問題」になります。自分がストーリーの登場人物の一人であることがわかれば、その気になります。※8

自分が登場人物の一人であると自覚したとき、その理念は「個の主観」となっているのです。

次のツボ087は、3つ目の要素「職場実践」です。

図表086

星座

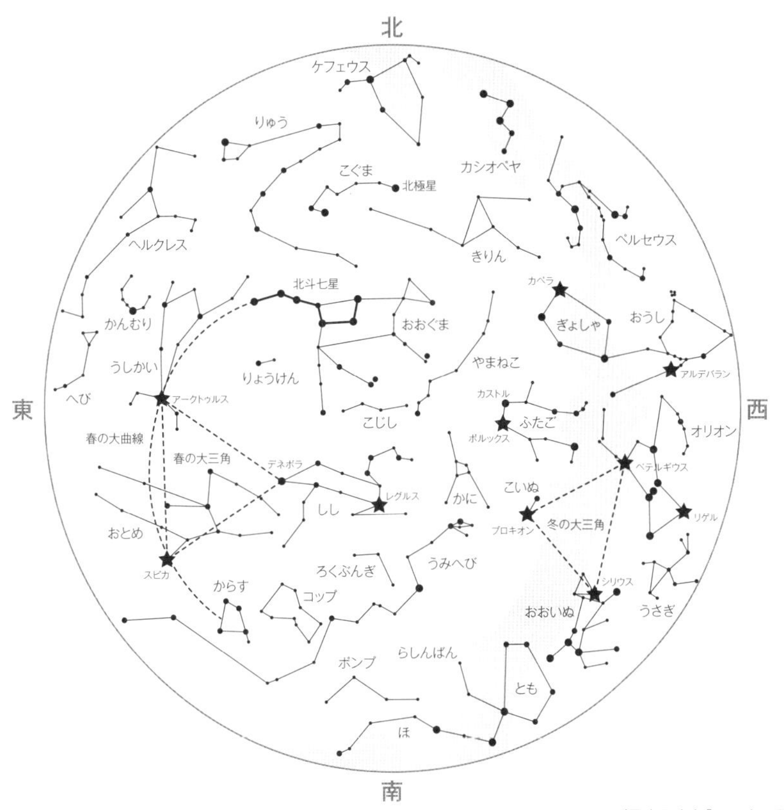

（国立天文台『2022年4月中旬20時頃　東京の星空』より）

▶ユング心理学では出来事の関連を、星座（コンステレーション）のように捉えます

100のツボ
087

Q 職場での実践を促進するには?

理念浸透モデルの3つ目の要素は「職場実践」です。

■職場での実践こそ理念浸透の目的

リクルートHCソリューショングループ『感じるマネジメント』によれば、理念浸透の目的は「組織のすべての人々が、理念と自分自身との「つながり」を見出し、行動を通じて表現している状態」でした（ツボ084参照）。つまり職場において、日々理念が実践されることは促進する手段なのですが、それ自体が理念浸透の目的でもあるのです。

■キリスト教イエズス会の布教活動に学ぶ

リクルート社の高津尚志は、デンソー社から依頼された「歴史的・経験的に実証された理念浸透の方法」を探るため、キリスト教イエズス会の布教活動にそのヒントを求めて山岡三治神父を訪ねます。16世紀から世界各国へ広く長く浸透してきた伝道師たちはいったいどんな布教活動をしてきたのでしょうか。高津の問いに神父はこう答えてくれました。「布教の時代は終わりました」

> 上から下へ、相手の持っていないものを授けてやるのだ、という考え方はもはや機能しません。いや、もともと機能しないのです。そういうやり方は、西洋の科学技術が世界の最先端を行っていた一時期に、力のない伝道者が安易に技術の威光を借りて行なっていた方法にすぎません※4

■教えるのではなく共に学ぶ

上から下へと教えを「授ける」という姿勢の伝道者は、布教に失敗しています。信者は信仰心を失い、土着の宗教に戻っていきました。成功した伝道者のやり方はこうでした。日本であれば修道院に茶室を作り、アメリカであればゴスペル（霊歌）を用いて、相手と対等に関わり自分を受け入れてもらえるように努める。彼らは「教えるのではなく、ともに学ぶ」姿勢を持っていたのです。

> <相手の心の中にある宝物>を、相手と一緒に見つけながら、共に豊かになること。伝道者の役割とは、そういうことです※4

■理念は社員の中にあるもの

そこから見出されたのは、理念は上から下に「浸透させるもの」ではなく「社員の中にあるもの」だという根本的な認識です。

そして、その一人ひとりの中にある宝物と理念とのつながりを、一緒に見つけ学んでいく「対話」こそが職場の実践を回していく原動力なのでした。

次のツボ088は、4つ目の要素「全社施策」です。

A 一人ひとりの中にある理念を、対話を通じて一緒に見つけ、ともに学んでいく

図表087

職場での実践

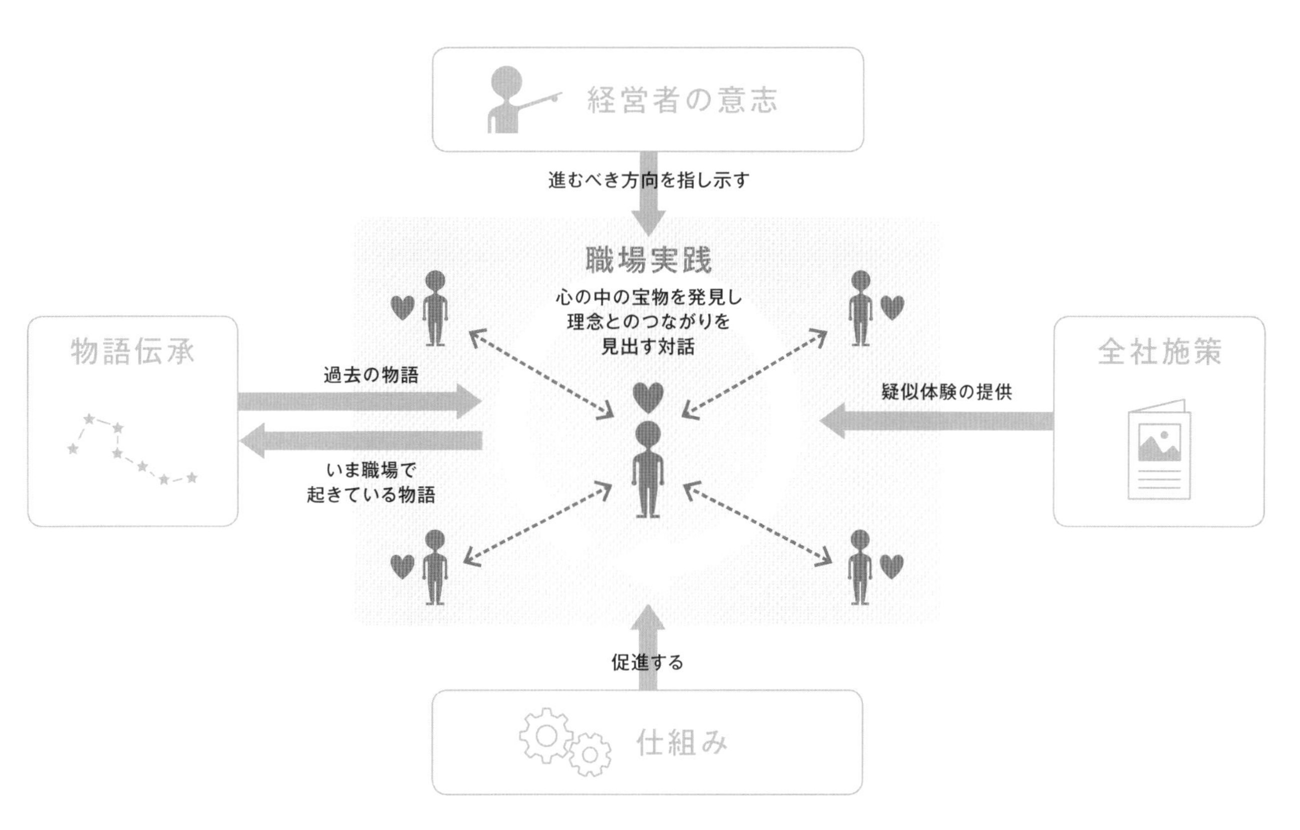

（リクルートHCソリューショングループ『感じるマネジメント』をもとに作成）

▶対話とは「共通の目的や意義を生み出す」共創のプロセスです

100のツボ 088

Q どうすれば全社施策は形骸化しないのか？

理念浸透モデルの4つ目の要素は「全社施策」です。

■形骸化しやすい全社施策

理念の冊子やポスターなどの社内プロモーション、理念浸透のためのワークショップや研修などの全社施策は、職場の実践（ツボ087参照）を後押しする効果があります。しかし、それらの施策は打ち方を誤ると、すぐに形骸化してしまいます。

配られても読まれずに放置されている理念冊子、お題目として貼り出されているだけのポスター、時間の無駄だと感じながらイヤイヤ出席する研修。悲しいことですが、よくある光景ではないでしょうか。これらに共通しているのは「共感が得られていない」ことです。冊子を作ることが目的となっている広報部門、研修をすることが目的となっている人事部門、彼らが一所懸命に仕事をすればするほど、現場の気持ちは離れていきます。一体どうすればいいのでしょうか？

■どうして共感が得られないのか？

リクルートHCソリューショングループ『感じるマネジメント』から共感を得る方法を探りましょう。

A社では理念浸透の全社施策として10人の役員が手分けして各拠点へ赴き社員に方針を語って回るキャラバンを実施しました。参加した社員のアンケートによれば、共感を得られた役員と、得られなかった役員に結果がくっきり別れたのです（図表088）。

共感が得られなかった役員のスピーチは、決して下手だったわけではありません。むしろ言葉は練られていて、声や身振りにも感情がこもっていて、真剣に準備をして真摯に伝えていた立派なスピーチでした。しかし聞き手の反応は「明確で言っていることはよくわかる」「でもこういう精神を持てと言われても」「私たちの大変さをわかってくれない」というものでした。

一方、共感を得られた役員のスピーチは、必ずしもスマートではありませんでした。共感のポイントとなっていたのは「理念と自分のつながり」を語っていたことです。そして聞き手に「理念と相手のつながり」を問いかけ、その反応を見ながら「自分と相手のつながりを見極めて」つながりをつくろうと働きかけていたのでした。

■主観が通じ合ったとき物語が動き出す

これは、研修やワークショップ、そしてポスターや冊子などにも応用できるポイントです。作り手自身（主観）と理念のつながりが見えること、そして受け手に理念とのつながりを問いかけ、つながろうと働きかけること（相互主観についてはツボ090参照）。つまり主観と主観の間に「想い」という血が通ったとき、物語が動き出すのではないでしょうか。

次のツボ089は、5つ目の要素「仕組み」です。

A 理念を通じてお互いの主観が「つながる」ように働きかける

図表088

役員からの語りかけ事例

大統領のような立派なスピーチ

- 言葉が練られている
- 声や身振りに感情がこもっている
- 真剣に準備をして真摯に伝えている

このように、理念はとても大切だ。皆さんはそれを各自の持ち場にいる社員全員に伝える、伝道師の役割を担っていただきたい。

これまでよく部下を指揮して実績をあげてきた皆さんの力に期待している。これはきわめて大切で、名誉ある仕事だ。皆さんならできる！

共感を得られなかった

反応は…
- 明確で言っていることはよくわかる
- でもこういう精神を持てと言われても
- 私たちの大変さをわかってくれない

自分自身の思いをあらわしたスピーチ

- 説明ではなく自分が理念をどう捉えているか、どう取り組んでいるかを語っている
- 聞き手にビジョンのつながりを問いかけている

私は、この会社に育てられたのです。この会社を少しでもよくする、お客様や社会からの信頼を取り戻す、そのためにできる限りのことをする、これが私の、最後のご奉公だと思っています。

ビジョンはそのための、私と皆さんの、旗印です。一緒にやってくれませんか

共感を得られた

ポイントは…
- **理念と自分のつながりを語る**
- **理念と相手のつながりを問う**
- **自分と相手のつながりを見極めてつながりをつくる**

（リクルートHCソリューショングループ『感じるマネジメント』をもとに作成）

100のツボ 089

Q 理念浸透を促す仕組みとは？

理念浸透モデルの5つ目の要素は「仕組み」です。

人事評価制度による理念浸透の危険性

人事評価制度などの仕組みは、うまく設計することができれば理念を根付かせるツールとなります。しかし、使い方を誤れば完全に逆効果となり、やればやるほどネガティブな結果を生み出してしまいます。全社施策（ツボ088参照）は単発の施策ですので形骸化する程度で済むのですが、仕組みは中長期で使用するものですので、間違えたときのダメージは計り知れません。

> 人事評価制度に対しては合理的な行動を、皆がとっている。しかし、その結果が、会社全体を、その経営理念から遠ざけていく。こういうことが、その会社に限らず、日本中の多くの会社で起こっています。※4

この高津尚志の言と同じ感触を、私も持っています。「新しく役に立つ仕組み」を導入する前に「今ある有害な仕組み」を取り除くことを検討すべきです。

業績と理念の実践を評価する仕組み

デンソー社では、アメリカ系の企業で使用されていた人事評価制度（図表089左）が検討されました。この人事評価制度では、社員を「業績」と「理念の実践」の2軸で評価しています。マネジャー以上は、理念の実践について360度調査が行われ、上司・部下・同僚から評価を受けます。

その結果、業績と理念実践の双方が高い人は文句なしにハイパフォーマーですが、問題なのは片方が高い人です。このアメリカ系の企業では、業績が低く理念の実践が高い人に対しては（ボーナスは下がることがあるが）継続的にチャンスを与えていました。しかし、逆にどんなに業績が高くても理念の実践が低い人は問題があると見なされ、改善が見込めない場合は解雇されることもある、としていました。

「理念の実践をしていない人の存在は、組織にとっても、本人にとってもよくない」という考え方です。とても一貫して筋の通った仕組みで、そのアメリカ系企業では徹底した運用によって好循環が生まれているようでした。

自社の物語を邪魔しないこと

しかし、結果的にデンソー社はこの制度を導入しませんでした。人事部長はこう判断したのです。「デンソーの、長期的な視点に立って人材を育てるとか、品質第一で商品を大切に作り込む、という考え方とはちょっと合わないと思います。運用を間違うと、やらされ感を生んでしまう※4」。自社の風土と目指す姿によって、有効な仕組みは異なるのですね。

自社の「物語を邪魔しない」ことが仕組みにおいてもっとも重要なことであると言えます。

次のツボ090では、使命を果たす目標を考えます。

A 自社の物語を邪魔しないこと

図表089
理念浸透の仕組み

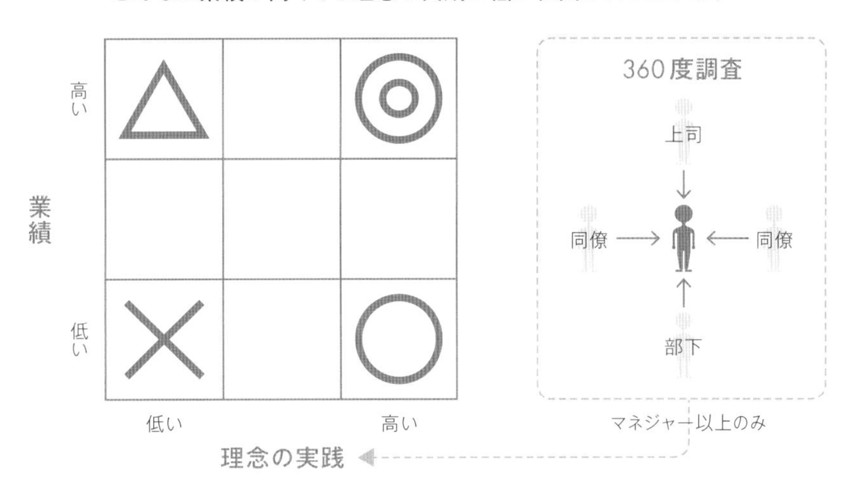

デンソー社では「運用を間違えればやらされ感を生む」と判断してこの仕組みは導入されなかった

（リクルートHCソリューショングループ『感じるマネジメント』をもとに作成）

▶その仕組みは「恐れ」と「信頼」のどちらからできているのでしょうか HINT

100のツボ
090

Q 使命(組織の主観)を果たす目標とは?

Chapter9.の最後に、組織の主観である「使命」と目標の理想的な関係について考えます。

組織の物語の登場人物になる

ここであらためて「組織の主観」について再度振り返ってみましょう。個人ではなく組織に主観なんてあるのでしょうか? 組織の主観とはいったい何なのでしょう。

ソース原理によれば、それは「創業者」という1人の個の主観から始まったもの(ツボ083参照)。そしてそれは組織の物語(ツボ086参照)として語り継がれ、組織のメンバーが自分を登場人物として位置づけることで「我々の主観」となっていくのでした。

野中郁次郎の「相互主観」

経営学者の野中郁次郎は、我々の主観を「相互主観」という現象学の概念で説明しています。

> 世界というのは、主体的な思いがあってはじめて、価値づけ・意味づけられるわけですね。それなくして知は生まれないんです。ですから何か考えていくときには、まずは「一人称」が出発点になるんです。ただ「一人称」の思いは、そのままでは普遍的にならないわけですね。社会的に価値を生むものにするには、組織的な「三人称」の知、組織の集合知にしなければならない。※9

しかし、個の主観(一人称)は、いきなり社会的な価値を生む知(三人称)には届きません。

> そのとき重要なのが「二人称」ですね。"私とあなた"の関係で、相互作用を通じて共感しあって「我々の主観」を醸成することですね。この「二人称」が媒介になって、「一人称」の思いが「三人称」の知へと変化を遂げることができるわけです。※9

組織の主観は、私とあなたの「相互主観」の上に作られています。「2人組」のペアが組織の基本単位なのです。野中郁次郎は「知的コンバット」というほど真剣で厳しい知的なぶつかりあいの中で、この相互主観は育まれると言っています。

使命を果たす目標

ここから2つのことが言えます。

1つ目は、組織の主観(使命)を果たすために、あなたの目標は、組織の「物語」の登場人物である「あなた」だからこそできるものになっていなければならないということです。

そして2つ目は、その目標は、組織の誰かもう1人と真剣なぶつかりあいの中、徹底的に考え抜かれたものであるべきだということです。

このChapter9.では組織の主観について考えてきました。次のChapter10.はMBOの理想と、そこに向けた実践について見ていきましょう。

A 物語の登場人物である「あなた」だからこそできる目標、「2人」で徹底的に考え抜かれた目標

図表090

野中郁次郎の相互主観

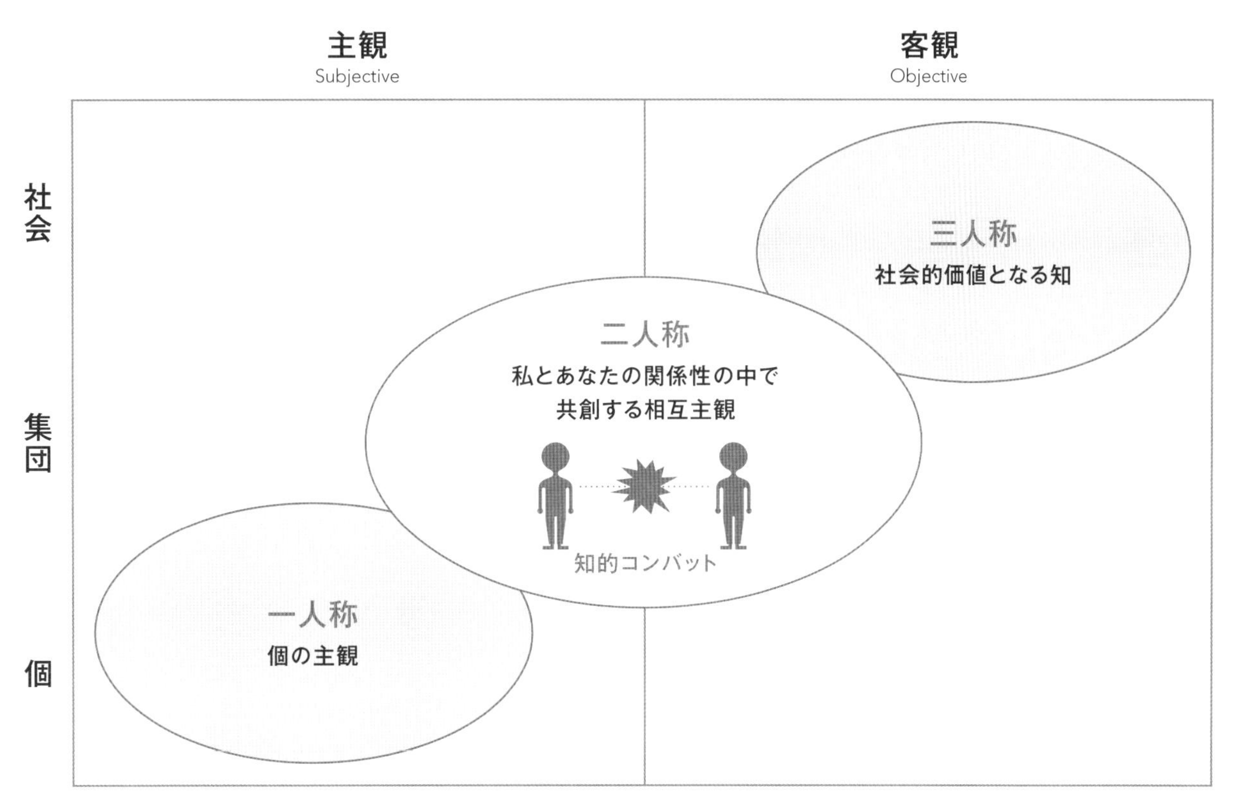

（野中郁次郎・山口一郎『直観の経営』をもとに作成）

▶「人は関係性のなかで人になる※9」（野中郁次郎）

まとめ

Chapter9.のまとめとしてツボ081～090のQ&Aを一覧としています（右表）。

また、マネジャー（管理職）、メンバー（すべての働く人）、経営者、人事担当者それぞれに向けて、組織の主観「使命」でお伝えしたいメッセージを記載しています。

マネジャー（管理職）のあなたへ

マネジャーのあなたに考えてほしいのは、理念の職場実践です（ツボ087）。メンバーの日々の仕事を、会社の理念と結びつけることが、あなたにはできます。仕事をアサインするとき、業務内容や期待する成果だけではなく、会社の物語における意義を伝えてあげてください。そしてメンバーと一緒にお互いの中にある宝物を見つけ、物語における意味を見つけていってほしいのです。

メンバーのあなた（すべての働く人）へ

メンバーのあなたに知ってほしいのは、創業者の意志（ツボ083）と、そこから始まる自社の物語（ツボ086）です。あなたは、いったいどんな物語に参加しているのでしょうか？　そしてあなたはどんな役割（キャラクター）として登場し、どんな活躍を見せるのでしょうか。ぜひ信頼できる仲間とじっくり語りあってください。

経営者のあなたへ

経営者のあなたに知ってほしいのは、経営者の役割です（ツボ085）。あなたの役割は「指し示す」ことです。あなたが指し示さなければ、組織の力は分散され、いずれ消滅します。あなたがもし指し示すことに困難を感じているのであれば、ソース原理を学ぶことをおすすめします（ツボ083）。ソースの捉え方こそが「組織の主観」を大きく左右するからです。

人事担当者のあなたへ

人事担当者のあなたに知ってほしいのは、理念浸透にむけた全社施策（ツボ088）と仕組み（ツボ089）についてです。良かれと思って一所懸命に実施した施策が形骸化して無視される、大変な中で運用している人事評価が実はみんなのモチベーションを下げている…。残念ながらよく見られる光景です。こうならないために必要なことは「あなたの主観」と理念をつなぐこと、そして組織の「物語」を楽しんで味わうことです。

次のChapter10.では、MBOの理想像とそこに向けた実践について見ていきます。

100のツボ	Q	A
081	なぜ使命(組織の主観)が必要なのか？	世の中にどう貢献するかを方向づけるため
082	使命(Mission)とは何か？	果たすべき大切な役割・任務
083	自社の使命は誰が始めたのか？	リスクを負いながら最初の一歩を踏み出した、1人の個人(創業者＝ソース)
084	理念を浸透させるには？	経営者の意志、物語伝承、職場実践、全社施策、仕組み、の5つが必要
085	経営者の役割は？	会社の進むべき方向を指し示すこと
086	なぜ組織には物語が必要なのか？	一人ひとりが登場人物となるため
087	職場での実践を促進するには？	一人ひとりの中にある理念を、対話を通じて一緒に見つけ、ともに学んでいく
088	どうすれば全社施策は形骸化しないのか？	理念を通じてお互いの主観が「つながる」ように働きかける
089	理念浸透を促す仕組みとは？	自社の物語を邪魔しないこと
090	使命(組織の主観)を果たす目標とは？	物語の登場人物である「あなた」だからこそできる目標、「2人」で徹底的に考え抜かれた目標

鼎談

tripartite talk

実現するビジョンと消えていくビジョンの明確な違い

山田裕嗣氏
株式会社令三社 代表取締役

嘉村賢州氏

取締役

『すべては1人から始まる』を翻訳・監修された令三社のお2人と「MBOとソース原理」というテーマで語り合いました。

主人公感覚を取り戻して高い目標へ

坪谷邦生氏（以下、坪谷）：書籍『ティール組織』で紹介されていたインテグラル理論の「4象限」で考えると、MBOの「統合」がうまく表現できると思ったんですね（図表000）。真ん中に目標を置けばスパイラルアップすると発想しました。ティール組織を嘉村さんたちが日本に持ってきてくださってなかったら、私は4象限を知らないままでしたので感謝しています。

嘉村賢州氏（以下、嘉村）：見事ですね。

坪谷：MBOをこうやって捉えたのは、おそらく初めての試みだと思います。

嘉村：おもしろい。ティール組織の観点で言えば「主人公感覚を取り戻して高い目標に向かってやっていく」ということですね。ティールはどうしても「自由でいいよ」というぬるま湯だと短絡的に誤解されることも多いのですが、世の中から与えられた使命に対して、自分たちで高クオリティで世の中に発揮するという仕組みを内包しているんです。

坪谷：先ほどの図（図表000）に照らすと、「主人公感」というのが「個の主観」ですね。その個の主観を「組織の主観」である「世の中から与えられた使命」に向かってつないでいく構造です。そのときに「高クオリティで発揮する」力が「個の客観」となります。

山田裕嗣氏（以下、山田）：今の坪谷さんの補足でなるほどと思ったのですが……「人事が良い仕事をしようとすればするほど、形骸化した目標管理になる」という問題がありますよね（ツボ032参照）。それは人事が悪いという話ではなく、経営する側もそれを期待している。要は「人事の良い仕事は、ちゃんと制度を回してることだ」という認知があるのだろうな、と。前提の「組織観」が違うのだと思っていたんですね。

「組織の主観」としてのソース原理

山田：この図でいくと「組織の主観」のところが扱われてなかったからなんだ、と。今までは「組織の客観」を業績をあげるものである、機能として機会を作るものである、そのために「個の客観」人の強みを扱う。しかしそれでは足りないよと「個の主観」を扱おうとしていましたが、左下の「組織の主観」にはまだ行っていない……という、これが今の「組織観」なんだと理解しました。

坪谷：いやあ、ご理解いただけてうれしいです。

この4象限で考えていったときに、個の主観とか個の客観とか組織の客観は、考えやすかったんですね。これまでの人事の知識で対応できました。しかし「組織の主観って何だろう」と思考が止まりました。困っていたときに、すごい本（『すべては1人から始まる』）が出たんですよ。まさに組織の主観、使命の正体が書いてあり、驚きました。

嘉村：私が注目したのは、ティール組織のフレデリック・ラルーが「もし出版前に知っていたら絶対に紹介した」と強く言ってたから、興味を持って。

もともとはピーター・カーニックという人が2010年頃から「おもしろいの見つけたぞ」と口伝で広がってたものなんです。ピーターが文章にするのに興味がなかった（笑）、それが口伝でヨーロッパを中心にすごく広がっていって、それを弟子たちが立て続けに2冊本を出して。片方を出版したという流れですね。

ピーターがいろんな人と向き合っていくと、実現するビジョンと消えていくビジョン、あるいは卓抜したプロジェクト組織をつくり出している人と、途中でつまずいている人っていうのは、明確に違いがあるなってことが浮き彫りになってきて。そこの仕組みが見えてきたっていうことなんですよね。

スティーブ・ジョブズとかイーロン・マスクとか、創業者特有の創造性を生かしながらも、でも今ってああいうビジョナリーな人のもとで働くのもしんどそうだよねっていう、そういうイメージがあると思うんです（笑）。そういう独裁に陥ることなくビジョンを実現する方法があるってことがわかってきた。権力闘争とか有害な文化という、組織でよく起こる問題が、ソース原理のレンズを持つと見事に整理されていく。

こういった理論って多くの場合、マネジャーとかリーダーが使うものであって、現場からすると管理されるツールであったのですが、ソース原理は「ありとあらゆる人が創造性を発揮できる、ものごとの集い方がある」という、全員の創造性を発揮できるぞっていうことを言ってるのがユニークなところです。

2022年12月7日

Profile

山田裕嗣／やまだ ゆうじ　人材育成・組織開発を支援する株式会社セルムに入社。株式会社サイカの代表取締役COO、株式会社ABEJAの人事責任者などを務める。2018年には次世代の組織の在り方を探求するコミュニティとして一般社団法人自然経営研究会を設立。

嘉村賢州／かむら けんしゅう　東京工業大学リーダーシップ教育院特任准教授。場づくりの専門集団NPO法人「場とつながりラボhome's vi」代表理事。「未来の当たり前を今ここに」を合言葉に個人・集団・組織の可能性をひらく方法の研究開発・実践を行っている。『ティール組織』（英治出版）解説者。

以上、logmiBiz『図解 目標管理入門』対談「「目標管理への向き合い方」で、組織は4つのタイプに分かれる　多くの人が気づいていない、目指すべきたった1つのタイプ」より一部抜粋して掲載 <https://logmi.jp/business/articles/328071>

全文はこちらです ▶▶

Column 09
数字から物語を読む

プロフェッショナルは、普通の人には見えないものが見える「目」を持っています。

15年前、人事コンサルタントになったばかりの私にとっては、ベテランのコンサルタントである師匠たちが、まるで魔法使いのように思えたものでした。例えば、何年も悩まれてきたクライアントの人事上の課題を、30分ヒアリングしただけで見抜き、そこに解決の方向性を提示する。例えば、組織サーベイの数値結果を見ただけでその組織の状態をありありとイメージして語る。「なぜ、そんなことがわかったのですか?」と驚愕するクライアントの姿を何度も目にしました。

もちろん師匠たちは魔法使いではありません。私も組織サーベイを何百組織も分析し続けた結果、よくわかりました。数値を見るだけで、その組織の状況が頭に勝手に浮かんでくるようになるのです。つまり、これは圧倒的に多くの事例を扱うことによって鍛えられた「パターン認識」の能力なのでした。

リチャード・ワーマン『情報選択の時代』では、アナリストが成功するための能力がこう紹介されていました。

> …アナリストの成功度は、財務諸表を見て物語を語る能力、多くの数値から物語の流れや将来の展開を読みとる能力を尺度にはかられる…。同じ機械に接続し、同じ情報にアクセスしているのだから、他人との差は、損益計算書を、人間やビジネス哲学についてのたとえ話に読みかえる能力がどれだけあるのか、ということになる。※10

財務諸表にある無機質な数字から「物語」を読み取り語る能力。プロフェッショナルに求められるのは「星座（コンステレーション）」を見立てる能力、つまり見抜く「目」の力なのかもしれません。

スパイラルアップ

Chapter. 10

100のツボ
091

Q MBOの理想の状態は？

Chapter10.ではMBOの理想的な状態と、そこに向けた実践について考えます。

■MBOの理想的な状態

MBO（Management by Objectives and Self-control）とは、個の主観と客観、そして組織の主観と客観という4象限を、目標によって統合する哲学でした（ツボ010参照）。つまり、一人ひとりの「夢」や「強み」を、目標によって方向づけて束ねることで、「業績」として「使命」につなげる、という状態を目指しています。

4象限それぞれと目標の関係については、Chapter6.〜9.で扱ってきましたので、ここでは4象限同士がお互いにどう関係しているのかを確認しましょう。

組織の主観（使命）と個の主観（夢）：組織の持つ使命に共感し、貢献したいと感じているとき、つまり組織の物語に参加しているとき、個人の夢も、大きく開花していきます（詳細はツボ092参照）。

個の主観（夢）と個の客観（強み）：自分の夢を実現したい、「やりたいことを、やれるようになりたい」という自由を求める気持ちが、能力を身につけるための努力につながります（詳細はツボ093参照）。

個の客観（強み）と組織の客観（業績）：強みが発揮されるほど、組織の業績はあがっていきます。これを貢献と呼びます（詳細はツボ094参照）。

組織の客観（業績）→組織の主観（使命）：組織の業績があがり（理）、組織の使命が果たされていく（念）。これが理と念が統合された理念の実現です（詳細はツボ095参照）。

そして、このサイクルを回すことによって、螺旋状に全体が上昇していく「スパイラルアップ」を起こすことこそが、MBOの理想の状態です。

私の経験上は、目標とフィードバックのサイクルを適切に回せば、3周（半年ごとであれば1年半）の時点で、目標の質は格段に向上し、4象限もそれぞれ改善され、MBOは習慣となります。

■研修によるスパイラルアップの促進

MBOはセルフコントロールが基本ですので、ここまで主役は働くすべての人である、という前提で話を進めてきました。しかし組織から支援できることも必ずあります。

実際に私がベンチャー企業アカツキ社で、創業メンバーの安納達弥さんとともに取り組んできた、個と組織のスパイラルアップを起こしていくための取り組み「ジュニア研修」を、ツボ096〜099にてご紹介します。次世代リーダーを育成する3日間の研修で、最終アウトプットは自チームの「チーム目標」を設定することです。

次のツボ092は、組織の主観（使命）と個の主観（夢）の関係を見ていきましょう。

A 4象限を回転させることで螺旋状に上昇する（スパイラルアップ）

図表091

MBO のスパイラルアップ

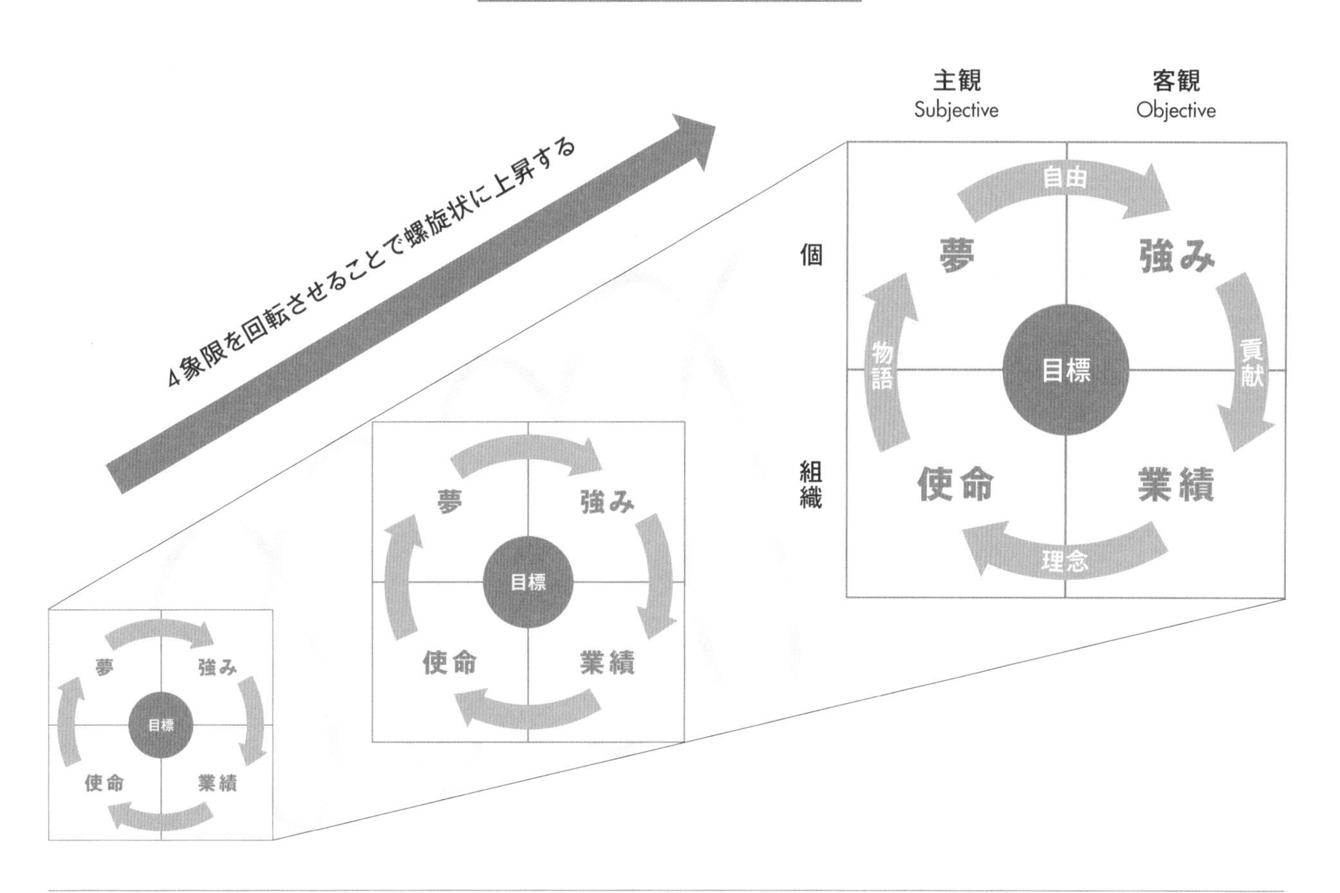

▶ MBOのサイクルを「3周」回すことができれば、習慣になります　HINT

100のツボ
092

Q「使命」と「夢」を好循環にするには？

組織の持つ使命に共感し、貢献したいと感じているとき、個人の夢は大きく開花していきます。これが「エンゲージメントが高い」状態です。こういった好循環を起こすには、どうすれば良いのでしょうか？

使命と夢をつなぐ「物語」

使命と夢をつなぐのは「物語」です。

自分が参加している物語を知り、その中での自分の役割を位置づけることができれば、夢は力を与えられ、イキイキと開かれていきます。また、逆に個人の夢が語られ、組織の物語に組み入れられていくことで、組織の使命が豊かに育っていきます。

ここで大切なのは、あなたがその物語に「参加したい」と思っているかどうかです。自分自身の夢と、組織でつむがれていく物語が「関係ない」もののように思える、まったく「興味が持てない」とき、あなたはその組織にいるべきではないのかもしれません。

そして、組織の仲間たちが、あなたに「参加してほしい」と思えるかどうかです。物語の中であなたの登場を誰も期待していないとき、あなたはその組織にいるべきではないのかもしれません。

大切なのはお互いの「主観」です。あなたがどう感じるか、そして仲間たちがどう感じるか。そこに客観的な指標はありません。共感や違和感を大切にして判断しましょう。

創業者との対話

あなたがその物語に参加すべきかどうか、見分ける方法があります、それは創業者（ソース）と対話することです（ソースについてはツボ083参照）。

小さい会社であれば、創業者と直接話すことはそう難しくないでしょう。ぜひ積極的に話をしてみてください。もし会えないのであれば、創業者と近い人から、話を聞いてみましょう。

大きな会社、長い伝統がある会社であれば、直接話すことは難しいかもしれません（もう亡くなっているかもしれません）。そのときは創業者の自伝などの資料が残っているのではないでしょうか。創業者と語り合うつもりで、それらを読んでみてください。

とくにその組織を立ち上げた当初の理由や、経緯、想いを知ったとき、あなたはその物語に参加したいと、心から思えますか？　答えが「Yes」であれば何も迷うことはありません。

「そうは思えないが、お金のために参加する」という判断も、場合によってありえると思います。しかしそれは、個の主観も組織の主観も無視した、心を塞ぐ道です。あくまでも一時的にやり過ごすための方策であることを自覚しておきましょう。

次のツボ093では、個の主観（夢）と個の客観（強み）の関係を見ていきましょう。

A 自分の参加する「物語」を見出す

図表092

使命 → 物語 → 夢

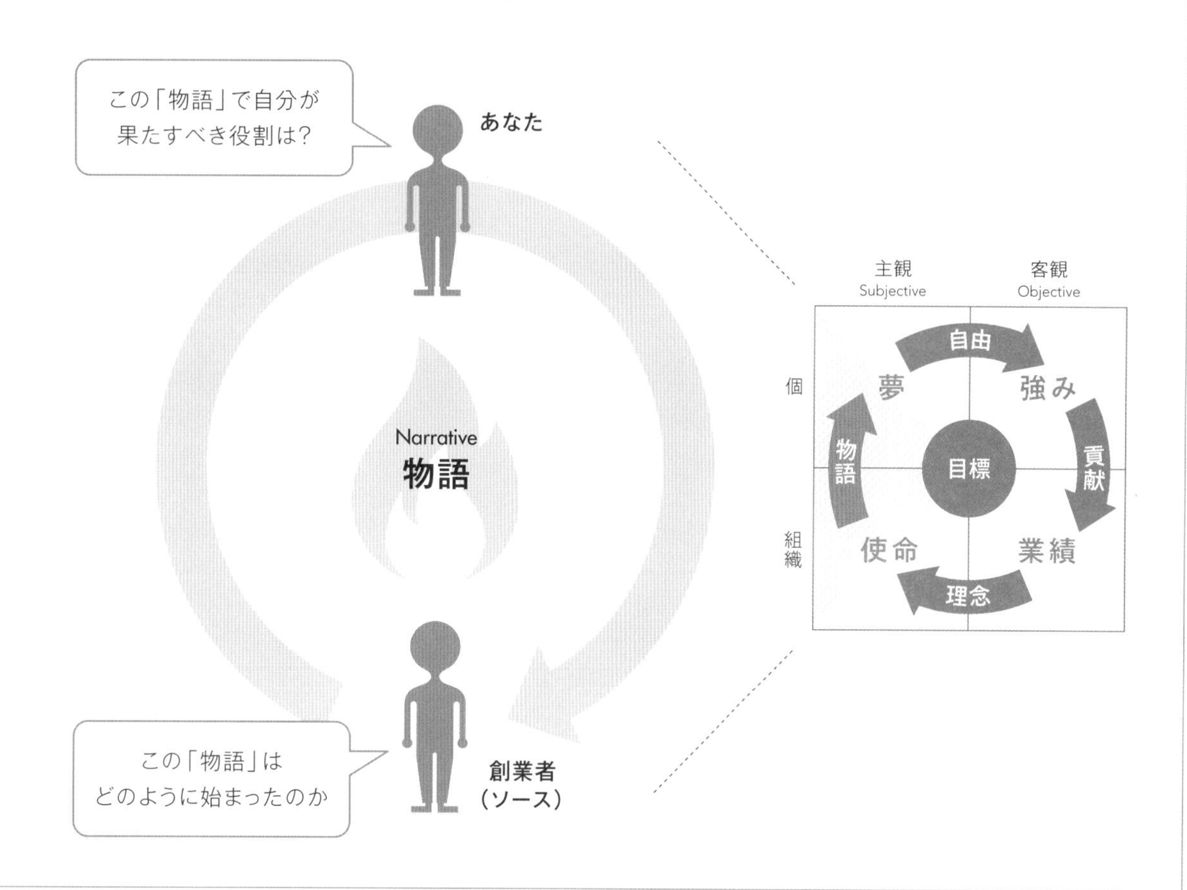

▶その物語において果たすべき役割を自覚したとき「心の火」が受け継がれます

100のツボ
093

Q 「夢」と「強み」を好循環にするには？

自分の夢が、自分の強みによって現実のものとなる。こんな好循環を起こすには、どうすれば良いのでしょうか？

■夢と強みをつなぐ「自由」

「やりたいことをやれる」こと。これは、自由と呼ばれる状態です。人が生きている究極の目的の1つかもしれません（ツボ100参照）。

「自由」はどうすれば手に入るのでしょうか？

はじめに、そもそも夢（やりたいこと）がわからない、という段階があります。とくに日本人は夢を持ちにくい性質があり、やりたいことを聞かれることが苦痛になっている方も多いようです（夢の解像度をあげる方法はChapter6.を参照）。

■自分の人生を生きる

次に、夢はあるがそこに取り組めていない、という段階があります。「しなければならない」事柄が押し寄せてきて、自分のやりたいことは後回しになっている状態です。責任感が強く、他者のために頑張ることができる、真面目な方が陥りやすい罠と言えます。

個の客観（強み）が、組織の客観（業績）につながっていれば、仕事は綺麗に前に進みます。そして当然あなたは周囲に感謝されるでしょう。しかし、その「客観」のみの世界には、あなたの「主観」が存在しません。

どんな業績に貢献していても、自分の「主観」を置き去りにした働き方は、どこかで限界がきてしまいます。客観的には、すべてがうまくいっているように見えても、あなたの主観はカラカラに乾いてしまい、生きるエネルギーが尽きてしまうことでしょう（燃え尽き症候群と呼ばれます）。

パーカー・J・パルマーは『いのちの声に聴く　ほんとうの自分になるために』でこう言っています。

> 私が与える賜物が自分の特性の重要な部分である場合、つまりそれが私の内にあるいのちの実体から来ている場合、それを与えても、それ自体に再生能力がある。私の内で育たないものを与えた場合のみ、自分を枯渇させ、他の人にも害を加えてしまう。なぜなら、与えるよう強いられたもの、いのちがなく、実在しない賜物からは有害なものしか現れないからだ。※2

自由は「自らを由（よし）とする」と書きます。由とは理由、手段という意味です。自分自身から出てくるものを理由とし、自分自身を手段として使うこと。それが自由です。

自分の「やりたいこと」の上に、積み上げる。はじめは小さくてもかまいません。そのために「目標」にやりたいこと（夢）を、少しずつでも入れ込んでいきましょう。

次のツボ094は、個の客観（強み）と組織の客観（業績）の関係を見ていきましょう。

A　やりたいことをやれる「自由」をつかむ

図表093

夢 → 自由 → 強み

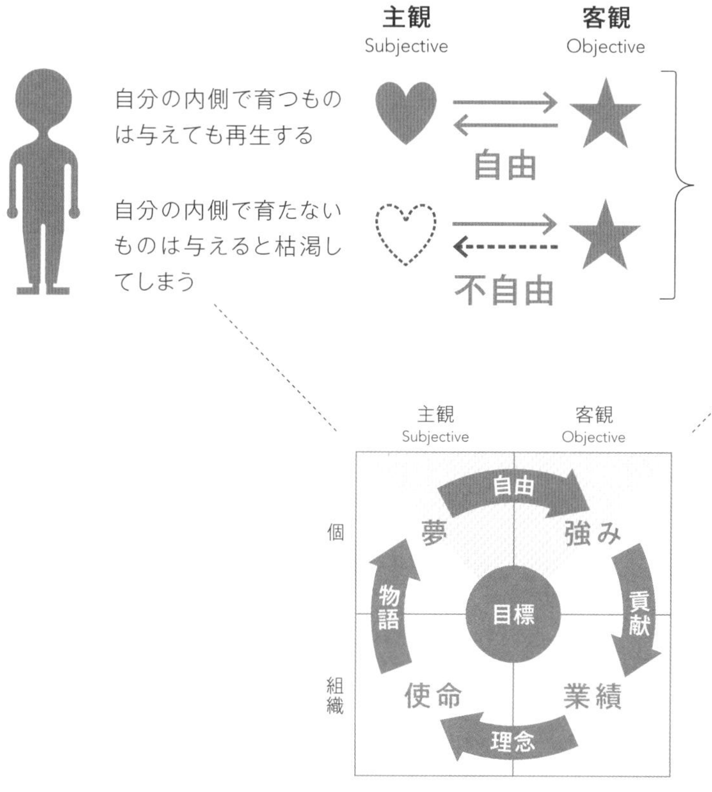

▶「強み」を磨く過程で、「夢」が発見できることもあります　HINT

100のツボ
094

Q「強み」と「業績」を好循環にするには？

個の強みが発揮され、組織の業績があがる、こんな好循環を起こすには、どうすれば良いのでしょうか？

■強みと業績をつなぐ「貢献」

強みを業績に転換するのは「貢献」です。

成果をあげるのは能力ではなく「貢献に集中する習慣」だとP.F.ドラッカーは言います。貢献に集中するためには、一人ひとりが自分の「強み」を捉え、組織のあげるべき「業績」のどこに貢献するべきかを、客観的に組み立てる必要があります。

まずは自分の強みを捉えましょう。目標を立て、実践し、そのフィードバックによって「強み」を知ることができます（Chapter7.参照）。そして組織で業績をあげるためには、事業を見立て、その中のどこに自分が貢献するかを考えます（Chapter8.参照）。

■あらゆる人の強みを生かす

組織の業績を最大にするためには、あなただけでなく一人ひとりの「強み」を生かす必要があります。

> 利用できるかぎりのあらゆる強み、すなわち同僚の強み、上司の強み、自らの強みを総動員しなければならない。強みこそが機会である。強みを生かすことは組織の特有の機能である。※3

組織とは「強みを成果に結びつけつつ、弱みを中和し無害化するための道具」だからです。

■直属の上司を生かす

誰よりも直属の上司の「強み」を生かせとドラッカーは言います。「上司が頼りにならない」「上司が間違っている」という人がいます。しかし上司を抜きにして組織に貢献することは、不可能ではありませんが、難しい取り組みとなります。

> 上司の強みを生かすことは、部下自身が成果をあげる鍵である。上司に認められ、活用されることによって、初めて自らの貢献に焦点を合わせることが可能となる。自らが信じることの実現が可能になる。※3

当然ですが上司も1人の人間です。「弱み」を強調されると、あなたが弱みを強調されたときと同じように、意欲と成長が低下してしまいます。

> 誰もが人のことについては専門家になれる。本人よりもよく分かる。したがって、上司に成果をあげさせることは、かなり簡単である。強みに焦点を合わせれば良い。弱みが関係のないものになるように、強みに焦点を合わせればよい。上司の強みを中心に置くことほど、部下自身が成果をあげやすくなることはない。※3

その上で、上司とどうしても合わない、という場合は、上司の上司に相談しましょう。その人には「上司とあなたを生かす」責任があるからです。

次のツボ095は、組織の客観（業績）と組織の主観（使命）の関係を見ていきましょう。

A 上司を生かすことで自分の「貢献」に集中する

図表094

強み → 貢献 → 業績

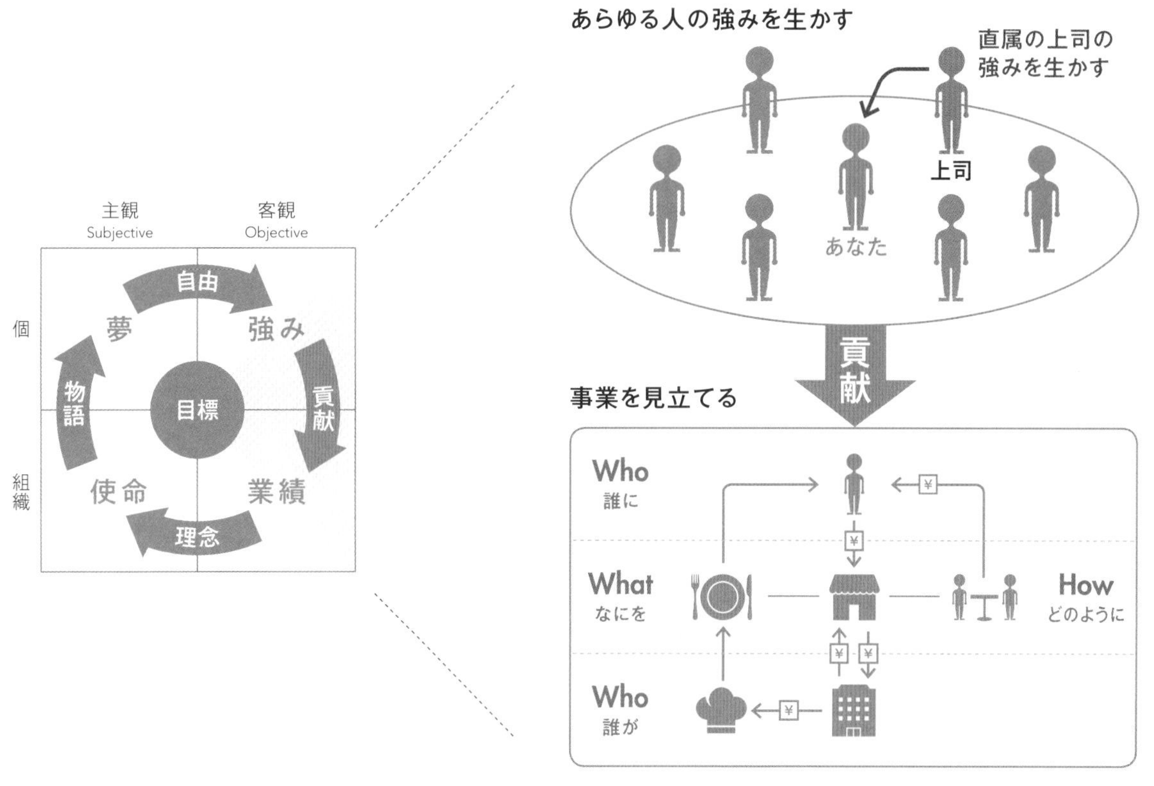

（事業を見立てる部分は、近藤哲朗『ビジネスの仕組みがわかる 図解のつくりかた』より）

▶強みを生かすとは「どんな貢献ができるか」を問うことです HINT

100のツボ 095

Q 「業績」と「使命」を好循環にするには？

組織の業績があがり、組織の使命が果たされる、こんな好循環を起こすには、どうすれば良いのでしょうか？

■業績と使命をつなぐ「理念」

組織の客観（理）である業績があがることで、組織の主観（念）である使命が果たされている、この理と念が統合された状態を「理念」と言います（ツボ082参照）。

業績は、事業の成果が積み上がってできたものですので、顧客がその事業に価値を感じてくれている証左だと言えます。しかし、客観的に業績があがっていたとしても、それが使命につながっているかどうかは、わかりません。使命は主観だからです。

創業者（ソース）が、そして引き継いだ経営者が、業績を使命につなげて語り、これからの未来を方向づける必要があります。つまり理念を語り続ける役割を担っているのです（ツボ085参照）。

■現場で日々の仕事と理念を紐づける

会社の規模が小さいうちは、創業者の言葉が一人ひとりに届きます。しかし、規模が拡大するにつれ、その距離は離れていきます。どうすれば組織全体が理念を実感し続けることができるのでしょうか。

創業者は、その規模にかかわらず全社員にメッセージし続ける必要があります。自分の歩いている物語を言葉にして伝えていきましょう。

そして、規模が大きくなったときに重要なのは、現場にいる直属の上司です。日々の仕事の中で、使命を業務と結びつけて語ることができるかどうか、が問われます。

例えば細かい品質チェックをメンバーに任せるときに、顧客に届けたい価値を一緒に語ったり、営業メンバーが受注したときにお祝いの言葉と一緒にその先にある実現したいビジョンを語ったり、と客観的な事実の上に、主観的な意味を紐づけていくのです。そこに登場する使命が、創業者の言葉と同じだと感じることができれば、わざわざ「理念浸透」と銘打った活動を行わなくても、理念は実感として伝わっていきます。

「入社時点で聞いていた理想が、毎日当たりまえのように起き続けている」

そんな状況にする責任は、経営者や上司だけでなく、先輩メンバーも、そして新人であっても、担っていると言えます。

次のツボ096からは、個と組織のスパイラルアップを起こすために、アカツキ社で実践されてきた「ジュニア研修」をご紹介します。

A 日々の仕事と「理念」を紐づける

図表095

業績 → 理念 → 使命

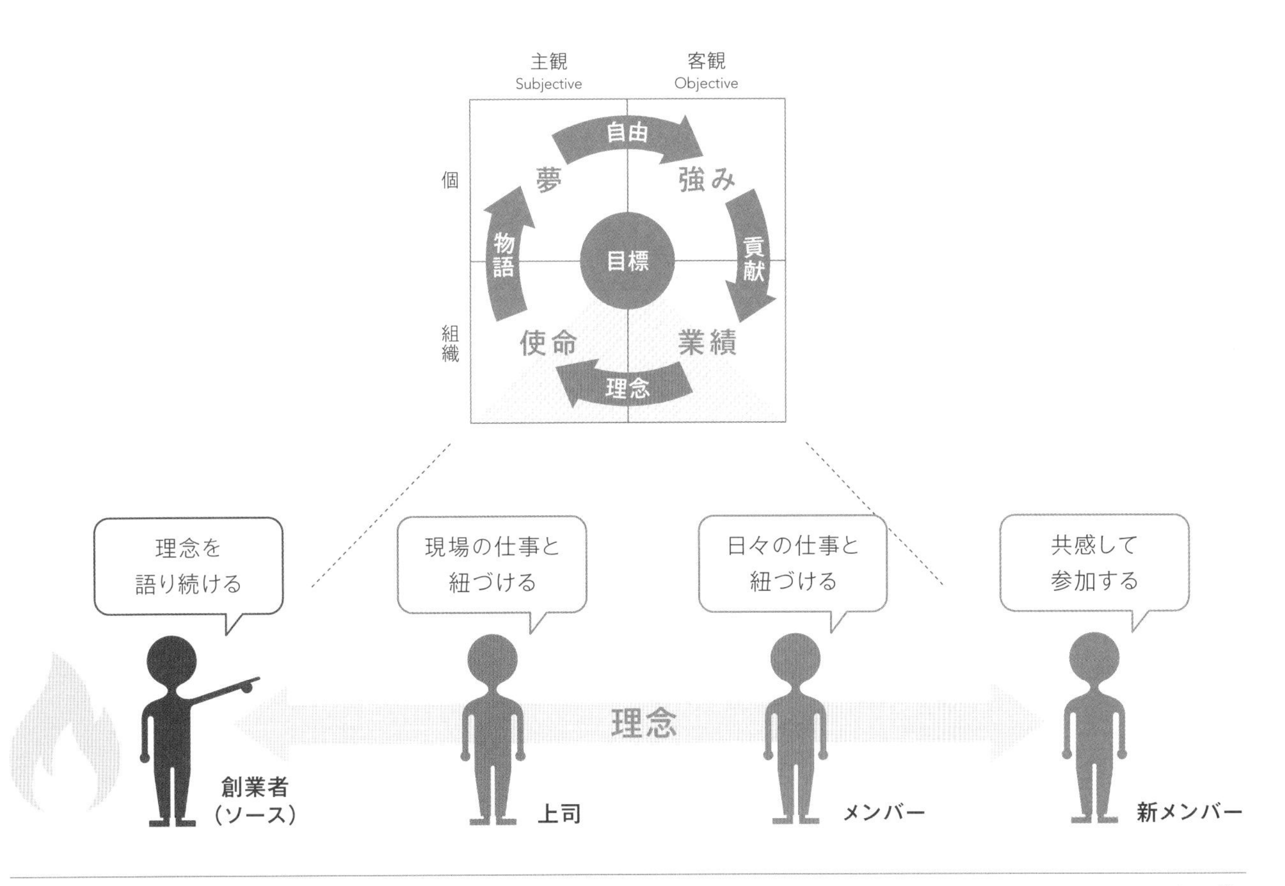

▶数字（理）に意義（念）を込めてこそ理念です HINT

100のツボ
096

Q 意図的にスパイラルアップを起こす事例は？

実際に個と組織のスパイラルアップを起こしていくには、どうしたら良いのでしょうか？　ここでは私（坪谷）の実践をご紹介します。アカツキ社で、創業メンバーの安納達弥さんと6年間、ともに構築し運用してきた取り組みです。

■「人材輩出組織」という逆転の発想

2016年当初、アカツキ社は急成長の真っ只中で、新しいモバイルゲームの開発が何本も同時に進んでいました。そんな中でゲームの動作検証やカスタマーサポートの部門「CAPS（Customer And Product Satisfaction）」を担当していた安納さんは、ある悩みを抱えていました。他部門からの「引き抜き」です。ゲームの基礎を学べるこの部門で育った人材は、即戦力として魅力的に見えたのでしょう。メンバーを一人前に育てると、すぐに他部門に引き抜かれてしまう。いつまで経っても組織は安定せず、悪戦苦闘が続いていました。

私はその時点でアカツキに人事企画として入社し、安納さんの支援をすることに。これから数年先の組織図をともに描き、どんな人材がどのくらい必要なのかを考えていく中で、安納さんは苦しんできた「引き抜き」をポジティブなものとして捉え直しました。「ゲームを作りたい」と夢を持って入社してくれたメンバーが、実力をつけて他部署で活躍しているのは、むしろ望ましいことではないか？　と。

■スタンス採用・リーダー育成・卒業支援

こうして私たちは「人材輩出組織」を目的として組織づくりを開始しました。

採用：経験者のスキル採用から、ゲーム作りへの意欲を重視した未経験者のスタンス採用へ。

育成：大量の未経者を受け入れられるように、熱意のあるリーダーを数多く育てる。

代謝：成長して他部門や他社へ卒業していくメンバーを心から応援し、その幸せを本気で願う。

■意志を込めた「チーム目標」を立てる

一連の取り組みの中で象徴的な施策が「ジュニア研修」です（図表096）。今後を担う若手リーダー候補（ジュニア）を対象に3日間行います。

この研修を通してジュニアたちは、リーダーのスタンスを学びます。そして研修で目指す最終ゴールは「自らの意志を込めたチーム目標を立てる」こと。目標を中心としたスパイラルアップが意図されています。

研修の運営、ファシリテーター、アドバイザーは歴代の先輩ジュニアが担います。熱量を次へ渡すというサイクルによって、11期50名以上のリーダーが輩出されてきました（2022年12月現在）。

ツボ097から099は、ジュニア研修の内容を紹介します。まずツボ097は1日目「自分と組織の接点」です。

A アカツキ社の次世代リーダー育成「ジュニア研修」

図表096

ジュニア研修

1日目

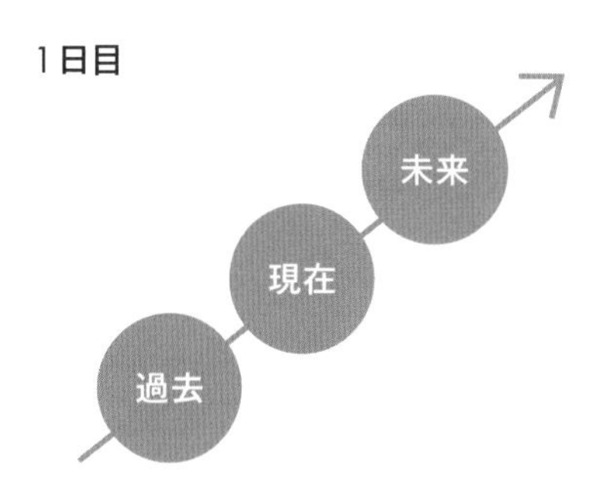

自分と組織の接点を捉える

過去：なぜこの組織に来たのかを再確認する
現在：今の仕事の意義をわかちあう
未来：組織のビジョンを、自分の言葉で語り直す

2日目

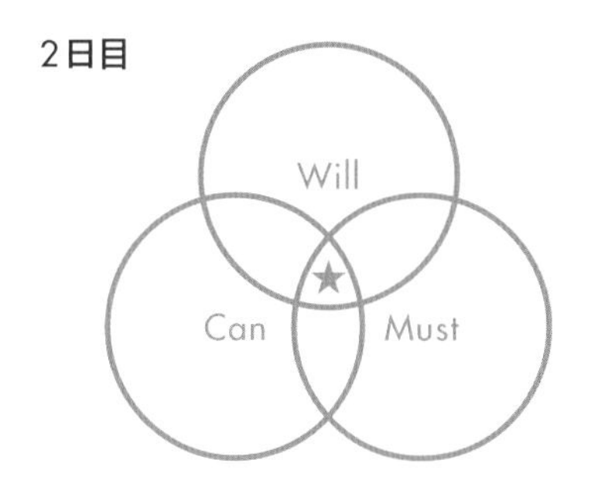

自分のキャリアと向き合う

Will：やりたいこと
Can：できること
Must：やらなければならないこと
3つの重なりが最大になるキャリアを仲間と語り合う中で見出す

3日目

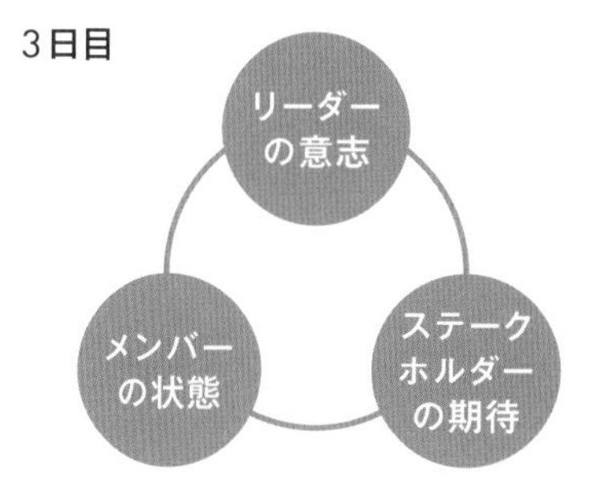

意志を込めたチーム目標を立てる

リーダー（自分）の意志、チームメンバーの状態、ステークホルダー（ユーザー、上司、関係部署）の期待を捉える
3つを統合して、チーム目標を立てる

熱量の伝播　**歴代の先輩ジュニアが研修の運営、ファシリテーター、アドバイザーを担い、熱量を次のジュニアに渡していく**

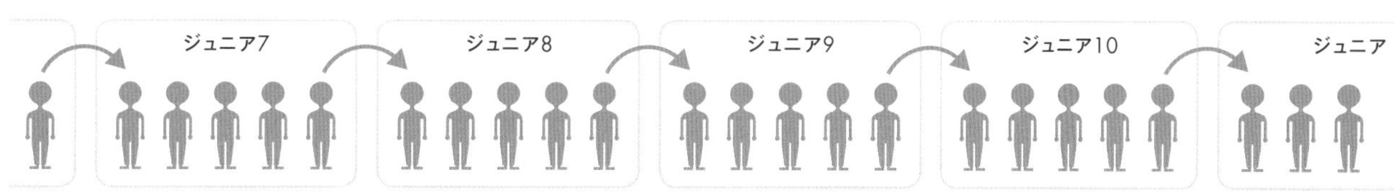

▶**講義ではなく、受講者が自らの考えを出して、全員で磨き合う場を目指します**

100のツボ 097

Q「自分と組織の接点を捉える」研修は？

アカツキ社のリーダー育成「ジュニア研修」、1日目のテーマは「自分と組織の接点を捉える」です。

■研修の前提

この8時間のプログラムでは、受講者の過去・現在・未来を辿りながら、本人と組織の接点を再確認します。エンゲージメント向上、オンボーディングなどにも活用できる内容で、単発で実施することもできます。

事前課題として、入社動機をA4用紙一枚に書き出すように受講者へ伝えておきます。

■なぜこの組織に来たのかを再確認する

一人ひとりが自分の入社動機を発表し、感想や質問をやりとりします。全員でその人が「なぜこの組織に来たのか」「なぜいまここにいるのか」をわかちあいます。

仕事上、接点がなく話したことのなかった同僚が、実は自分とまったく同じ想いでここにいることを知ったり、よく話をする同僚が実は意外な過去を経て同じ職場に辿り着いたことを知ったり、お互いの過去を知ることで、個と組織の間に、新鮮な発見があります。

アカツキ社ではスタンス採用を徹底していたため、想像以上に同じ動機で入社した方が多く、全員で驚くことになりました。

■今の仕事の意義をわかちあう

今の仕事を説明し、お互いに理解します。そして「その仕事をすると、誰が、どう嬉しいのか」を全員で思いつく限り書き出すことで、今の仕事は何に「貢献」しているのか、どんな「意義」や「価値」があるのかを再認識します。

その仕事は、入社時の想いを実現できているか、実現に近づいているかを改めて考えます。

■組織のビジョンを自分の言葉で語り直す

最後に、組織のビジョン（方針・理念など）を自分の言葉で語り直すことで、組織の未来と自分の未来を重ねていきます。

まず研修の実施を決定したオーナー（経営者・事業部長・部門長など）が、組織のビジョンを全員にあらためて発表します。オーナーが自分の組織観を自分の言葉で語りかけることが、受講者へのお手本となります。

受講者は、過去・現在のワークで得た言葉を使って、組織のビジョンを自分の言葉に書き換え、語り直します。会社や上司が言っているから目指すのではなく、自分の人生として目指したい組織の姿を描くこと。それが、この研修のゴールです。

次のツボ098は、ジュニア研修の2日目「自分のキャリアと向き合う」です。

A 入社動機を再確認し、今の仕事の意義をわかちあい、組織のビジョンを自分の言葉で語り直す

図表097

自分と組織の接点を捉える研修

参加者	受講者4名・ファシリテーター1名・アドバイザー4名・オーナー1名
事前課題	入社動機をA4用紙一枚に書き出してくる

なぜこの組織に来たのかを再確認する

- 一人ひとりの入社動機を全員でわかちあう（1人20分程度）。

→「なぜこの組織に来たのか」「なぜいまここにいるのか」を再確認する。仲間が自分と同じ想い・様々な想いがあって同じ場にいることを知る。

今の仕事の意義をわかちあう

- 黄色の付箋（10cm×10cm）3枚に今の仕事を3つ書き出し、全員に説明する。
- 緑色の付箋（10cm×10cm）に「その仕事をすると、誰が、どう嬉しいか」を全員で思いつく限り書き出し、黄色の付箋の周囲に貼る（1人30分程度）。

→「今の仕事は何に貢献しているのか、どんな意義・価値があるのか」を知る。入社時の想いを実現できているか、実現に近づいているかを考える。

組織のビジョンを自分の言葉で語り直す

- オーナーから組織のビジョン（方針）をあらためて発表する。
- 過去・現在のワークのアウトプットから得た言葉を使って、組織のビジョンを自分の言葉に書き換え、語り直す（1人30分程度）。

→「会社や上司が言っているから」目指すのではなく「自分の人生として」目指したい組織の姿を描く。仲間が自分と同じ想い・様々な想いで組織をつくっていくことを味わう。

▶ 研修を効果的にするための最重要事項は、オーナーが参加していることです

100のツボ
098

Q「自分のキャリアと向き合う」研修は？

アカツキ社のリーダー育成「ジュニア研修」、2日目のテーマは「自分のキャリアと向き合う」です。

■研修の前提

この8時間のプログラムでは、やりたいこと・できること・やらなければならないこと、の3つを仲間の力を借りて自覚し、統合することでキャリアの軸を作ることを狙います。あらゆる世代のキャリア開発に活用できる内容で、単発で実施することもできます。

事前課題として、自分史グラフ（ツボ054参照）を書いて提出し、当日までに全参加者が全受講者のグラフを一読しておきます。

■やりたいこと（Will）

「やりたいこと」とは個の主観です（Chapter6.参照）。人によって、また時期によっては見出すのが困難な場合もありますが、他者の視点を借りることで、そして他者に自分の人生を語ることで、自分の「やりたいこと」を明確にしていきます。

自分史グラフを読んで、その人の「やりたいこと」が何なのかを想像して伝えあいましょう。外れてもいいのです。「私にはこう見える」と伝えることが、刺激になるかもしれません。私自身の経験では、研修で「坪谷は哲学書を書きたいんじゃない」と仲間から言われたことがずっと頭に残っており、そのあとの進路に大きな影響を与えました。

■できること（Can）

「できること」とは個の客観です（Chapter7.強み 参照）。自分ではできると思っていても、他者から見てそうでなければ、それは思い込みです。

受講者が「できている」ように見えること、そして「できていない」ように見えることを、全員で洗い出して伝えましょう。「できている」ことは多ければ多いほど良いです。考えすぎず、些細なことでも大量に場に出して、シャワーのように浴びせてください。逆に「できていない」ことは、ただの否定にならないように気をつけましょう。その人がキャリアを考えるときに必要だと思うことを、愛と配慮を持って伝えてください。

■やらなければならないこと（Must）

「やらなければならないこと」には2種類あります。自分がやらなければならないと決めていること（主観）と、他者からの期待です（客観）。参加者全員から、その人に期待していることを伝えます。

最後に、3つの重なりにふさわしいキーワードを置きます。この言葉がキャリアの拠り所となり、受講者同士の信頼のベースとなっていきます。

次のツボ099は、ジュニア研修の3日目「チーム目標を立てる」です。

A やりたいこと、できること、やらなければならないことの3つを仲間の力を借りて自覚し、統合する

図表098

自分のキャリアと向き合う研修

参加者	受講者4名・ファシリテーター1名・アドバイザー4名・オーナー1名
事前課題	自分史グラフ（ツボ054参照）を書いてくる

やりたいこと

- 一人ひとりの自分史グラフを読み、全員でその人の「やりたいこと」を想像して黄色の付箋（10cm×10cm）に書き出し、わかちあう（1人30分程度）。

→自分の人生が仲間にはどう見えるか、そして自分がどう語るか、相互主観の中で「やりたいこと」を見出す。

できること

- 自分の「できること」を青色の付箋（10cm×10cm）2枚に、「できないこと」をピンク色の付箋（10cm×10cm）2枚に書き出し、わかちあう。
- 全員でその人の「できること」「できないこと」を洗い出して付箋に書き、貼りながら、フィードバックする（1人10分程度）。

→自分の強みが客観的にどう見えているかを知り、自覚する。

やらなければならないこと

- 橙色の付箋（10cm×10cm）に「自分がやると決めていること」と「周囲から期待されていると思うこと」を1枚ずつ書き出し、わかちあう。
- その人に期待していることを、全員で橙色の付箋に書き出し、伝える（1人10分程度）。

→自分が本当に期待されていることを、ギャップとともに知る。

3つの重なるキャリア軸

- 3つの円の重なりに入るキーワードを置き、わかちあう（1人10分程度）。

→キャリアの拠り所となり、お互いの信頼のベースとなる言葉を手に入れる。

▶**受講者はキャリア軸の共通言語を使って、研修後もお互いを応援することができます** HINT

100のツボ

099

Q「チーム目標を立てる」研修は？

アカツキ社のリーダー育成「ジュニア研修」、3日目のテーマは「チーム目標を立てる」です。

■研修の前提

この8時間のプログラムは、受講者が「自分の属しているチームのリーダー」になったと仮定（シミュレーション）して進めます。前2日間の研修に比べて求められるものは格段に重く、耐えられる知識や経験が必要になります。そのためこの3日目のみを単発で実施しても効果は見込めません。

1日目で自分と組織の接点を再確認し（ツボ097参照）、2日目で自分のキャリアに向き合っていること（ツボ098参照）が前提となります。何より重要なのは、受講者の顔ぶれが3日間同じであること。相互の信頼関係が、困難な課題に挑む受講者を支えてくれることでしょう。

■ステークホルダーの期待

事前課題は、自チームに何が期待されているのかを、ステークホルダー（顧客・上司・関連部署）にヒアリングすることです。これまで1メンバーとして働いていたジュニアにとっては、それらの人々に連絡をとり時間をもらうこと自体も壁と感じるかもしれません。研修ではその結果をもとに、ジュニア同士、そして先輩ジュニアたちの支援によって、自チームが求められている「貢献」を言葉にします（Chapter8.参照）。

■メンバーの状態

どんなに良いチーム目標を立てたとしても、自チームのメンバーがそれをやろうと感じ、あなたについて来てくれなければ、絵にかいた餅です。メンバー全員の顔を思い浮かべて、彼らの状態を想定します。どんな目標であればメンバーは前に進めるのでしょうか。

■意志を込めたチーム目標を立てる

チーム目標は、何よりもリーダーの意志が込められていなければなりません。ステークホルダーの期待に応えた貢献、チームメンバーの状態、そして自分のキャリア軸（ツボ098参照）を統合して、チーム目標を策定します。初めて統合するときには、どうすれば良いかわからなくなるかもしれません。そんなときは、同じ道を歩いてきた先輩ジュニア（アドバイザー）の力を借りましょう。

■リーダーとして目標を発表する

「メンバー全員にチーム目標を伝える」という想定で、完成したチーム目標を発表します。全員でその発表をメンバーになったつもりで聴き、疑問点や感じたことをフィードバックします。目標が「どう伝わるのか」を実感し、リーダーの視界を初めて味わう、大切な機会となるはずです。

次のツボ100は、これからのMBOについてです。

A ステークホルダーの期待、チームメンバーの状態を踏まえ、リーダーとして意志を込めて統合する

図表099

意志を込めたチーム目標を立てる研修

プログラム

10:00 チェックイン
オーナーより目的説明
インストラクション
（休憩）

11:00 **ワーク①**

12:00

13:00 （昼食休憩）

14:00 **ワーク②**

15:00 （休憩）

ワーク③

16:00

17:00

18:00 チェックアウト
オーナーより締めの言葉

参加者	受講者4名・ファシリテーター1名・アドバイザー4名・オーナー1名
事前課題	ステークホルダー（顧客・上司・関連部門）から、自チームへの期待をヒアリングしてくる

ステークホルダーの期待
- 顧客、上司、関連部門からの期待を集約し、自チームが求められている「貢献」を言葉にする。
- 一人ひとりの言語化を、全員で助ける。

チームメンバーの状態
- 自チームのメンバー全員を思い浮かべ、その状態を書き出す。
  Good：良いと感じる点、その理由・背景の仮説。
  More：改善すべき点、その理由・背景の仮説。
  もやもや：よくわからないが気になる点、その理由・背景の仮説。
- 一人ひとりの仮説立てを、全員で助ける。

意志を込めたチーム目標を立てる
- ステークホルダーの期待に応えた貢献、チームメンバーの状態を踏まえ、自分のキャリア軸（ツボ098参照）そして自分自身の目標を統合して、チーム目標を立てる。
- 先輩ジュニアであるアドバイザーが、1対1でその目標のブラッシュアップを助ける。

リーダーとして目標を発表する
- 「メンバー全員にチーム目標を伝える」という想定で、目標を発表する。
- 全員でその発表をメンバーになったつもりで聴き、疑問点や感じたことをフィードバックする。

▶**研修による代理経験は、実際にリーダーとなったとき、必ずあなたを助けてくれます**

100のツボ
100

Q MBOはこれからどうなる?

最後に、MBO(Management by Objectives and Self-control)のこれからについて考えます。

■MBOの目的は「自由」の獲得

「組織に使われるのではなく、組織を使いこなす」MBOによって得られるのはそんな「自由」だとドラッカーは言いました。(ツボ010参照)。しかし実態としては多くの企業でMBOは誤解され、正しく使われていません。どうにかその現状を打破したいと執筆したのが当書です。

当書では、個の主観と客観、そして組織の主観と客観という4象限を目標によって「統合」させるアプローチに挑戦しました。目標によって方向づけられることで、一人ひとりの「夢」が「強み」につながり、組織として束ねられて「業績」となり「使命」につなげる、そしてそれによって「夢」が大きくなっていく、そんな好循環によって「自由」に血流を通わせることを狙ったのです。

Chapter6.~9.においては、それぞれの象限を掘り下げて目標と接続しました。そしてこのChapter10.では4象限同士の好循環を描くことで全体のスパイラルアップ(螺旋状の上昇)を促しました。さらに4象限の統合を促進するための人事としての取り組み事例としてアカツキ社の「ジュニア研修」をご紹介してきました。

当書を手にとってくれた「あなた」の自由に血が通う一助となることを願っています。

■自由とは動き続ける「葛藤」

この「自由」を求める統合の旅の中で、私は1つの発見をしました。それは(抽象的な言い方ですが)自由は「三角形」だったということです。

ハリネズミの概念(ツボ074参照)、そしてWill・Can・Must(ツボ098参照)はどちらも「意志」「力」「制約」の3つを統合する三角形として表現されていました。この類似に、私は何か重要なことが隠されていると直観しました。そして哲学者青山拓央の『時間と自由意志』を読んで図表100に辿り着いたとき、すべてがつながりました。この図はそのものズバリ「自由」の概念を青山が図式化したものだったのです(言葉は難解ですが、前出の2つと同じ要素でした)。青山は「われわれが自由であるとは、あの三角形全体の内部を動き続けること※4」だと言います。

自由とは「不自由」の中で「できること」を増やし「意志」を持ってダイナミックに動き続ける「葛藤」のことだった。私はそう捉えました。

■目標は自由への通過儀礼

自ら意志を持って「目標」を立て、仲間たちに宣言するには勇気が必要です。しかし、恐れという不自由を乗り越えて、あなたに指し示してほしいのです。目標とは、あなたが組織に貢献する仲間となり、自由になるための第一歩。自由への通過儀礼(イニシエーション)なのです。

A 「自由」になるために活用される

図表100
自由の概念

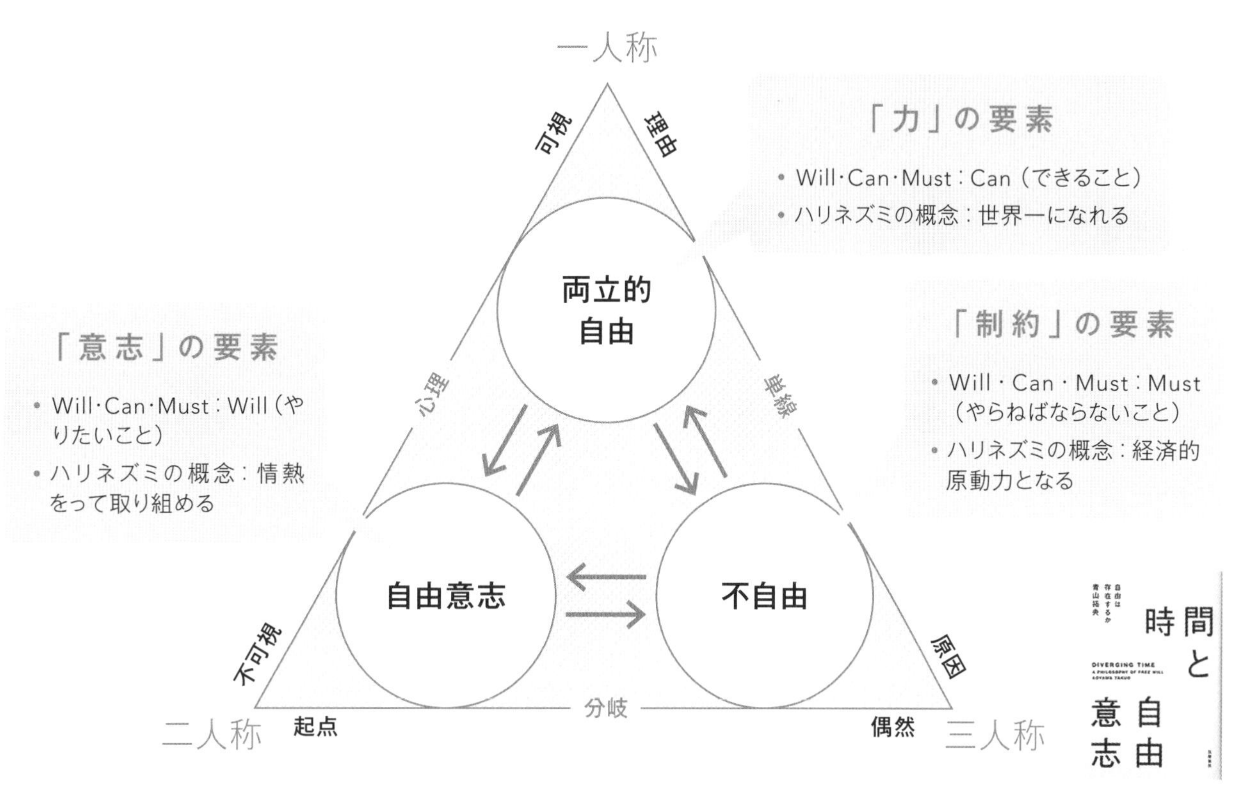

（青山拓央『時間と自由意志』（筑摩書房）をもとに作成）

▶自由意志が「二人称」にあることは、相互主観（ツボ090参照）にも符合しています

まとめ

Chapter10.のまとめとしてツボ091〜100のQ&Aを一覧としています（右表）。

また、マネジャー（管理職）、メンバー（すべての働く人）、経営者、人事担当者それぞれに向けて、この「スパイラルアップ」でお伝えしたいメッセージを記載しています。

マネジャー（管理職）のあなたへ

マネジャーのあなたにとって、部下に業務を教えたり、部下の目標を支援したりすることも大切な仕事ですが、その前に、あなた自身が夢に向かって強みを発揮して「やりたいことをやれる」状況（ツボ093）を作ってほしいのです。あなたがイキイキと意志を持って活躍している姿を見て、メンバーはこうすれば良いのか、と心から理解するはずです。

メンバーのあなた（すべての働く人）へ

メンバーのあなたに行ってほしいのは、自分の参加する「物語」を知ることです（ツボ092）。あなたはその物語の中でどんな活躍をするのでしょうか。自分の役割を果たしていきましょう。もし、まったくイメージが湧かないのであれば、そのバスはあなたの夢には辿り着かないバスかもしれません。（ツボ073）。

経営者のあなたへ

経営者のあなたに行ってほしいのは、使命と業績の好循環を起こすことです（ツボ095参照）。会社の向かう先を決めて指し示すことは、経営者のあなたにしかできない役割です。どんな物語に参加しているのかが社員にわかるよう、語ってください。ここ（使命と業績のつながり）が切れていてはスパイラルアップが起こらず、社員はどんなに頑張っても、あなたの組織では「自由」になれないのです。

人事担当者のあなたへ

人事担当者のあなたに知ってほしいのは、MBOの理想状態です（ツボ091）。経営者やマネジャーはどうしても短期業績に気持ちが引っ張られるものですから、自社の状況を俯瞰して中長期で見渡すことができるのは人事の特権だと言えます。人事のあなたが社員一人ひとりの4象限の状態を把握し、経営やマネジャーに伝え、一緒に手を打つことができれば、あなたの会社のメンバーはどんどん自由に、イキイキした状態となっていきます。私もそこを目指して人事をしている1人です。お互い、頑張りましょうね。

100のツボ	Q	A
091	MBOの理想の状態は?	4象限を回転させることで螺旋状に上昇する(スパイラルアップ)
092	「使命」と「夢」を好循環にするには?	自分の参加する「物語」を見出す
093	「夢」と「強み」を好循環にするには?	やりたいことをやれる「自由」をつかむ
094	「強み」と「業績」を好循環にするには?	上司を生かすことで自分の「貢献」に集中する
095	「業績」と「使命」を好循環にするには?	日々の仕事と「理念」を紐づける
096	意図的にスパイラルアップを起こす事例は?	アカツキ社の次世代リーダー育成「ジュニア研修」
097	「自分と組織の接点を捉える」研修は?	入社動機を再確認し、今の仕事の意義をわかちあい、組織のビジョンを自分の言葉で語り直す
098	「自分のキャリアと向き合う」研修は?	やりたいこと、できること、やらなければならないことの3つを仲間の力を借りて自覚し、統合する
099	「チーム目標を立てる」研修は?	ステークホルダーの期待、チームメンバーの状態を踏まえ、リーダーとして意志を込めて統合する
100	MBOはこれからどうなる?	「自由」になるために活用される

対談

Conversation

意義目的を感じられないと良いことも身に入らない

安納達弥氏

株式会社アカツキ ゲーム事業本部 QA職能部

アカツキ社の創業メンバーの一人である安納達弥氏とと、MBOの実践について語り合いました。

人事と事業リーダーが協働する実践例

坪谷邦生（以下、坪谷）：今回は、私自身の「人事」としての実体験を語りたいと考えました。6年間以上ご一緒させていただいている、アカツキ創業メンバーの1人である安納さんと、組織づくりの実践についてお話ししたいと思います。人事と事業リーダーが協働する実践例をお伝えできればうれしいです。

安納達弥氏（以下、安納）：よろしくお願いします。

坪谷：少し振り返ってみますと、私がアカツキに入社して人事を担当したのは2016年の4月からでした。当時の安納さんは、CAPS（カスタマー・アンド・プロダクト・サティスファクション）という部門を担当していらっしゃって。正社員は安納さん1人で、アルバイトや派遣の方が数十人という体制でしたね。

安納：そうですね。以前に僕がやっていたCAPSというチームの役割は、今で言うとQAと呼ばれる品質管理と、CX（カスタマー・エクスペリエンス）と呼ばれるお客さま対応です。アカツキ製品の動作検証をしたり、カスタマーサポートの役割としてプロダクトに横断的に関わって、「顧客と製品の満足度最大化」をミッションとして掲げて行動していたチームでした。

坪谷：先々に出るゲーム（製品）の予定も決まっている中で、組織体制はどんどん拡大する必要がある。人を増やさなきゃいけないけど、どこから手をつければいいのかと、安納さんが悩まれてきた時期でした。

安納：少なくともゲームのタイトルごとに、日々の業務にコミットできるリーダー人材をちゃんと置かないと、自分たちの役割を全うできないという感じでした。

坪谷：そうですよね。2人で会議室で組織図を書いて「何年にこのタイトルが出る、何年にはこのタイトルが出る」と言いながら、「ここにどのリーダーを入れますか?」「いや、そこにはまる人なんかいない」「じゃあどうしよう」と唸っていたのを覚えています。

安納：そうなんですよ。他のチームや他の職種から人を引っ張ってくるのもなかなか難しいし、すぐに人材を採用するのも難しい状態だったので、「こうなったら、今いる人を引っ張り上げるしかない」という。

リーダー候補のアルバイトが部長に

坪谷：それで引っ張り上げる5人を決めて、1回目のリーダー合宿をしましたね。2017年のことでした。

安納：そうですね。今思うと感慨深いのは、当時そこにいたバイトの子たちが今となっては部長ですからね。

坪谷：はい、本当に。そこにいたリーダー候補には、後にeスポーツ実業団「Team UNITE」を立ち上げる渡辺佑太郎さんや、後にアカツキ福岡の代表取締役になる近見優斗さんがいます。この2人が安納さんの後を継いで、QA部門、CX部門の部長になりました。

あのときは、自分のキャリアと向き合う研修をやりました（ツボ098参照）。このリーダー研修が、「ジュニア研修」と名前を変えて今でも実施されています。

リーダー研修は成功した施策ですが失敗した施策もあります。鮮明に覚えている大失敗は、1on1研修です。安納さんと「うちは1on1が大事だから研修をやろう」と準備を進めました。でも、研修当日、待てど暮らせど誰も来ない……。1人だけ来てくれたんですけど、すごく遅れて入ってきて、「みんなどうしたの?」って安納さんが聞いたら、「いや、ちょっと今トラブルが起きてて、みんな忙しいんで」と言われて。安納さんが「いや、僕だって坪谷さんだって忙しいよ!」と怒った事件がありました。

安納：ありましたね。

坪谷：あのときに、すごく反省したんですよ。確かに日々の業務がめちゃくちゃ忙しい中で、突然「1on1の研修をやります」と言われても、何のことか分からないだろうし、やっぱり優先度は低くなるな、と。

安納：そうなんですよね。「研修やります」とだけ言っても、心の準備というか、研修の意義や目的をちゃんと理解してもらった上で場を作っていかないと。

坪谷：この6年間でスキルアップに関する取り組みはいろいろしてきましたけど、順調に積み上げられてきたと感じたのはつい最近ですよ。やはり、スタンス面が整った上にしか乗らなかった。等級や評価がうまくいくようになってきたのも、ジュニア研修が根付いたあとの流れだったと思うんですよね。

安納：やはりテクニックとか知識は大事だと思うんですけど、「なぜそれをやるのか?」というwhyが理解できていることや、「その研修や学ぶ機会で得た知識をどう活かすのか」という意義目的を感じられないと、どれだけ良いことを伝えたり教えたとしても、その当事者に入っていかないですよね。

2022年11月9日

Profile

安納達弥／あんのう たつや　1998年芝浦工業大学大学院機械工学専攻を修了。日本オラクル株式会社に入社しERP製品の技術サポート業務に従事。アカツキ創業者である塩田、香田の誘いで2011年初頭からアカツキに参画。創業期メンバーの一人として、ソーシャルゲームのアプリ開発、インフラ運営などを担当。カスタマーサポートとゲームテスター領域でのトップランナーとしてアカツキグループ全体をリードしている。

以上、logmiBiz『図解 目標管理入門』対談「育った人から引き抜かれる“自転車操業期”を乗り越えてアカツキ創業メンバーが語る「人材輩出組織」への転換点」より一部抜粋して掲載 <https://logmi.jp/business/articles/327841>

全文はこちらです ▶▶

Column 10
指し示すこと

私（坪谷）は写真を撮るときに必ず人差し指を立てて「指し示す」ポーズをとります。これは自分で目的・目標を置いて進むという意志を表現したものです。ビズリーチ社のCMで同じポーズが使用されているため「ビズリーチのマネですか?」と言われることもありますが、1994年（18歳）からの習慣ですので、私が先だと思います（競っても仕方ないですが）。

きっかけは師との出会いです。立命館大学に入学し「Magic Players」という手品のサークルに軽い気持ちで入った私は、初代会長である桜井正樹さんと出会い、大きな影響を受けました。「毎年2回、マジックショーをやろう」「次は300人収容できるホールを借りて大きなステージショーにしよう」「趣味の発表会をやるんじゃない。本物のエンターテインメントショーをやるんだ」と熱く語る桜井さんに圧倒され、気が付くと私も夢中でステージショーを創っていました。仲間たちと組織として1つのゴールに全力で向かっていく。まるで魔法にかけられたように楽しい時間でした。

いまから思えば、これが私のMBOの原体験だったのです。リーダーが本気で「目標」を指し示す威力を、強く「方向づけ」られて実感したわけです。桜井さんを人生の師だと感じ、自分も「指し示す」人になろうと決めて、人差し指を立てるようになりました（もう28年間です）。

卒業してエンジニアになりました。そして驚きました。企業には、どこにも指し示している人がいなかった（私にはそう見えてしまった）のです。疲弊した現場、意志を感じられない仕事に苛立ちを募らせる日々でした。

ある日、私の我慢は限界に達し、社長にこう言ってしまいます「この会社は何かがおかしいです」ひどく生意気な若者だったわけですが、創業者である社長はまっすぐに受け止めてくれました。そして「じゃあお前がなんとかしなさい」と、私を人事部門へ異動させてくれたのでした。

おわりに

当書は、偉大な先達たちの残してくれた知と、私が実践の中で見出した持論をもとに、11人の見識者の方々と「対談」を重ねる中で作成されました。

発端となったのはドラッカー学会の共同代表理事であり、ドラッカー研究の第一人者である佐藤等さんとの出会いでした。「Objective（客観）の前に、Subjective（主観）が弱っているのではないか」という佐藤先生の一言から「主観と客観」という、大きなコンセプトを着想しました。

五十嵐英憲さんの著作『目標管理の本質』には、目標管理とは「組織の業績と個人の幸せ」を統合するために「葛藤を克服」した先にあるものだという見解が示されていました。その教えを実践しようともがいてきた私にとって、五十嵐英憲さんとの出会いは、自分の歴史上とても大切な瞬間となりました。こうして「主観と客観」と「個と組織」の4つを統合させる構造が形になりました。

ドラッカーのマネジメント哲学である「MBO」の思想を現代に蘇らせるためには、OKRとKPIの実態を知ることが重要だと考え、OKRの先進企業であるメルカリのCHRO木下達夫さん、『最高の結果を出すKPIマネジメント』の中尾隆一郎さんに教えを乞いました。お2人とも、ノウハウを惜しみなく提供してくださいました。

神田昌典さんの『非常識な成功法則』からは20代のとき大きな影響を受けました。「目標は書けば叶う」というシンプルすぎる驚きの真実。なぜこんな簡単なことを人は実行しないのか？　憧れの著者とお話しできて舞い上がってしまいましたが、神田さんの懐の大きさに導かれて論を進めることができました。

リクルートの人材・組織開発室室長の堀川拓郎さんは、拙著の構造とリクルートにおける堀川さんの実践の類似点に驚いた堀川さんがTwitterで発信されたことから、対談することになりました。私が塾長を務める壺中人事塾の一期卒業生でもあり、未来を作る同志のように感じています。

私の『100のツボ』シリーズは、編集工学研究所が手掛けた『Résuméx』シリーズから強い影響を受けています。編集工学研究所「本楼」にお伺いして、社長の安藤昭子さんと企業や組織という枠組みを超えた視点でMBOについて語り合えたことは、貴重な体験でした。

ドラッカーの思想を深める中で、サイボウズ山田理さんの実践との符合に何度も驚きました。山田さんは、いつもごく自然体。「人として当たり前のこと」を苦しんだり楽しんだりしながらやっているうちに、本質を発見される方です。お話しすると私も肩の力が抜けて、正しい方向に歩いていける感覚になるのです。

令三社の山田裕嗣さん、嘉村賢州さんは、ティール組織やソース原理に留まらず、これからの日本を世界とつないでいく方たちだと感じています。私もこの道を歩いている限り、また面白い取り組みをご一緒できる予感がしています。

アカツキの安納達弥さんとの協働は、私にとって人生の宝物です。6年間地道に実践してきたことを、今回少しでも形に残すことができて、ホッとしています。

そしてこれら11名の見識者の方々との対談をともに企画し、編集してくださったログミーの五十嵐愛さんに感謝します。五十嵐さんとのご縁がなければこの書籍は存在していません。

書籍を形にするにあたって、数多くの方にご支援いただきました。
Chapter3.KPIのブラッシュアップに協力してくれたジザイラボの江畑聡美さん、鈴木暁久さん、P.F.ドラッカー『現代の経営』と『プロフェッショナルの条件』を一緒に読み込んでくれたウィル・シードの杉本麻祐子さん、細見晃さん、ドラッカーとピーター・センゲの思想の違いを知るためにお話を伺ったシステム思考教育家の福谷彰鴻さん、文章表現の詳細なアドバイスとBSCについて重要なフィードバックをしてくれた田中健治さん、ありがとうございました。

SNSにて初稿の試読をお願いしたところ15名の方が協力してくれました。大坪悠希恵さん、上野峻平さん、木村友香さん、高橋重行さん、猪飼直史さん、田村洋樹さん、金子晋輔さん、宮下和也さん、宮秋健太さん、李慧旻さん、佐藤薫さん、石野敬祐さん、東宏一さん、今原絵理さん、古茶宏志さん、率直で愛あるフィードバックをありがとうございました。

目標管理実態調査には、非常に多くの方が協力してくれました。米津健一さん、田川勝也さん、結城奈津子さん、梅田一豊さん、WHITE CROSS株式会社 永畑雄太さん、菅隆一さん、有本倫子さん、古川舞子さん、三浦雄一郎さん、ル・ショコラ/プッシュポンさん、法田貴之さん、楠本佳也さん、浜岡範光さん、かえる君さん、安藤初美さん、東宏一さん、戸島奈央さん、横井明文さん、大竹円香さん、木村誉勧さん、菅野紗代さん、齋藤順一さん、恩田淳子さん、高尾有沙さん、堀田健太さん、伊藤清貴さん、川口慶太郎さん、林宣隆さん、江口かおるさん、滝口景太郎さん、株式会社ブレーンバディ 永井秀典さん、下村佳世さん、村上未萌さん、野上大介さん、吉田洋介さん、田中あいりさん、井上拓也さん、伊集院佑樹さん、太田昂志さん、安納達弥さん、大久保祐介さん、阿部真弥さん、相原岳さん、桑田浩明さん、安倍秀仁さん、菅裕輔さん、石井成さん、高梨浩さん、山本浩文さん、モウシンインさん、水木勇さん、YukaKFさん、安川尊裕さん、景山美里さん、水野雄貴さん、渡邉蘭さん、渡邉樹さん、まさみ_つくばさん、フクニシテツヤさん、キシモトナオヒロさん、山本洋之さん、小嶋博巳さん、吉田さん、諸見里航さん、原田さん、新小春さん、立岩さん、ハットリテツヤさん、のりおさん、安井かずひろさん、伴直也さん、藤田雄大さん、Yangsin Kimさん、髙木美希さん、小島憂也さん、澤田年宏さん、takeさん、池松良平さん、本間英行さん、福永慶美さん、工藤康祐さん。そのほか匿名で協力いただいた皆様、ありがとうございました。

最後に、当書を担当してくれたディスカヴァー・トゥエンティワンの編集者 渡辺基志さんと伊東佑真さんに感謝いたします。

「個」が夢を持ってイキイキと働き、その結果として「組織」の業績があがり、「世の中」が良くなっていく、そんなサイクルを起こすことに、少しでも貢献できればと祈るような気持ちです。

この本を手にとってくれた、あなたのお役に立ちますように。

私のお伝えしたいことは以上です。

2023年3月　壺中天　坪谷邦生

参考文献

Chapter1.

※1 P.F. ドラッカー『現代の経営』
※2 入山章栄『世界の経営学者はいま何を考えているのか』
※3 P.F. ドラッカー『明日を支配するもの』
※4 P.F. ドラッカー『断絶の時代』
※5 P.F. ドラッカー『マネジメント　課題・責任・実践』
※6 P.F. ドラッカー『マネジメント　エッセンシャル版』
※7 P.F. ドラッカー『ドラッカー 365の金言』

Chapter2.

※1 ジョン・ドーア『Measure What Matters』
※2 ラズロ・ボック『ワーク・ルールズ!』
※3 木下達夫・坪谷邦生『図解目標管理入門』対談「一般的なMBOは、低い目標を掲げるほうが高く評価されやすい 目標管理で「負のインセンティブ」が働く理由」
<https://logmi.jp/business/articles/327218>
※4 大沢武志『個をあるがままに生かす　心理学的経営』
※5 ケン・ウィルバー『インテグラル理論』

Chapter3.

※1 財務省『KPIについての論点の整理』
※2 森口毅彦『マネジメント・コントロール・システムとKPIの機能』
※3 ロバート・S・キャプラン、デビット・P・ノートン『キャプランとノートンの戦略バランスト・スコアカード』
※4 中尾隆一郎『最高の結果を出すKPIマネジメント』
※5 中尾隆一郎『最高の結果を出すKPI実践ノート』
※6 エリヤフ・ゴールドラット『ザ・ゴール』
※7 ラミ・ゴールドラット『何が、会社の目的を妨げるのか』
※8 P.F. ドラッカー『マネジメント　課題・責任・実践』
※9 グロービス・嶋田毅『KPI大全』
※10 佐藤等・坪谷邦生『図解目標管理入門』対談「目標達成度を給与に紐づけるのは誤りMBOを運用すればするほど"歪み"が生まれる根本要因」
<https://logmi.jp/business/articles/327148>
※11 ピーター・センゲ『学習する組織』

Chapter4.

※1 五十嵐英憲『個人、チーム、組織を伸ばす目標管理の教科書』
※2 猿谷雅治・千田洸『目標設定による管理体制』
※3 五十嵐英憲『新版目標管理の本質 個人の充実感と組織の成果を高める』

Chapter5.

※1 ゲイリー・レイサム『ワーク・モティベーション』
※2 入山章栄『世界標準の経営理論』
※3 五十嵐英憲・坪谷邦生『図解目標管理入門』対談「部下に要望を出せない"優しい上司"は、葛藤から逃げている本来の「目標管理」に立ち返るためのよい目標の立て方」
<https://logmi.jp/business/articles/327381>

Chapter6.

※1 全国自治宝くじ事務協議会『日本ドリーム白書2018』
※2 日本財団『18歳意識調査』「第46回–国や社会に関する意識(6カ国調査)–」2022年3月24日
※3 青山拓央『幸福はなぜ哲学の問題になるのか』
※4 ジュリア・キャメロン『いくつになっても、「ずっとやりたかったこと」をやりなさい。』
※5 WORLD DREAM PROJECT編『WE HAVE A DREAM 201カ国202人の夢×SDGs』
※6 パーカー・J・パルマー『いのちの声に聴く ほんとうの自分になるために』
※7 マーシャル・B・ローゼンバーグ『NVC人と人との関係にいのちを吹き込む法』

Chapter7.

※1 P.F. ドラッカー『明日を支配するもの』
※2 古野俊幸『宇宙兄弟とFFS理論が教えてくれる　あなたの知らないあなたの強み』
※3 P.F. ドラッカー『プロフェッショナルの条件』
※4 P.F. ドラッカー『経営者の条件』
※5 P.F. ドラッカー『現代の経営』
※6 エーザイ株式会社-「エーザイのヒューマン・ヘルスケア(hhc)」
<https://www.eisai.co.jp/hhc/index.html>
※7 スティーブン・R・コヴィー『7つの習慣』
※8 リクルートマネジメントソリューションズ「自社の取り組み」
<https://www.recruit-ms.co.jp/company/initiative/>

Chapter8.

※1 P.F. ドラッカー『現代の経営』
※2 ジム・コリンズ,ジェリー・ポラス『ビジョナリーカンパニー』
※3 ジム・コリンズ『ビジョナリーカンパニー②飛躍の法則』

※4 ジム・コリンズ『ビジョナリーカンパニー③衰退の五段階』
※5 ジム・コリンズ, ビル・ラジアー『ビジョナリーカンパニーZERO』
※6 ジム・コリンズ『ビジョナリーカンパニー④自分の意志で偉大になる』
※7 P.F. ドラッカー『経営者の条件』
※8 近藤哲朗『ビジネスの仕組みがわかる 図解のつくりかた』＜https://note.com/bizgram/n/n3dbed12f95ea＞
※9 近藤哲朗『ビジネスモデル2.0図鑑』＜https://note.com/tck/n/n95812964bcbb＞
※10 P.F. ドラッカー『マネジメント　課題・責任・実践』

Chapter9.

※1 リクルートマネジメントソリューションズ組織行動研究所、野中 郁次郎『日本の持続的成長企業』
※2 山田ズーニー『おとなの小論文教室。感じる・考える・伝わる！』「Lesson849 まず心にあるものを出すことから」＜https://www.1101.com/essay/2017-10-25.html＞
※3 トム・ニクソン、翻訳・監修 山田裕嗣・青野英明・嘉村賢州『すべては1人から始まる』
※4 リクルート HCソリューショングループ『感じるマネジメント』
※5 大沢武志『経営者の条件』
※6 大沢武志『個をあるがままに生かす　心理学的経営』
※7 野中郁次郎・山口一郎『直観の経営』
※8 楠木健『ストーリーとしての競争戦略』
※9『野中郁次郎先生は、世界をどんなふうに捉えているか。』＜https://www.1101.com/n/s/nonaka_ikujiro/2022-07-17.html＞
※10 リチャード・ワーマン『情報選択の時代』

Chapter10.

※1 P.F. ドラッカー『マネジメント　課題・責任・実践』
※2 パーカー・J・パルマー『いのちの声に聴く ほんとうの自分になるために』
※3 P.F. ドラッカー『経営者の条件』
※4 青山拓央『時間と自由意志』

調査概要

Chapter4.

株式会社壺中天『目標管理実態調査』
調査ツール：セルフ型ネットリサーチ　ジャストシステム「Fastask」
調査対象：経営者・役員・会社員（20代・30代・40代・50代・60才以上の男女各100名以上となるよう割り付けて配信）
調査期間：2022/08/15〜2022/08/22
有効回答数：999（回答数：1,070）
Q1.このアンケートでは、あなたのお勤め先における、目標管理について使用するツールや状況とその理由、一人ひとりが立てた目標の公表状況などを具体的にお伺いする設問があります。業務上の守秘義務により回答できない場合は、アンケートに参加しなくても問題ありません。また、途中で回答を止めても問題ありません。以上をご了承いただきアンケートにご回答いただける場合は、「アンケートを開始する」をお選びください。
A1.アンケートを開始する/アンケートを終了する
Q2.あなたの所属する企業で、目標管理は何と呼ばれていますか？　使用されている言葉をチェックしてください。
A2.目標管理/MBO/OKR/業績評価/業績管理/成果評価/その他（自由回答）/目標管理を実施していない/わからない
Q3.あなたの所属する企業で目標管理（Q2）に使用しているツールを教えてください。
A3.SmartHR/HR Brain/あしたのチーム/タレントパレット/カオナビ/HRMOS/エクセル/Googleスプレッドシート/紙/その他（自由回答）/わからない
Q4.あなたの所属する企業の目標管理（Q2）は、うまくいっていますか？（あなたの主観でお答えください）
A4.まったくうまくいっていない/うまくいっていない/どちらともいえない/うまくいっている/とてもうまくいっている/わからない
Q5.Q4の理由・背景を教えてください（どのように、なぜ、うまくいっているのか、いないのか）。
A5.（自由回答）
Q6.あなたの所属する企業では、一人ひとりが立てた目標は、社内に公開されますか？
A6.全社員に公開される/部門やチームの中で公開される/公開されない（上司と本人しか見ない）/その他（自由回答）/わからない
Q7.あなたの所属している企業の規模（社員数）を教えてください。
A7.100名未満/100名以上500名未満/500名以上1000名未満/1000名以上3000名未満/3000名以上/わからない・答えられない

付録

1. 目標設定ワークシート「MOK4」フォーマット

目標設定シート「MOK4」は、こちらからパワーポイントやGoogleスライドとしてダウンロードできます。

2. 目標設定ワークシート「MOK4」記入例

目標設定シート「MOK4」の記入例はこちらです。他の人はどう書いているのか、参考までにご利用下さい。

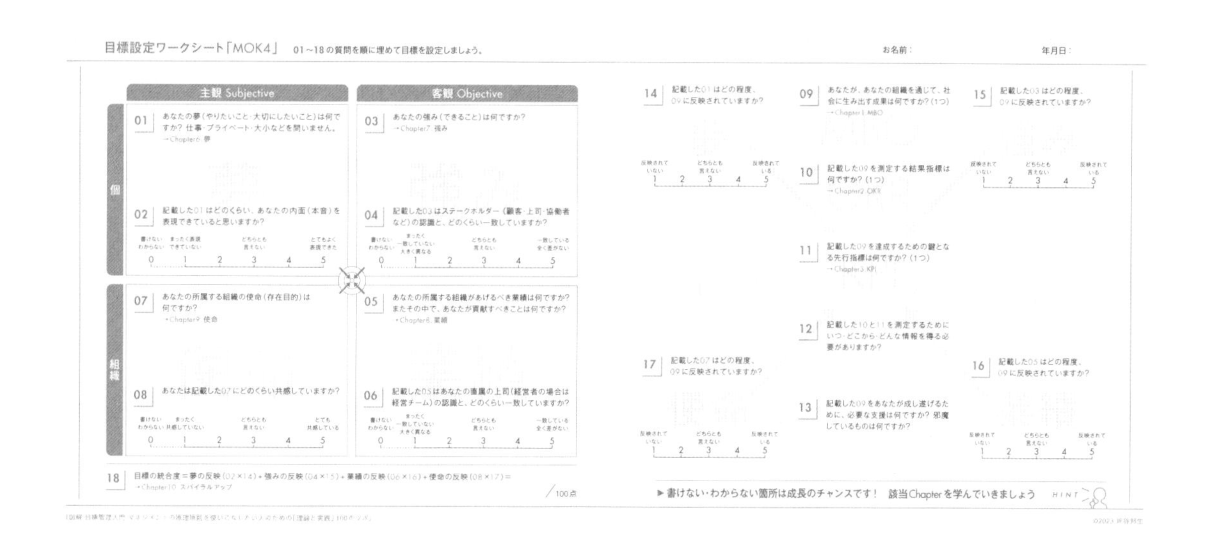

目標設定ワークシート「MOK4」　01～18の質問を順に埋めて目標を設定しましょう。

お名前：

年月日：

主観 Subjective

客観 Objective

個

01 あなたの夢（やりたいこと・大切にしたいこと）は何ですか？ 仕事・プライベート・大小などを問いません。
→Chapter6. 夢

02 記載した01はどのくらい、あなたの内面（本音）を表現できていると思いますか？
0 書けない わからない / 1 まったく表現できていない / 2 / 3 どちらとも言えない / 4 / 5 とてもよく表現できた

03 あなたの強み（できること）は何ですか？
→Chapter7. 強み

04 記載した03はステークホルダー（顧客・上司・協働者など）の認識と、どのくらい一致していますか？
0 書けない わからない / 1 まったく一致していない 大きく異なる / 2 / 3 どちらとも言えない / 4 / 5 一致している 全く差がない

組織

07 あなたの所属する組織の使命（存在目的）は何ですか？
→Chapter9. 使命

08 あなたは記載した07にどのくらい共感していますか？
0 書けない わからない / 1 まったく共感していない / 2 / 3 どちらとも言えない / 4 / 5 とても共感している

05 あなたの所属する組織があげるべき業績は何ですか？ またその中で、あなたが貢献すべきことは何ですか？
→Chapter8. 業績

06 記載した05はあなたの直属の上司（経営者の場合は経営チーム）の認識と、どのくらい一致していますか？
0 書けない わからない / 1 まったく一致していない 大きく異なる / 2 / 3 どちらとも言えない / 4 / 5 一致している 全く差がない

18 目標の統合度＝夢の反映（02×14）＋強みの反映（04×15）＋業績の反映（06×16）＋使命の反映（08×17）＝
→Chapter10. スパイラルアップ
／100点

14 記載した01はどの程度、09に反映されていますか？
1 反映されていない / 2 / 3 どちらとも言えない / 4 / 5 反映されている

09 あなたが、あなたの組織を通じて、社会に生み出す成果は何ですか？（1つ）
→Chapter1. MBO

15 記載した03はどの程度、09に反映されていますか？
1 反映されていない / 2 / 3 どちらとも言えない / 4 / 5 反映されている

10 記載した09を測定する結果指標は何ですか？（1つ）
→Chapter2. OKR

11 記載した09を達成するための鍵となる先行指標は何ですか？（1つ）
→Chapter3. KPI

12 記載した10と11を測定するためにいつ・どこから・どんな情報を得る必要がありますか？

17 記載した07はどの程度、09に反映されていますか？
1 反映されていない / 2 / 3 どちらとも言えない / 4 / 5 反映されている

13 記載した09をあなたが成し遂げるために、必要な支援は何ですか？ 邪魔しているものは何ですか？

16 記載した05はどの程度、09に反映されていますか？
1 反映されていない / 2 / 3 どちらとも言えない / 4 / 5 反映されている

▶書けない・わからない箇所は成長のチャンスです！　該当Chapterを学んでいきましょう　HINT

図解　目標管理入門

マネジメントの原理原則を使いこなしたい人のための「理論と実践」100のツボ

発行日　2023年 4 月21日　第1刷
2024年12月18日　第4刷

Author　坪谷邦生
Infographic Designer　岸和泉
Book Designer　新井大輔　八木麻祐子
Publication　株式会社ディスカヴァー・トゥエンティワン
〒102-0093
東京都千代田区平河町2-16-1 平河町森タワー11F
TEL　03-3237-8321（代表）
03-3237-8345（営業）
FAX　03-3237-8323
https://d21.co.jp/

Publisher　谷口奈緒美
Editor　千葉正幸　伊東佑真
Store Sales Company　佐藤昌幸　蛯原昇　古矢薫　磯部隆　北野風生　松ノ下直輝　山田諭志　鈴木雄大　小山怜那　町田加奈子
Online Store Company　飯田智樹　庄司知世　杉田彰子　森谷真一　青木翔平　阿知波淳平　大﨑双葉　近江花渚　徳間凜太郎　廣内悠理　三輪真也　八木眸　古川菜津子　高原未来子　千葉潤子　藤井多穂子　金野美穂　松浦麻恵

Publishing Company　大山聡子　大竹朝子　藤田浩芳　三谷祐一　千葉正幸　中島俊平　伊東佑真　榎本明日香　大田原恵美　小石亜季　舘瑞恵　西川なつか　野﨑竜海　野中保奈美　野村美空　橋本莉奈　林秀樹　原典宏　牧野類　村尾純司　元木優子　安永姫菜　浅野目七重　厚見アレックス太郎　神日登美　小林亜由美　陳玟萱　波塚みなみ　林佳菜
Digital Solution Company　小野航平　馮東平　宇賀神実　津野主揮　林秀規
Headquarters　川島理　小関勝則　大星多聞　田中亜紀　山中麻吏　井上竜之介　奥田千晶　小田木もも　佐藤淳基　福永友紀　俵敬子　三上和雄　池田望　石橋佐知子　伊藤香　伊藤由美　鈴木洋子　福田章平　藤井かおり　丸山香織

Proofreader　株式会社鷗来堂
DTP　株式会社RUHIA
Printing　シナノ印刷株式会社

ISBN978-4-7993-2942-9　ZUKAI MOKUHYOKANRI NYUMON by Kunio Tsubotani　©Kunio Tsubotani, 2023, Printed in Japan.

人と組織の可能性を拓く
ディスカヴァー・トゥエンティワンからのご案内

本書のご感想をいただいた方に
うれしい特典をお届けします！

特典内容の確認・ご応募はこちらから

https://d21.co.jp/news/event/book-voice/

最後までお読みいただき、ありがとうございます。
本書を通して、何か発見はありましたか？
ぜひ、感想をお聞かせください。

いただいた感想は、著者と編集者が拝読します。

また、ご感想をくださった方には、お得な特典をお届けします。